ted on it a

tall lukin guy,

, a bold and brave

or Sanfrancisco riding Gea

on I had ever imagined

d with more energy than

ould provide, this

ng. for AH punk Rock

e Bored and [illegible]

ing, play some

hated those fucks more

the promise land

ound my special purpose

the next day I

as an honorary punk rock
Gunka music slut. Nor h
the cute, innocent and c
offer either. but I have l
of this Calvin/Simplistic stuf
rendition, which is actually
on doing for years, so it's
A ~~[illegible]~~ borrowed influenc
because I dont think youll l
it anyhow just to fill up s
have much new music to
" How the Hell ARE you doing d
Send me boom box stuff
many people will think you g
the legworshipping whores n
Chris and I were wan
saturday evening. and w
playing. Inside we foun
on bad psychedellic blue

Belas Letras.

MÚSICA CULTURA POP ESTILO DE VIDA COMIDA
CRIATIVIDADE & IMPACTO SOCIAL

KURT COBAIN

DIÁRIOS

Tradução
Fernando Scoczynski Filho

1ª reimpressão/2024

Belas Letras

Título original: Journals

Publicado mediante acordo com Penguin Group.

Book design by Claire Vaccaro
Digital photography by Nick Vaccaro
Projeto gráfico do original: Chip Kid

Imagens das páginas 30, 328, 442: © 1985, The Mead Corporation. Imagem da página 538: cortesia de The Shrine of The Book, The Israel Museum, Jerusalém. Photo © The Israel Museum.

Gustavo Guertler (*publisher*)
Fernando Scoczynski Filho (tradução)
Tatiana Yoshizumi (preparação)
Celso Orlandin Jr. (capa, projeto gráfico e diagramação)
Anderson Fochesato (tratamento de imagens)
Paola Sabbag Caputo (revisão)
Mariane Genaro (edição)

2024
Todos os direitos desta edição reservados à
Editora Belas Letras Ltda.
Rua Antônio Corsetti, 221 – Bairro Cinquentenário
CEP 95012-080 – Caxias do Sul – RS
www.belasletras.com.br

Dados Internacionais de Catalogação na Fonte (CIP)
Biblioteca Pública Municipal Dr. Demetrio Niederauer
Caxias do Sul, RS

C653d Cobain, Kurt, 1967-1994
Diários / Kurt Cobain; tradutor: Fernando Scoczynski Filho. - Caxias do Sul, RS: Belas Letras, 2021.
608 p.

ISBN: 978-65-5537-079-9, 978-65-5537-080-5 e 978-65-5537-133-8

1. Rock (Música). 2. Músicos de rock – Estados Unidos. 3. Cobain, Kurt, 1967-1994 - Diários. I. Scoczynski Filho, Fernando. II. Título.

21/19 CDU 784.4(73)

Catalogação elaborada por Vanessa Pinent, CRB-10/1297

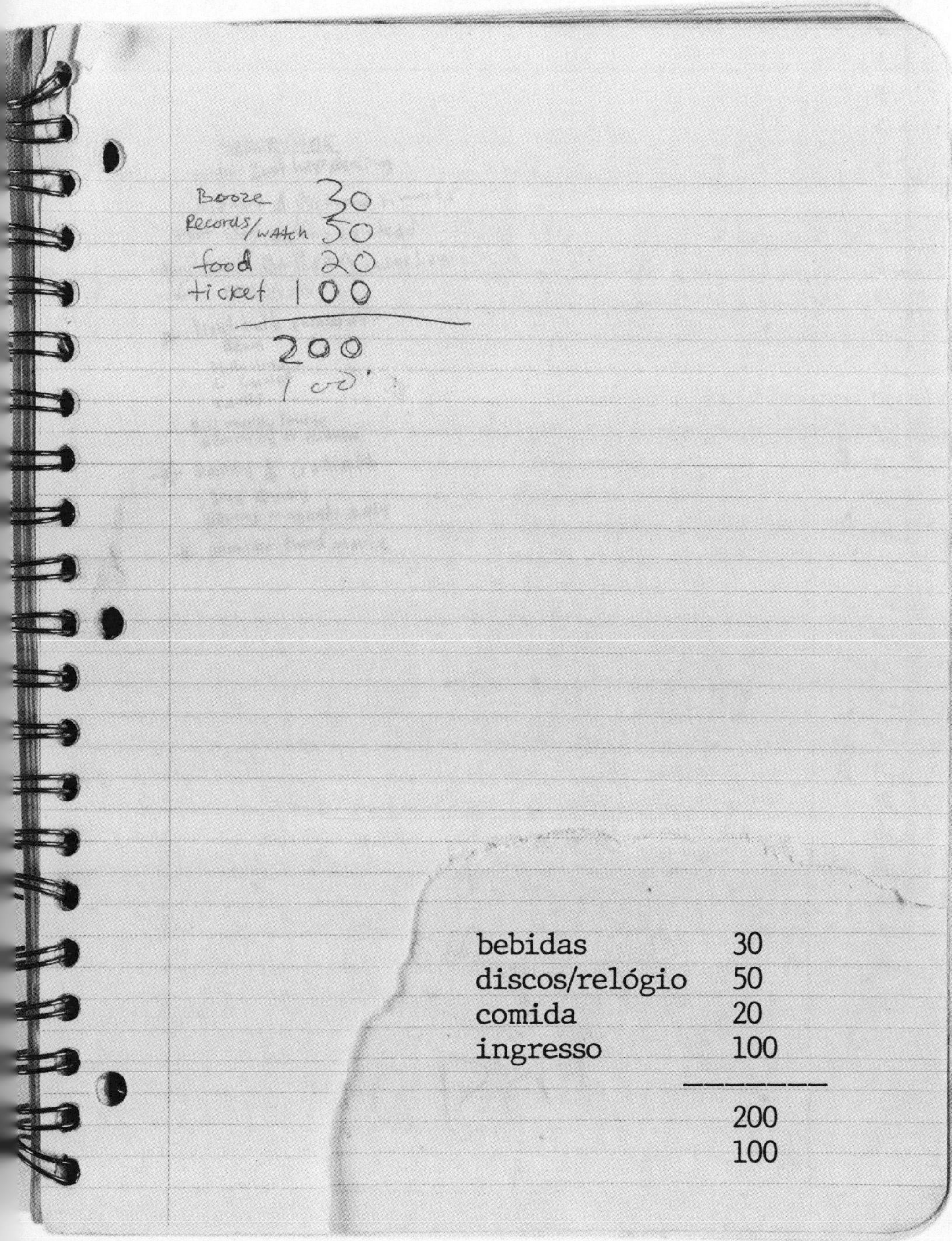

bebidas	30
discos/relógio	50
comida	20
ingresso	100
	200
	100

Don't read my diary when I'm gone

OK, I'm going to work now, when you wake up this morning, please read my diary. Look through my things, and figure me out.

[1]Não leia meu diário quando eu não estiver aqui

OK, vou trabalhar agora. Quando você acordar de manhã, por favor, leia meu diário. Dá uma olhada nas minhas coisas e me entenda.

1 Uma nota sobre as cartas: Kurt frequentemente escrevia um rascunho antes de completar a versão final de uma carta. Algumas das cartas incluídas neste livro representam tais rascunhos, enquanto outras nunca foram enviadas.

DIÁRIOS

Dale, Count howmany times i use the word "FUCK".

Hello, it is me saying, "everything is basically Raining, dull, and OK."

fuck we were this close → to coming down to see the melvins play on the 29th but as History Repeats itself, shelli being the overbearing dominator of chris decided to not want to go at the last minute. and so gas money being split only two ways between tracy and I would be too fucking expensive. are you coming to seattle Someday to Play? YOU MOTHERFUCKERS BETTER STILL PLAY VILE VERMILLION VACANCY! or at least put it on the Next LP. any label interest yet? Alchemy seems to be in pretty sorry shape from what i hear. ever RAT Sub Core Dave Portnow? Dehumanizers? the reason i say this is because they must be hard up, for they signed DangerMouse! JESUSFUCKINGCHRISTALMighty

So within the last couple of months our demo has been Pirated, Recorded, and discussed between all the seattle SCENE luminaries. and the Dude Johnathan Poneman (Remember the guy who called me when you were over the last day?) MR Big-money inheritance, Right hand man of Bruce Pavitt. and also SUB POP Records financial investor, GOT US A show at the vogue on A Sub POP sunday. Big Deal. but i guess hype and Regularly being played on KCMU probably helped, the amount of people who came to Judge us. NOT be At A BAR, Get drunk, watch some bands & have fun. But just watch the Showcase event. 1 hr. there WAS A representative from every Seattle band there just watching →

[2]**Dale**, conte quantas vezes eu uso a palavra "porra".

Olá, sou eu dizendo, "tudo está basicamente chuvoso, chato e OK". Porra, estávamos a isso aqui  de assistir ao show dos Melvins no dia 29, mas, como a história se repete, Shelli, sendo a dominadora autoritária do Chris que é, decidiu em cima da hora que não queria ir. Então, dividir o dinheiro da gasolina só em dois, entre a Tracy e eu, seria caro pra caralho. Vocês vão tocar em Seattle algum dia? É BOM VOCÊS TOCAREM "VILE VERMILLION VACANCY", SEUS PUTOS! Ou pelo menos colocar no próximo disco. Alguma gravadora já se interessou? A Alchemy parece estar na pior, pelo que ouvi falar. Ever Rat, Subcore, Dave Portnow? Dehumanizers? Eu digo isso porque eles devem estar duros, já que assinaram um contrato com o Dangermouse! JESUSCRISTOTODOPODEROSODOCARALHO

Então, nos últimos dois meses, nossa demo foi pirateada, gravada e discutida entre todos os iluminados da **CENA** de Seattle. E O Cara, Johnathan Poneman (lembra do cara que me ligou quando você estava aqui naquele dia?), Sr. Dinheirão de Herança, braço direito do Bruce Pavitt. E também investidor financeiro da Sub Pop Records. Ele conseguiu um show para nós na Vogue num Sub Pop Sunday. Grande coisa. Mas acho que o hype e ser tocado na KCMU com frequência provavelmente ajudaram. A quantidade de pessoas que vieram ao show para nos **julgar**. Não para estar num bar, ficar bêbado, ver umas bandas e se divertir. Mas apenas ver a exibição. 1 hora. ~~Nós~~ Tinha um representante de cada banda de Seattle lá, só assistindo

2 Carta para Dale Crover, baterista dos Melvins, uma banda de rock de Aberdeen que foi uma grande influência no começo de carreira do Nirvana.

OH OUR LAST AND FINAL NAME IS NIRVANA

ooH eeerie mystical DOOM

We felt like they should have had score cards. And so after the set Bruce excitedly shakes our hands and says "wow Good job lets do a Record". then flashes of cameras go off and this Girl from BACKlash says "Gee can we do an interview?" yeah sure why not. And then people say Good job you guys are Great and now were expected to be total socialites. meeting people, introducing etc.. **FUCK IM IN High SCHOOL AGAIN! I want to move back to Aberdeen.** NAH olympia is just as boring and I can proudly say ive only been in the Smithfield about 5 times this year. And so because of this Zoo-event weve at least gotten a contract for 3 song A single to be put out by end of August and an EP out in sept or oct. were gonna try to talk them into an LP. NOW Johnathan is our manager, he gets us shows remotely in Oregon & Vancouver. He's paying for all recording & distribution costs & now we dont have to have outrageous phone Bills. Dave is working out ok. Sometime next year sub pop is gonna have a caravan of 2 or 3 Seattle Bands go on tour. yeah well see. Thru your past experiences Do you think it would be wise to demant receipts for recording, pressing costs? enough about Records OH except this one night last month, Chris and I dropped acid and we were watching the late show (rip off of Johnny Carson) and Paul Revere and the Raiders were on there, they were so fucking stupid! Dancing around with moustaches, trying to act comical and Goofy. It really pissed us off and I asked Chris Do you have any paul Revere & the Raiders albums?

AH, NOSSO NOME MAIS RECENTE E DEFINITIVO É NIRVANA ooh, misterioso, maldição mística

Achamos que eles deveriam ter placas com notas. Depois do show, o Bruce apertou nossas mãos, todo animado, dizendo: "Uau, bom trabalho, vamos gravar um disco". [~~ilegível~~] Daí aparecem flashes de câmera, e uma moça da Backlash diz "Nossa, podemos fazer uma entrevista?" Sim, claro, por que não? E daí mais pessoas falam, "bom trabalho, vocês são ótimos", e agora esperam que sejamos socialites totais, conhecendo pessoas, sendo apresentados etc. PORRA ESTOU NO ENSINO MÉDIO DE NOVO! Quero voltar para Aberdeen. Nem... Olympia é tão chata quanto, e posso orgulhosamente dizer que só visitei Smithfield umas 5 vezes neste ano. Então, por causa desse evento-zoológico, nós pelo menos conseguimos um contrato para um single (de 3 músicas) que vai sair até o fim de agosto, e um EP em setembro ou outubro. Vamos tentar convencê-los a gravar um LP. Agora Johnathan é nosso empresário, ele consegue shows remotamente em Oregon e Vancouver. Ele está pagando todos os custos de gravação e distribuição, e agora nós não precisamos ter contas de telefone exorbitantes. Dave está dando certo. Em algum momento do ano que vem, a Sub Pop vai ter uma caravana de 2 ou 3 bandas de Seattle em turnê. É, vamos ver. [~~ilegível~~] Com base na sua experiência, você acha que seria prudente exigir recibos dos custos de gravação e prensagem? Chega de falar de discos, ah, só mais isso: uma noite no mês passado, Chris e eu tomamos ácido e assistimos ao Late Show (cópia do Johnny Carson), e Paul Revere & the Raiders tocaram lá. Foi tão estúpido! Dançando com seus bigodes e tentando parecer engraçados e bobões.

Aquilo nos irritou mesmo, e eu perguntei pro Chris: "Você tem algum disco do Paul Revere & the Raiders?"

YeAH punctuation, I WAS stoned Alot when I WAS learning that stuff.

He SAid yeAh, So I looked thru his Big collection And found the Revere Records And Busted them. And he got mAd, then he lAughed And I searched three the rest of the Row And found EAgles, cArpenters, Yes, Joni Mitchell And sAid with frustration, "WhAt in the Fuck do you own these for? And so throughout the Rest of the night we busted About 250 shitty Chris Novoselic Records. not only did we clear more SPACE in the living room, chris declared that he feels Cleansed And revitalized.

I don't hang Around with RyAn or the other Aberdonians but when im in town I'll get your Sound GArden Record for you. We still make movies, the last one we did WAS in TAcoma At NEVER NEVERLAND. it's A surrealistic fAntAsy story book Place for Kids, And we mAde shelli weAr A mask of Cher's head cut out of An Album and dance Around by big mushrooms And butt fuck the wolf bending over to blow down the three little Pigs house. other stars included Rick Derringer and John lennons Penis. NO comment on Matts band MUDHONEY just to be on the sAfe side. SPEAKing of Safe sides my Girlfriend TrAcy now HAS A Brand New "88" ToyotA Turcell, A microwAve, food processor, Blender, And An espresso machine, I don't have A job until next month thru TYSS youth service in A printshop PArt time. I AM A TotAlly pAmpered spoiled BUM

NEXt letter will be less boring About Record deAls And more stupid drivel

GoodBye DAle Write SooN.

The First song on the Dumo is no longer played it is sickening And Dumb. Destroy it it is evil. in the likes of white SNAKE And Bon Jovi.

ISSO AÍ pontuação, eu estava chapado quando aprendi essas coisas.

[*à esquerda*] A primeira música na demo não é mais tocada. É nauseante e burra. Destrua, é maligna. Como Whitesnake e Bon Jovi.

Ele disse que sim, então dei uma olhada na grande coleção dele e achei os discos do Revere e os destruí. E ele ficou bravo. Daí ele deu risada e eu olhei no restante daquela fileira e encontrei Eagles, Carpenters, **Yes**, Joni Mitchell, e disse, frustrado: "Pra que você tem essas coisas, caralho?" E pelo resto da noite, nós destruímos uns 250 discos ruins do Chris Novoselic. Além de liberarmos espaço na sala, Chris declarou que se sente purificado e revitalizado.

Eu não passo tempo com Ryan ou outras pessoas de Aberdeen, mas quando eu estiver na cidade vou comprar aquele disco do Soundgarden para você. Ainda gravamos filmes e o último que fizemos foi em Tacoma, em NEVER NEVERLAND. É um lugar surrealista, inspirado em livros de contos infantis, e fizemos a Shelli usar uma máscara com o rosto da Cher cortado de um disco, dançar perto dos cogumelos gigantes e fazer sexo anal com o lobo agachado se preparando para assoprar a casa dos três porquinhos. Outras estrelas incluídas foram Rick Derringer e o pênis do John Lennon. Sem comentários para a banda do Matt, Mudhoney, só por segurança. Falando de segurança, minha namorada Tracy agora tem um Toyota Turcell 88, um micro-ondas, um processador de alimentos, um liquidificador e uma máquina de café expresso. Eu só consigo emprego no mês que vem, pelo serviço para a juventude TYSS, de meio período numa estamparia. Eu sou um mendigo totalmente mimado. A próxima carta terá menos chatice de contratos de gravação e mais bobagem estúpida.

Tchau, Dale, te escrevo em breve.

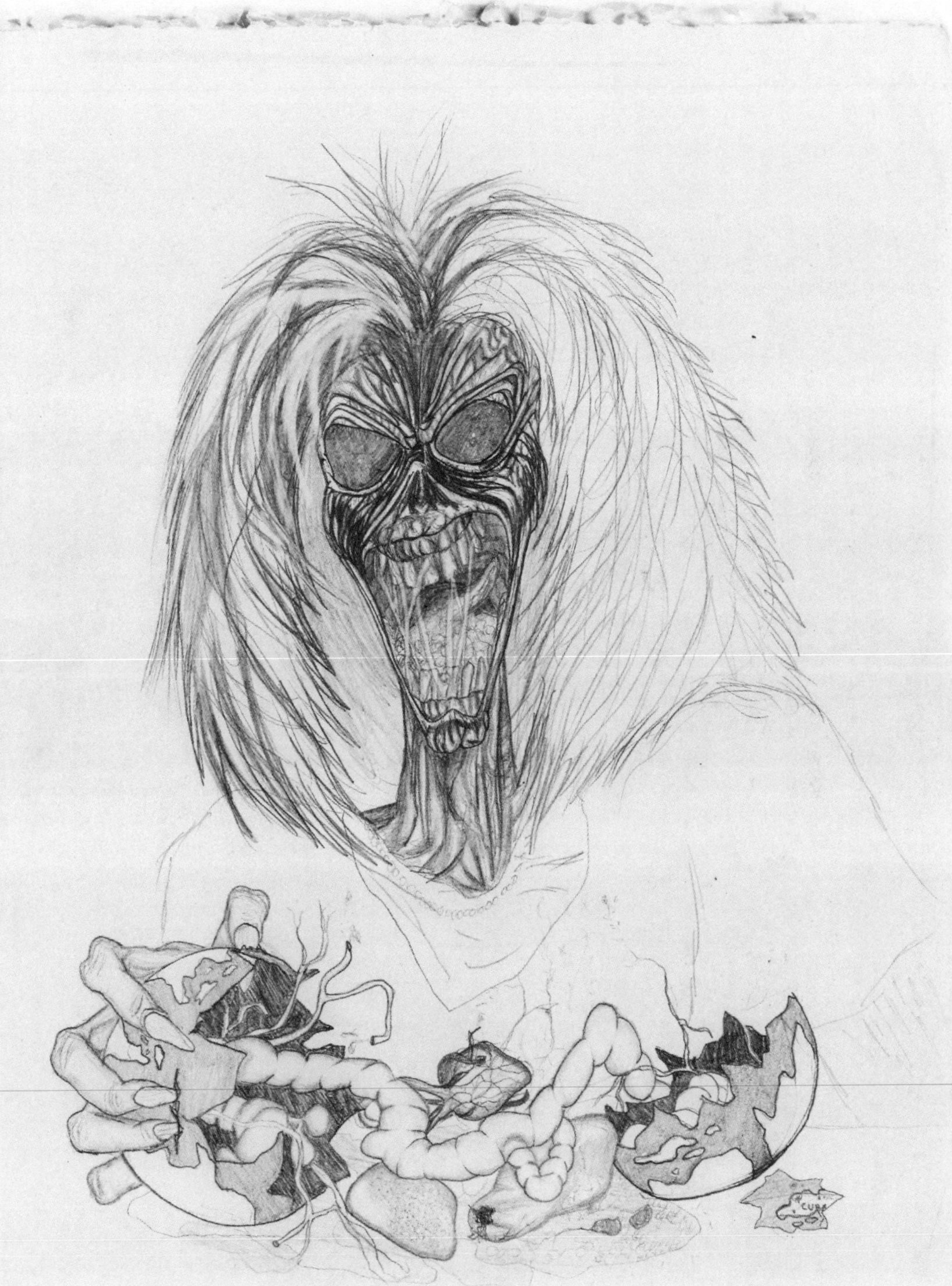

The late 1980's.

This is a subliminal example of a society that has sucked & fucked itself into a Rehashing. value of greed.

Subliminal in a sense that there are no p-Rock collages of michael J fox Reaming Bruce Springsteen clinging to a missile. instead you get the overall feeling that you paid way too much for literally Nothing stimulating

you may say yeah but other than the xerox the layout has a sense of professionalism

Bull. the Jokes on you so kill yourself

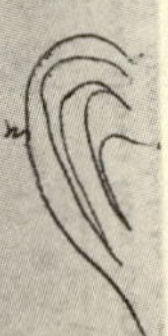

No amount of Effort can save you from oblivion.

Power Vomit magazine

No Address
No Editor
No Ad Rates

LOOK →

FINAL DA DÉCADA DE 1980

Este é um exemplo subliminal de
uma sociedade que se chupou e se fodeu
até chegar num valor cíclico de ganância.
Subliminal no sentido de que
o canal P-rock não tem colagens
do Michael J Fox perfurando o Bruce
Springsteen pendurado num míssil.
Em vez disso você tem a sensação
de que pagou demais por
literalmente nada estimulante
Mas além do xerox, o layout tem uma noção de profissionalismo
O feitiço virou contra o feiticeiro
Então
Se mate

[lateral esquerda] você pode dizer que
sim
Besteira.

Nenhum esforço pode te salvar do
esquecimento.
Revista Power Vomit
Sem endereço
Sem editores
Sem taxas publicitárias

VEJA

Soundtrack to HR Puffnstuff
featuring MOMMA CASS
and JACK Wilde

Marlen Deitritch sings
Lilly marlene

Trilha sonora do programa HR Puffnstuff[3]
com as participações de Mama Cass
e Jack Wilde

Marlen Deitritch canta
Lilly Marlene

3 A grafia correta é HR Pufnstuf. No Brasil, o programa era conhecido como *A Flauta Mágica*. [N.T.]

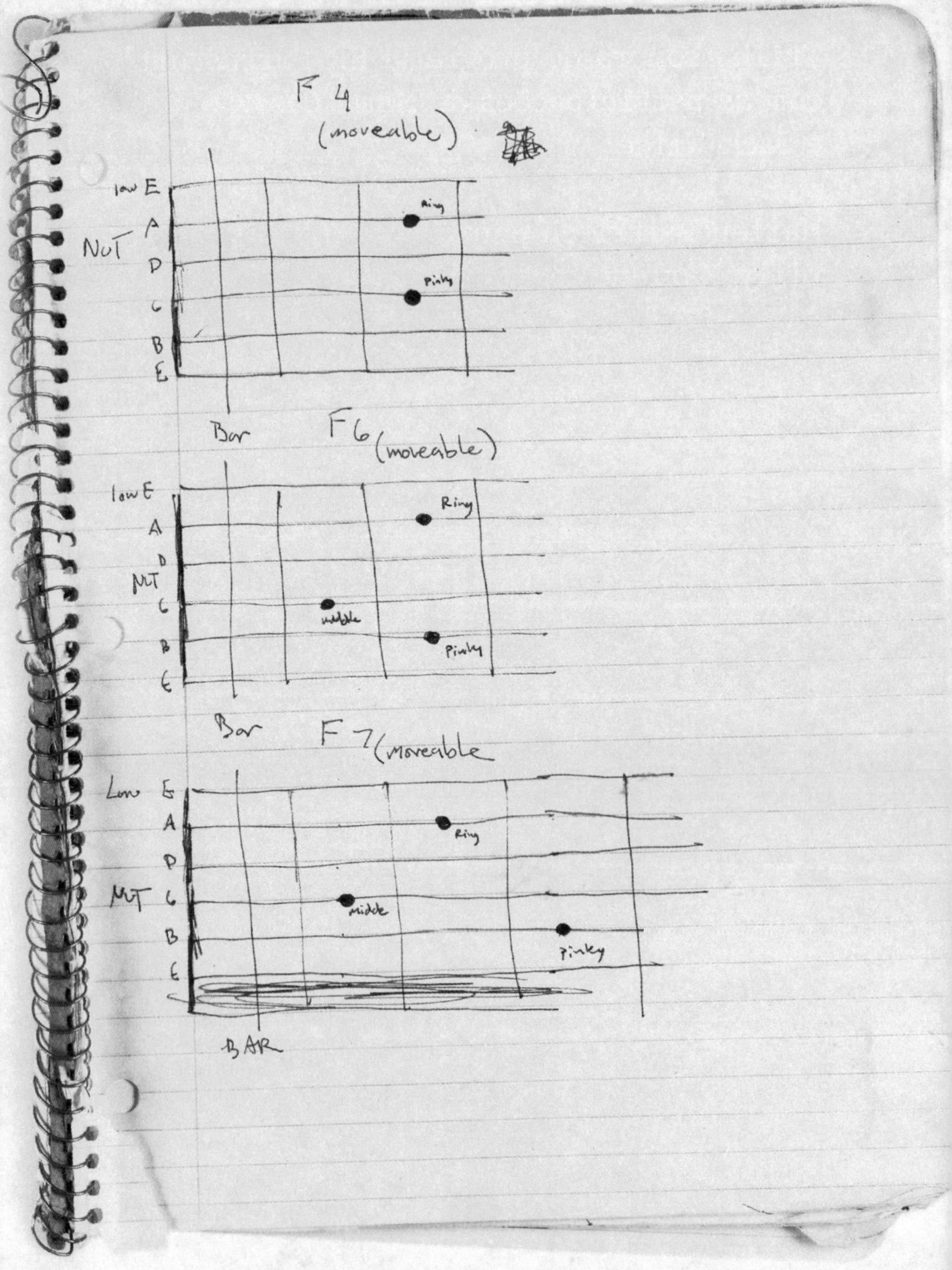
F 4
(moveable)
low E
A
NUT
D
G
B
E
Ring
Pinky
Bar
F6 (moveable)
low E
A
D
NUT
G
B
E
Ring
middle
Pinky
Bar
F 7 (moveable
Low E
A
D
NUT G
B
E
Ring
middle
Pinky
BAR

[4]*Moveable* = movível
Low E = mizão
Nut = pestana
Bar = capotraste
Middle = dedo do meio
Ring = dedo anelar
Pinky = dedo mindinho

4 Esta página contém anotações referentes a posições que os dedos devem ocupar ao tocar certos acordes de guitarra. [N.T.]

We Are willing to pay for the majority of pressing of 1000 copies of our LP, And All of the recording costs. We basically just want to be on your label.

Do you think you could Please! send us A reply of Fuck off, or NOT interested so we don't have to waste more money sending more tapes?

thanks. ~~N pear~~

NIRUANA.

Estamos dispostos a pagar pela maior parte da prensagem de 1.000 cópias de nosso LP, e todos os custos da gravação. Nós basicamente só queremos estar na sua gravadora.

Você acha que poderia POR FAVOR! nos enviar uma resposta com "vá se foder" ou "não estou interessado", para pararmos de desperdiçar dinheiro enviando mais fitas?

Obrigado. N Pear

Nirvana.

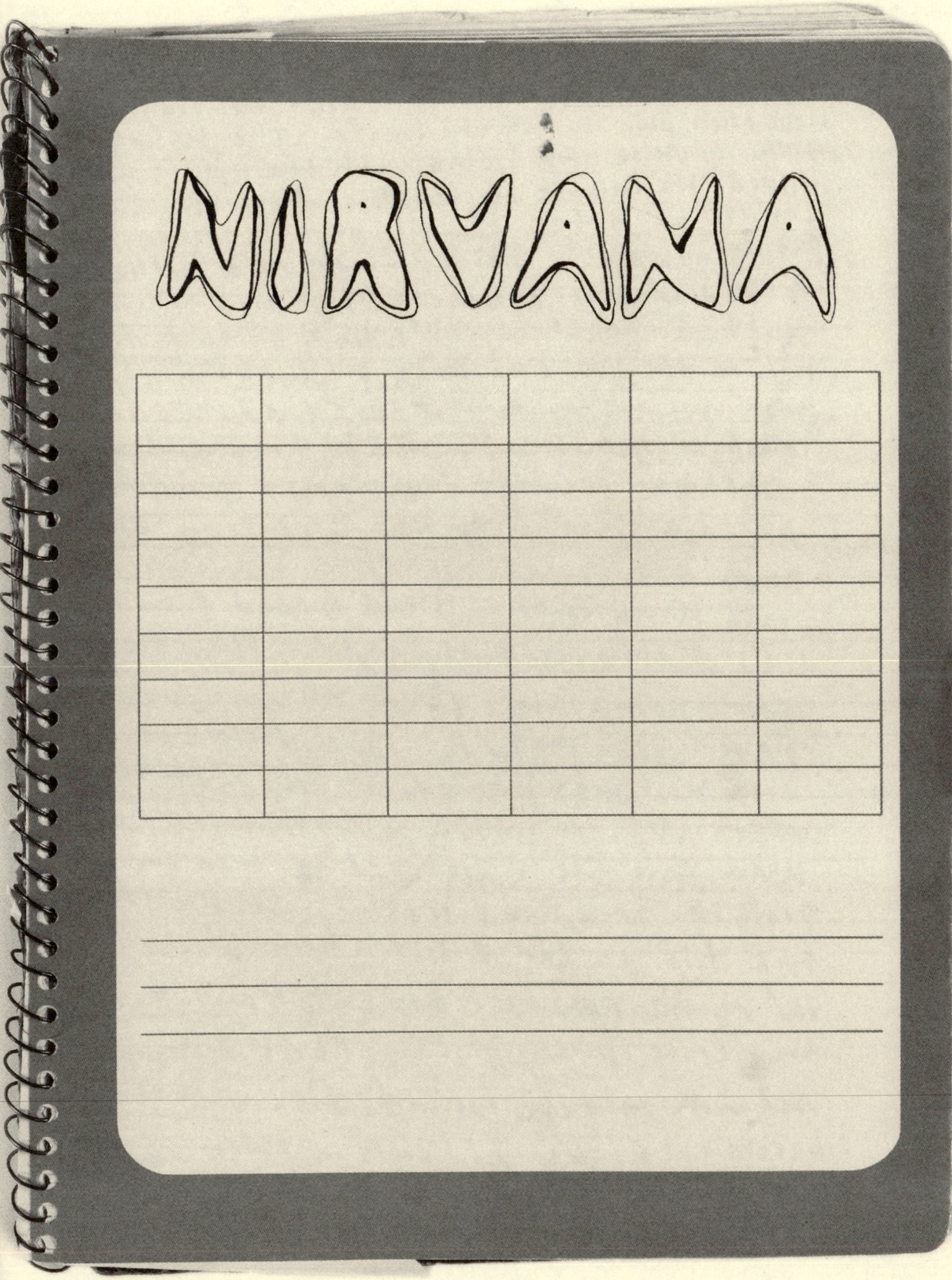
NIRVANA

they werent As gross As G.G. Allin but they
Held their own to say the least. The tension
grew because of A Delay with the P.A. which
Helped the Release of tension when the first
couple of notes of School were struck,
people instantly Rocked back And forth with
~~w~~ eyes closed & beers clenched then
spilt. 5 Roadie friends had to lock Arms
behind the P.A. cAbinets & Rocking back & forth in A wave
pushing the crowd in hopes that the band
wouldn't get hurt. But they did.
Kurdt the vocalist & Guitarist screamed
his last scream to the 2nd song then
BAM the crowd smacked the mike
into his mouth. Blood oozed from his
lip but they instantly started floyd the barber
After wiping Kurts face. Chris the bass
player Accidentally hit Kurt in the eye
with His Bass Headstock it wasn't too
~~deep~~ At first until Kurt Rammed his
Head into the wall next to him in
protest. it opened more. So Kurdt
took his guitar & hit Chris straight in
the mouth causing A big cut lip. By now
they were pretty Bloody, Chris looking worse
And with only one wound. they were obviously
becoming dizzy and were in pain. but
preceeded to play the set quite out of
tune

Eles não foram tão nojentos quanto o G. G. Allin, mas poderiam, no mínimo, competir com ele. A tensão aumentou por causa de um atraso com o P.A., o que ajudou a liberar a tensão quando as primeiras notas de "School" foram tocadas. As pessoas imediatamente se balançaram pra frente e pra trás com os olhos fechados e as mãos apertando as cervejas, que foram derramadas em seguida. 5 amigos roadies tiveram que juntar seus braços atrás das caixas do P.A., se balançando pra frente e pra trás em ondas, empurrando a plateia na esperança de que a banda não se machucasse. Mas se machucaram. Kurdt, o vocalista e guitarrista, deu seu último grito na segunda música, então "bam" a plateia fez o microfone bater em sua boca. Sangue escorreu de seus lábios, mas eles instantaneamente começaram "Floyd the Barber" após limpar o rosto de Kurt. Chris, o baixista, acidentalmente acertou Kurt no olho com a cabeça de seu baixo. Não foi um corte profundo, a princípio, até Kurt enfiar a cabeça na parede ao seu lado em protesto. O corte abriu mais. Então Kurdt pegou sua guitarra e acertou Chris na boca, causando um grande corte no lábio. Nesse momento, eles estavam bem ensanguentados. Chris aparentava estar pior, apesar de estar com apenas uma ferida. Eles obviamente estavam ficando tontos e com dor. Mas continuaram o show, um tanto desafinados.

Mead
If You ReaD
You'll Judge
the Spiral
notebook
11 In. x 8½ In. 70 Sheets
College Ruled
06540
The Mead Corporation, Dayton, Ohio 45463

Se você ler
Vai julgar

20 School Zones
25 Streetof Cities & towns
50 County ROADS
55 HighwAY

PASS within 200 ft of Approaching CAr

Follow 20ft for Every 10. mph

TURN SIGNAL 100 Ft before

Lane use Signals

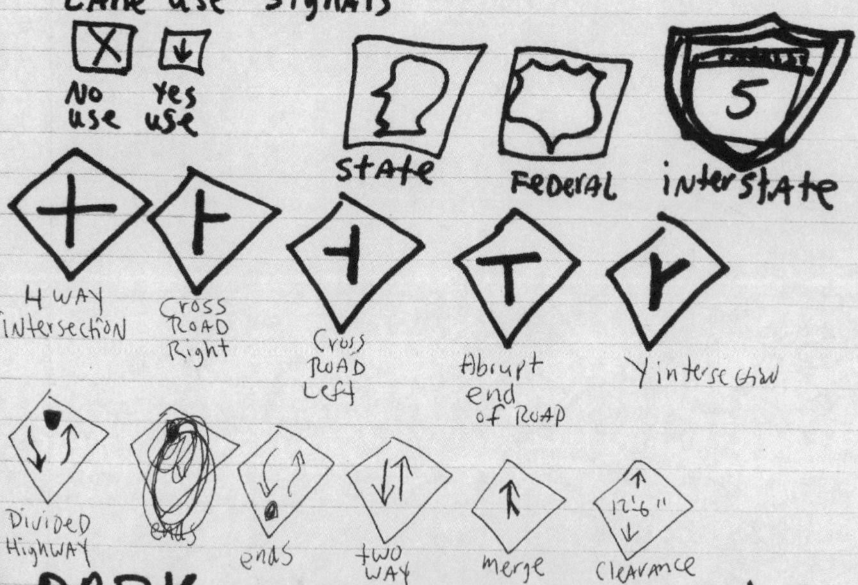

PARK wheels DownHill TowArds Curb
12 inches legal park from Curb

20 Áreas escolares
25 Rua das cidades e vilas
50 Estradas rurais
55 Rodovia

PASSAR dentro de **60** m de carro se aproximando
SEGUIR 6 m para cada **16** km/h
DAR A SETA **30** m antes

Sinalizar uso de pistas

[X] não usar [*seta para baixo*] sim, usar

[*três placas à direita*] Estadual / Federal / Interestadual

[*cinco placas de interseção*] Cruzamento das vias / Via lateral à direita / Via lateral à esquerda / Interseção em T / Bifurcação em Y

[*seis placas com setas*] Rodovia dividida / ~~Fim~~ / Fim da pista dupla / Mão dupla / Confluência / Altura limitada

ESTACIONAR rodas na descida apontadas para o meio-fio

Estacionar a 30 centímetros do meio-fio pela lei

Speed

Highway 55
Cites Towns 25
School Zones 20
County Roads 50

Pass within 200 ft of approaching car

Turn Signal on 100 ft before turning

Follow 20 ft for every 10 m.p.h.

~~State~~ Federal — State — interstate

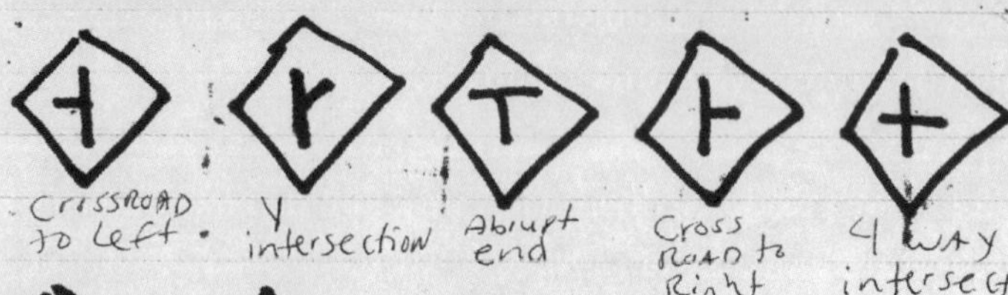

Crissroad to Left — Y intersection — Abrupt end — Cross Road to Right — 4 way intersection

merge — two Lane Road — Divided Higrway — Clearance — end of Divided Highway

Parking

Turn wheels Towards curb when Parking

~~[crossed out]~~ DownHill 12 in. away from Curb

20 ft from intersection 30 signs Li

Velocidade

Rodovia 88 km/h
Cidades e vilas 40 km/h
Áreas escolares 32 km/h
Estradas rurais 80 km/h

Passar dentro de 60 m de carro se aproximando
Dar a seta 30 m antes de virar
Seguir 6 m para cada 16 km/h

[*três placas*] ~~Estadual~~ Federal / Estadual / Interestadual

[*cinco placas de interseção*] Via lateral à esquerda / Bifurcação em Y / Interseção em T / Via lateral à direita / Cruzamento das vias

[*cinco placas com setas*] Confluência / Mão dupla / Pista dividida / Altura limitada / Fim da pista dupla

Estacionar
Virar rodas em direção ao meio-fio quando estacionar
~~Na subida~~ **Na descida a 30 cm do meio-fio**
6 m da interseção 30 placas [*~~ilegível~~*]

Dave,   5-29-88

A band needs to practice, in our opinion, at least 5 times a week if the band ever expects to accomplish anything.

We're tired of total uncertainty everytime we play a show, we think..."Are we going to suck"? "Are we tight yet"? We have shows and we don't practice! The two main reasons are, Chris and his work and you and your location. Chris can eventually alter his work schedule and at least practice every week night.

When we started with you, you claimed you could make it up 4 times a week and would move up here by July or August and it would be no problem for you. We were very hesitant to ever try this because of our experience with driving back and forth to Aberdeen and we knew it would eventually get on your nerves.

We don't blame you at all for being tired of driving, and we realize what a problem and hassle it is to get someone else to drive you up, but even if you could make it up every day we don't start until 8:30 or 9:00, which is not enough time to even go through the set. We know how long it takes to build a house and you won't move up here as soon as you have claimed, and in our morals and values, fixing up a race car isn't half as important as getting to practice or recording or touring.

⟶

[5]29 de maio de 1988

Dave,

Uma banda precisa ensaiar, em nossa opinião, pelo menos 5 vezes por semana se ela espera conquistar alguma coisa.

Estamos cansados da total incerteza toda vez que fazemos um show, nós pensamos... "Vamos tocar mal?", "Já estamos mandando bem?" Temos shows e não ensaiamos! Os dois principais motivos são: Chris e o emprego dele, e você e sua localização. Chris pode, algum dia, mudar o cronograma do trabalho dele, e pelo menos ensaiar toda noite durante a semana.

Quando começamos com você, você disse que podia vir até aqui 4 vezes por semana e se mudaria para cá até julho ou agosto, e que não seria nenhum problema para você. Hesitamos em experimentar isso, por causa da nossa experiência viajando para Aberdeen, e sabíamos que alguma hora iria te dar nos nervos.

Não te culpamos, de maneira alguma, por estar cansado de dirigir e entendemos que pedir para alguém te trazer é problemático e chato mas mesmo que você conseguisse vir todo dia, nós não começaríamos até 8h30 ou 9h, e isso não é tempo suficiente para ensaiar nem um set inteiro. Nós sabemos quanto tempo leva para construir uma casa, e você não vai se mudar para cá tão rápido quanto você disse que iria, e, de acordo com nossos valores e morais, consertar um carro de corrida não é nem de perto tão importante quanto ensaiar, gravar ou sair em turnê.

---

5 Carta para Dave Foster, segundo baterista do Nirvana, que foi demitido pouco tempo antes da gravação de "Love Buzz".

We also aren't convinced that you would get time off, or quit your job next winter to go on tour. The overall aspect of this situation is nothing more than selfish. Getting a name on a record isn't shit. anybody can do it, but theres a big difference between credentials & notoriety, and self respect through music.

Instead of lying to you by saying we're breaking up or letting this go any further we have to admit that we've got another drummer. His name is Chad, he's from Tacoma and he can make it to practice every night. Most importantly, we can relate to him. lets face it, you are from a totally different culture. Our hobbies and interests are different, and a band can't be a unit unless all the members are compatible. We have really appreciated your loyalty and dedicated attempt at keeping this band alive. You're a great drummer and we hope you pursue another band very soon. We expect you to be totally pissed off and hate our guts and we don't blame you, because this is very sudden and we have not tried to warn you that this was happening. This is not your fault. It's ours. We should have known it wouldn't work, but your enthusiasm and clear headed thinking made us want to try it. and we feel →

Também não estamos convencidos de que você tiraria uma folga ou largaria o seu emprego no próximo inverno para sairmos em turnê. O aspecto geral dessa situação é nada mais que egoísta. Ter seu nome num disco não é merda nenhuma. Qualquer um consegue isso, mas tem uma grande diferença entre credenciais e notoriedade, e autorrespeito através da música.

Em vez de mentir para você dizendo que a banda acabou ou deixar isso seguir por mais tempo, temos que admitir que estamos com outro baterista. O nome dele é Chad, ele é de Tacoma e consegue ensaiar toda noite. E o mais importante, conseguimos nos relacionar com ele. Vamos encarar a realidade, você é de uma cultura totalmente diferente.

Nossos hobbies e interesses são diferentes, e uma banda não pode ser uma unidade a não ser que todos os membros sejam compatíveis. Apreciamos sua lealdade e a dedicação para tentar manter a banda viva. Você é um ótimo baterista e esperamos que busque outra banda em breve. Esperamos que você fique totalmente puto e nos odeie, e não te culpamos, porque isso está sendo muito repentino e não tentamos te avisar que aconteceria. Isso não é sua culpa. É nossa. Nós deveríamos saber que isso não iria funcionar, mas seu entusiasmo e pensamento claro nos fez querer tentar. E nos sentimos

5-29-88

really shitty that we don't have the guts to tell you in person. But we don't know how mad you would get. All the luck to you and Laney and your drumming career. And if you wouldn't mind, we would like to suggest to other bands looking for drummers to check you out because your talent shouldn't go to waste.

please let us know when it is in your convenience for us to bring your drums & mic down. when you want to discuss this with us call.

Sorry.
Kurt
Chris

P.S. Lani - Thanks for driving Dave up all the time - I know what an awful drive it is. Shelli & I enjoyed spending time with you while they were practicing. Call us sometime & we can get together and do something.

- Tracy & Shelli

29/5/88

muito mal por não termos a coragem de te contar pessoalmente. Mas não sabíamos o quão bravo você ficaria. Desejamos toda a sorte para você Laney e sua carreira de baterista. E, se você não se importar, gostaríamos de te recomendar a outras bandas que estão à procura de bateristas, porque seu talento não deveria ser desperdiçado.

Por favor, nos diga um dia conveniente para você, para que possamos levar sua bateria e microfone. Quando quiser discutir isso conosco, ligue.

Desculpa

Kurt

Chris

Obs.: Lani, obrigado por dar carona para o Dave por todo esse tempo. Eu sei como o trajeto é horrível. Shelli e eu gostávamos de passar tempo com você durante os ensaios. Ligue para nós alguma hora, pra sairmos pra fazer algo.

Tracy e Shelli

J.F.K.: the lamest excuse ever, retrogression

transpose

revolve
reverted

Reversion relapse

botanical
growing

such High expectations, so much support, every one wants it more than me, Almost feel like doing it for them, Such high Aspirations. infinity doesnt exist. mathematics are based on 10.

A numeral variations are the synthesis of retrogression, Such being: reactive, cause and effect, communicational, scenario, social interplay with situations amongst people, music, sports, WAR, regional determination of botanical, Herbacious possibilities.

Hi, I dont have Dyslexia. An infared light will simulate the sun in times of winter.

A hypnotherapist will hold your hand and aid you into going back to bed. Downers & heroin make you itch. If you talk to a friend, the friend will offer you a list of remedies that youve already tried. The first seven years of my life were amazing, incredible, realistic and an absolute grateful joy.

To be positive at all times is to ignore all that is important, sacred or valuable.

To be negative at all times is to be threatened by rediculousness and instant discredibility.

rediculous
manner
expression

To translate opinions in an obvious search for proof of intellijence abusive use of obscure descriptive words is A desperational will to sincere, yet retarded expression.

I feel there is a universal sense amongst our generation that everything has been said and done. True. but who cares it could still be fun to pretend.

This is the first decade since the early 1940s that two generations share the same music. (the old school and new school)

crescimento botânico / revolva revertido / JFK: a desculpa mais tosca de todas / retrocesso / transpor

Relapso de reversão

Expectativas tão altas. Tanto apoio. Todo mundo quer isso mais que eu. Quase sinto que estou fazendo isso por eles. Aspirações tão altas. O infinito não existe. Matemática é baseada em 10. ~~Um número específico~~ Variações numéricas ~~alguma hora viram~~ são a síntese do retrocesso, sendo elas: causa e efeito reativos, comunicação, ~~e~~ cenário [~~*ilegível*~~] de interação social com situações ~~dentro de~~ entre pessoas, música, esportes, guerra e determinação regional de possibilidades botânicas.

Oi, eu não tenho dislexia. Uma luz infravermelha simula o sol durante o inverno.

Uma hipnoterapeuta vai segurar a sua mão e te ajudar a voltar para a cama. Calmantes e heroína dão coceira. Se falar com um amigo, o amigo te oferecerá uma lista de remédios que você já usou. Os primeiros sete anos da minha vida foram fantásticos, incríveis, realistas e uma felicidade absolutamente gratificante.

Ser positivo o tempo todo é ~~apagar~~ ignorar tudo ~~importante e de valor~~ o que é importante, sagrado ou de valor.

Ser negativo o tempo todo é ser ameaçado pela ~~seu~~ ridicularização e pela incredibilidade.

Traduzir opiniões é uma busca óbvia de prova de inteligência, ~~na casa de~~ uso abusivo ~~com~~ de palavras descritivas obscuras é uma vontade desesperada de expressão sincera, porém retardada.

Eu sinto que há ~~um sentimento que~~ uma ideia universal entre nossa geração de que tudo já foi dito e feito. Mas quem se importa, ainda ~~é~~ pode ser divertido fingir.

Esta é a primeira década desde o começo dos anos 1940 em que duas gerações ~~escutam~~ (os antigos e os novos) compartilham a mesma música.

[*lateral esquerda*]
ridículo / maneira / expressão

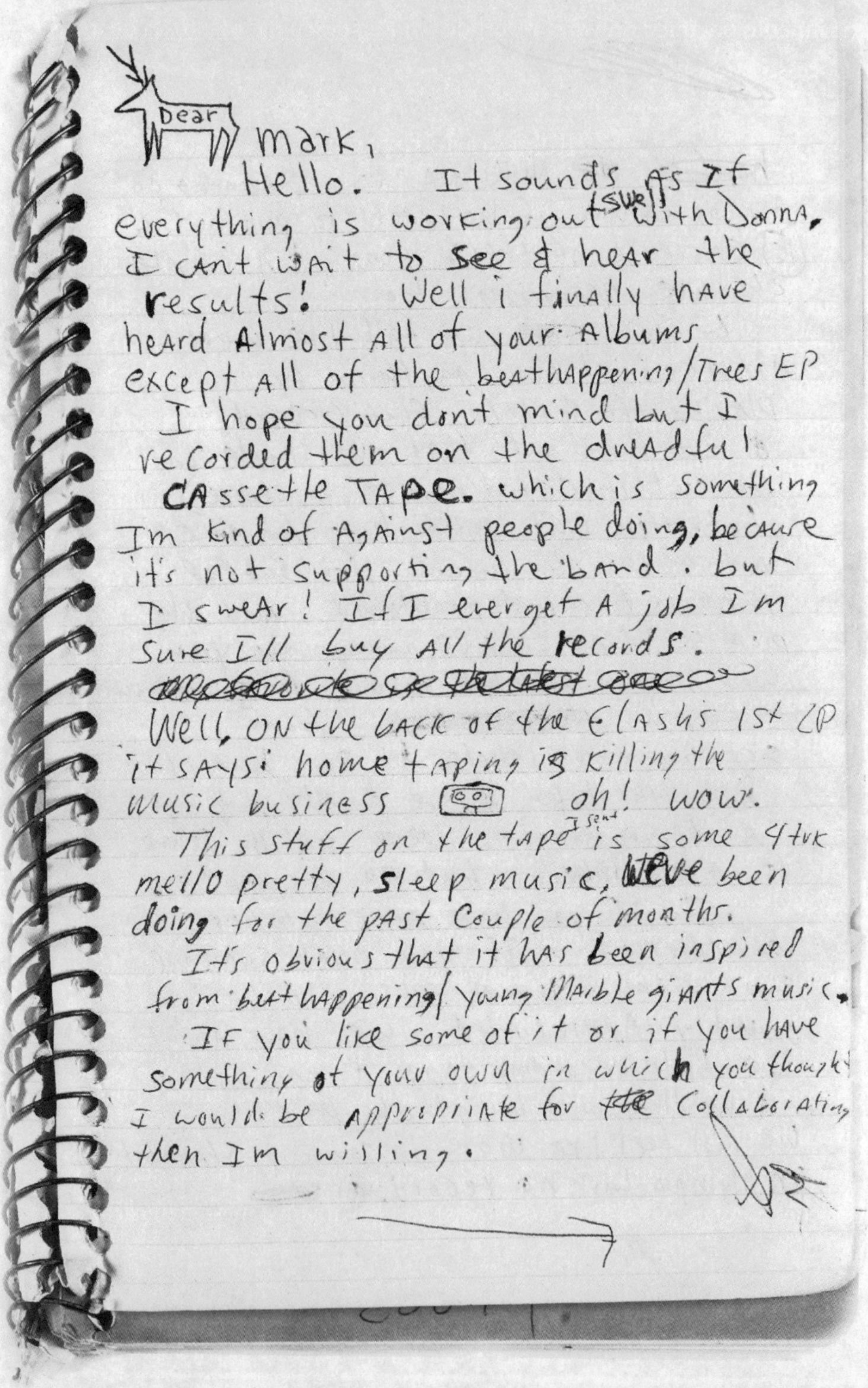

Dear

mark,

Hello. It sounds as If everything is working out (swell) with Donna. I can't wait to see & hear the results! Well i finally have heard Almost All of your Albums except All of the beat happening/Trees EP. I hope you don't mind but I recorded them on the dreadful CAssette TApe. which is something Im kind of Against people doing, because it's not supporting the band. but I swear! If I ever get A job Im sure Ill buy All the records.

Well, ON the back of the Clash's 1st LP it says: home taping is killing the music business oh! wow.

This stuff on the tape I sent is some 4trk mello pretty, sleep music, we've been doing for the past Couple of months.

It's obvious that it has been inspired from beat happening/young Marble giants music.

IF you like some of it or if you have something of your own in which you thought I would be appropriate for Collaborating then Im willing.

[6]Querido Mark,

Olá. Parece que tudo está indo bem com Donna. Mal posso esperar para ver e ouvir o resultado! Bem, eu finalmente ouvi quase todos os seus discos, exceto o EP *Beat Happening / Screaming Trees*. Espero que você não se importe, mas os gravei na coisa terrível chamada fita cassete. Sou meio que contra as pessoas fazerem isso, porque não dá apoio para a banda. Mas eu juro! Se eu conseguir um emprego, tenho certeza de que vou comprar todos os discos.

[~~*ilegível*~~]

Bem, na parte de trás do primeiro LP do Clash diz: "cópias caseiras estão destruindo a indústria musical". Ah! Nossa.

As coisas na fita de 4 pistas que eu mandei são músicas bonitas para dormir que temos feito nos últimos meses.

É óbvio que teve inspiração da música do Beat Happening / Young Marble Giants.

Se você gostar de alguma coisa da fita ou se tiver alguma coisa sua que considere apropriado para ~~a~~ uma colaboração minha, eu topo.

6 Carta para Mark Lanegan, vocalista da banda Screaming Trees, de Seattle.

~~hopefully~~ ~~we~~ NIRVANA is planning on Asking Calvin if he wants to put out A (K) Cassette of these songs & A couple obscure heavy songs too.

because ~~we~~ we feel like were not accomplishing anything by playing the Seattle Club circuit & It turns out that our single will be out in Oct. (Love buzz - big cheese) but there isnt much hope for An EP within the near future, for Sub POP is having financial problems and the promise of An EP & LP within the year was just A bullshit excuse for Johnathan to keep us ~~thinking that~~ from scouting other labels. & So here it is 8 months later & we finally put out A damn single. Weve sent the demo to A few labels. but no Response.

So if you have any numbers or Addresses or if you meet someone & give them A demo It would be greatly Apreciated. we have About 30 bulk recording tapes & Any postage & handling will be gladly paid.

We just feel like were becoming stagnant in olympia with no record.

~~Espero que Nós~~ NIRVANA está planejando perguntar ao Calvin se ele quer lançar uma cassete pela K com essas músicas e outras obscuras e mais pesadas também.

Porque achamos que não estamos conseguindo nada tocando no circuito de clubes de Seattle, e nosso single vai sair em outubro *(Love Buzz – Big Cheese)*, mas não há muita esperança de sair um EP no futuro próximo, já que a Sub Pop está passando por problemas financeiros e a promessa de um EP e um LP dentro de um ano era uma desculpa esfarrapada para o Johnathan nos ~~deixar pensando que~~ impedir de buscar outras gravadoras. Então, aqui estamos, 8 meses depois, e finalmente lançamos um maldito single. Enviamos a demo para algumas gravadoras, mas sem resposta.

Então, se você tiver alguns números de telefone ou endereços, ou se encontrar alguém e puder dar uma demo, eu agradeceria muito. Temos umas 30 fitas para gravar, e qualquer custo com frete será pago com prazer.

Sentimos que estamos ficando estagnados em Olympia sem um disco. [~~*ilegível*~~]

Just before I fall asleep and
when Im really bored I... laydown and
think for awhile until I ~~subconciously go~~ fall
into a ~~[illegible]~~ semi hypnotic state of sub-
-conciousness, some call it daydreaming, some
call it just fucking spacing out. but i feel like
Im not here and it doesn't matter because Im
sick of putting myself in boring situations and
pre~~[illegible]~~tory conversations, just every day
basic sitcom happenings, some call it thinking
but when im ~~think I forget to think~~ in this
particular state of mind i forget to think and it
becomes strictly observatory. I notice things
very sensitively like if i focus really hard
I can see small transparent blotches of
~~dirt~~ debris on the outer shell of my eyes.
(or the conjunctiva). And can only follow it
as my eye moves downward. its like, watching
film footage of amoeba or Jelly like
plankton under a microscope. and when
I close my eyes and look up to the sun
the Bright orange Redness radiates an
intense picture of Blood Cells or what I
think are Blood Cells. And they are moving
very rapidly and again I can only focus for
so long before my eyes strain and I have
to look away from the sun int a pillow
and Rub my eyes hard then I see
Tiny spheres of sparkling light (some call them stars) which only
stay for a second then as my eyes focus →

Logo antes de dormir, quando fico muito entediado, eu... deito e penso por um tempo até que ~~subconscientemente vou~~ entro num [~~*ilegível*~~] estado semi-hipnótico de subconsciência, alguns chamam de devaneio, outros chamam de viajar, e só. Mas eu sinto como se não estivesse aqui, e não importa, porque estou cansado de me colocar em situações e conversas entediantes [~~*ilegível*~~], acontecimentos típicos de seriado, alguns chamam isso de pensar, mas, quando estou ~~acho que esqueci de pensar~~ nesse estado de mente particular, me esqueço de pensar, e torna-se estritamente observatório. Percebo as coisas bem sensitivamente, tipo, se eu me concentrar bastante, consigo ver manchas de ~~sujeira~~ resíduos na camada externa dos meus olhos. (Ou na conjuntiva). E só consigo seguir isso se meus olhos se moverem para baixo. É como ver vídeos de amebas ou plâncton gelatinoso sob um microscópio. E quando fecho meus olhos e me volto para o sol, o clarão laranja-avermelhado irradia uma imagem intensa de glóbulos sanguíneos, ou o que eu acho que são glóbulos sanguíneos. E estão se mexendo rapidamente, de novo, eu só consigo me concentrar por algum tempo antes que meus olhos se cansem e eu tenho que parar de olhar para o sol, colocar minha cabeça num travesseiro e esfregar meus olhos com força, daí eu vejo pequenas esferas de luz piscando – algumas pessoas as chamam de estrelas – que só ficam lá por um segundo, daí, quando meus olhos focam

Again amongst the water or tears from rubbing I open then look up to the sky away from the sun And forget About stupid fucking little squiggly things moving on the outer layer of my eyes or the close up Blood cells in my eye lids And I stare At the sky with perrifial vision And not trying but just happening to make out All kinds of faces objects statues in the clouds And I can do the same with the wood grain of the panelling on my walls. ~~And so what.~~

ONCE I SAW JESUS ON A Tortilla Shell.

novamente ~~no meio~~ entre as lágrimas ou a água que sai de esfregar, eu abro os olhos e me volto para o céu, não para o sol, e esqueço aquelas porras de coisinhas pequenas e estúpidas se mexendo na camada exterior dos meus olhos ou os glóbulos sanguíneos vistos de perto nas minhas pálpebras, e eu olho para ~~as nuvens~~ o céu com visão periférica e, sem tentar, mas consigo ver todo tipo de rostos, objetos, estátuas nas nuvens, e consigo fazer o mesmo com os detalhes da madeira nas minhas paredes. ~~E daí.~~

Uma vez eu vi Jesus numa tortilha.

UNCERTAINTY like opening your
eyes wide in the dark then closing them
hard then open and blinded by the SPARKling
silver dots created from pressure on the
CorneAS, squint, Roll, focus, then your
Blind AGAin but At least you SAW light
Somehow. maybe ~~it was stored~~ the light
wAS stored in the sockets or held in the
iris or clung to the tips of All the nerves
And veins. Then your eyes close again
And An Artificial light Appears before
the eyelids, probably just A light bulb
or A Blowtorch! jesus its hot! my lAshes
And Brows Are curling up And melting
emiting the worst smell of burnt hair
And thru the Red TrAnsparency of the
light in my eyelids I cAn see A close up view of
Blood cells move AS I move my eyes
BAck And forth like footAge of A
DocumentAry of Amoeba And PlAnkton
Jelly like see thru life forms moving
mAn they must be smAll I cAnt
feel them my eyes must be Able
to see things MORE clearly
than ~~I~~ had expected it's like
A microscope but it doesn't mAtter
Anymore cAuse they set me on fire now
yep Im sure of it Im on fire God dAmn.
17

INCERTEZA, como abrir seus olhos no escuro daí fechá-los com força, daí abrir e ser cegado pelos pontos prateados brilhantes criados pela pressão nas córneas, forçar a vista, virar, focar, daí você fica cego de novo, mas pelo menos você viu a luz de alguma forma. Talvez ~~fosse guardada~~ a luz tenha sido armazenada nas órbitas ou guardada na íris ou grudada nas pontas dos nervos e das veias. Daí nossos olhos se fecham de novo, e uma luz artificial aparece nas pálpebras, provavelmente só uma lâmpada ou um maçarico! Jesus, está quente! Meus cílios e minhas sobrancelhas estão se enrolando e derretendo, soltando um cheiro horrível de pelo queimado, e através da transparência vermelha da luz, nas minhas pálpebras, eu consigo ver de perto os glóbulos se mexendo, conforme mexo meus olhos pra frente e pra trás como vídeos de um documentário sobre amebas e plâncton gelatinoso como seres vivos transparentes se mexendo, cara, eles devem ser pequenos eu não consigo senti-los meus olhos devem ser capazes de ver coisas **MAIS** claramente do que eu havia esperado parece um microscópio mas não importa mais porque eles me atearam em fogo sim tenho certeza eu estou pegando fogo puta merda.

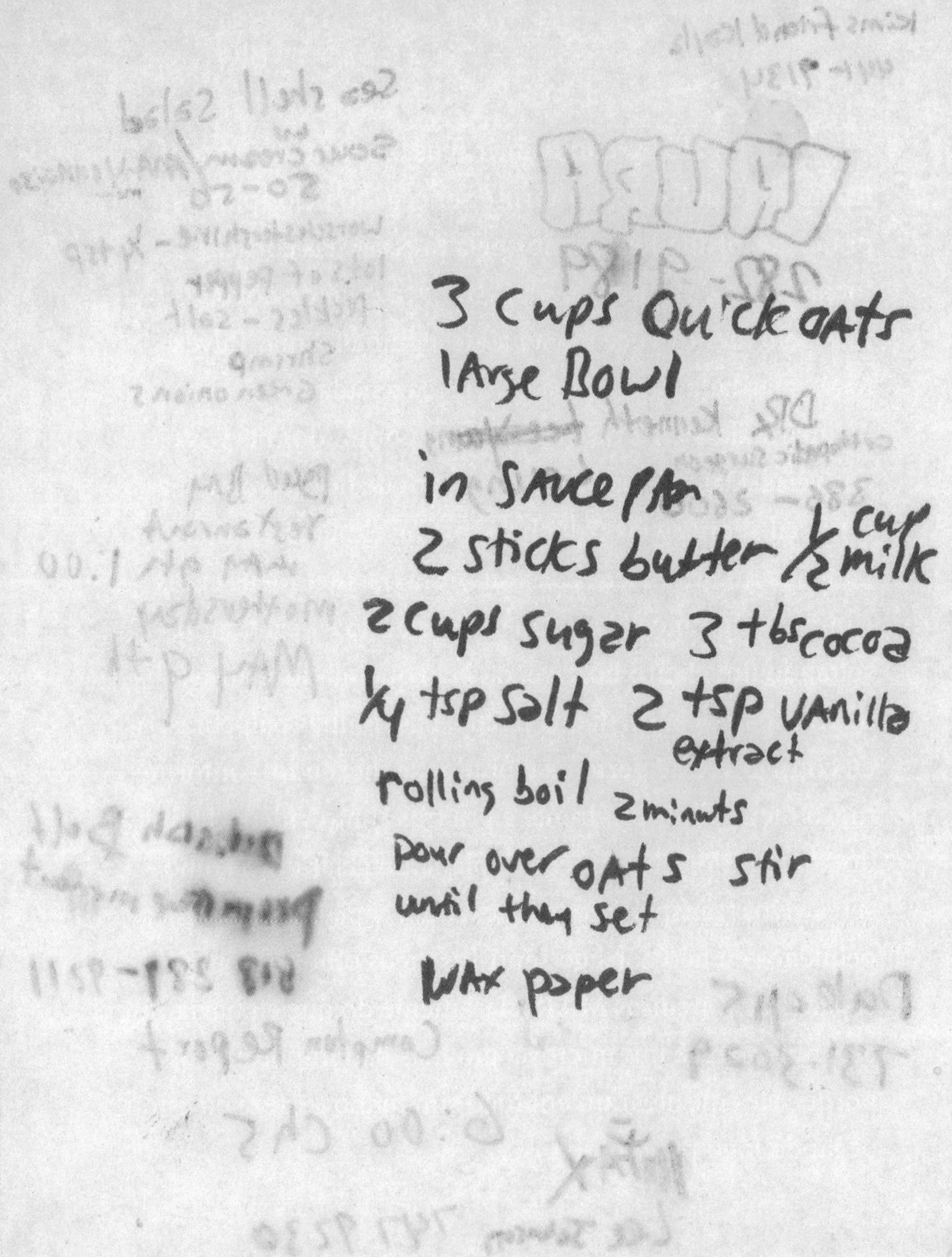
3 cups Quick oats
large Bowl

in Sauce pan
2 sticks butter 1/2 cup milk
2 cups sugar 3 tbs cocoa
1/4 tsp salt 2 tsp vanilla extract
rolling boil 2 minuts
pour over oats stir
until they set

wax paper

3 xícaras de aveia
tigela grande

na panela
2 tabletes de manteiga
2 xícaras de açúcar

¼ de colher de chá de sal

ferver bem 2 minutos
acrescentar aveia mexer
até engrossar
papel manteiga

½ xícara de leite
3 colheres de sopa
de cacau
2 colheres de chá
de extrato de baunilha

One of many ways she manipulated the circumstances in which, I felt that and reversed the guilt onto me,

I felt that when she would make an attempt to call a relative or friend for advice she would always choose these times when I was around in the house within hearing distance. to make it apparently clear that she is concerned "quote I don't know what to do with him, I care so much. He plays guitar and he plays it really good, but that's all he wants to do, He needs a dose of reality and to realize that he needs something to FALL BACK ON!

Uma das muitas maneiras pelas quais eu senti que ela manipulava ~~das~~ as circunstâncias e revertia a culpa sobre mim [*~~ilegível~~*]

~~Eu~~ Eu sentia que quando ela tentava ligar para um parente ou amigo para pedir conselhos, ela sempre escolhia os momentos em que eu estava na casa, próximo o suficiente para ouvir, [*~~ilegível~~*] para deixar aparentemente claro que ela está preocupada: "Eu não sei o que fazer com ele, eu me importo tanto. Ele toca guitarra e toca muito bem, mas é só isso o que ele quer fazer. Ele precisa de uma dose de realidade, e perceber que precisa de algo em que se APOIAR".

MR MOUSTACHE
MY SON! Boy he's Gonna be quite a man. listen to the Power in those little strong legs! He's gonna be a football player!
MY HAT Collection
THUMP
KICK
KICK
FART
BEER
This kid Better NOT BE A Lousy little Girl. I want my very own HONEST, HARD WORKIN, Jew, spic, Nigger, and Faggot hatin 100% pure beef AMERICAN MALE! I'll teach him how to work on CARS and exploit WOMEN.
SNAP
SNAP
SNAP
AHH LISTEN TO THOSE STRONG Little legs KICK.
KICK
Kurdt Kobane 88

SR. BIGODE

[*primeiro quadro*] Meu filho! Cara, ele vai ser um homem e tanto. Escute o poder nessas perninhas fortes! Ele vai ser um jogador de futebol!

[*placa na parede*] Minha coleção de chapéus

[*onomatopeias, de cima para baixo*] CHUTE, BATIDA, CHUTE, PEIDO

[*segundo quadro*] Ahh, escute essas perninhas fortes chutando.

[*terceiro quadro*] É bom essa criança não ser nenhuma menininha sem graça! Eu quero ter meu próprio MACHO AMERICANO, 100% carne pura, honesto, trabalhador, que odeia judeus, latinos, negros e bichas! Eu vou ensiná-lo a mexer em carros e explorar mulheres.

[*quarto quadro*] CHUTE

In A lAst Attempt to make it clear that this girl did not have downs syndrome or A mongoloid, there is proof that LAKESIDE High school does not or ever has had the facilities to teach those cronic retards, in fact Darrin, Ace, And Trevor were Also in one of her classes & she Also had regular classes for normal people.

A lot of NAive Asshole kids just called her retarded because she never talked. ~~which you will find out later in the story how our Association with her was badly labeled & mistaken.~~

The object of the guys who had been going there for the past month was to steal booze from the down stairs basement den.. while others distracted her by opening cupboard doors & pretending to eat All the food, one would go down & take A 5th & then exit out the downstairs.

It was basically A gift to Trevor the pot overlord who enjoyed pot not quite As much As booze, And to his helpers & I A reward of getting high in the woods near the school was Always promised if we stold booze for him. Only being stoned within that week for the first few times was what I claimed As "something I will do for the rest of my life!" And I would practically do Anything to ensure my supply of the fantastic weed. So we did this routine every other dAy & got AwAy with it for ~~quite A long~~ About A month ⟹

Numa última tentativa de deixar claro ~~quanto~~ que essa menina não tinha síndrome de Down nem era mongoloide, há provas de que [~~*ilegível*~~] a escola Lakeside High School ~~não tem~~ nunca teve as instalações para educar retardados crônicos. ~~E~~ De fato Darvin, Ace e Trevor também estavam em uma das aulas dela, e ela também tinha aulas comuns para pessoas normais.

Muitos jovens babacas e inocentes chamavam ela de retardada porque ela nunca falava. ~~Mais pra frente nessa história você vai descobrir como nossa associação com ela foi mal rotulada e interpretada.~~

O objetivo dos caras que estavam indo lá nos últimos meses era roubar bebida do porão no andar de baixo. Enquanto [~~*ilegível*~~] uns distraíam ela, abrindo portas dos armários e fingindo comer toda a comida, um outro descia, pegava um quinto da bebida e saía pelo andar de baixo.

Era basicamente um presente para Trevor, o Rei da Maconha, que curtia maconha, mas não tanto quanto cerveja, e para os seus ajudantes e eu, sempre havia a promessa de ficar chapado na floresta perto da escola, caso roubássemos bebida para ele. Ficar chapado naquela semana, pelas primeiras vezes, foi uma coisa que eu disse ser "algo que vou fazer pro resto da minha vida". E eu faria praticamente qualquer coisa para garantir meu fornecimento daquela erva fantástica. [~~*ilegível*~~] Então costumávamos fazer essa rotina dia sim, dia não e nos safamos com isso por ~~um bom tempo~~ aproximadamente um mês.

And during that month happened to be the Epitomy of my mental abuse from my mother. It turned out that pot didn't help me escape my troubles too well any more And I was actually enjoying doing rebellious things like stealing this booze & busting store windows getting in fist fights etc.... & nothing even mattered. I decided within the next month I'll not sit on my roof and think about jumping but i'll actually kill myself And I wasn't going out of this world without actually knowing what it is like to get laid.

So one day after school I went to her house alone, and invited myself in And she offered me some twinkies And I sat on her lap And said "let's fuck" And I touched her tits And she went into her bedroom And got undressed in front of me with the door open And I watched & realized that it was actually happening so I tried to fuck her but didnt know how and asked her if she had ever done this before And she said A lot of times mainly with her cousin.

I got grossed out very heavily with how her vagina smelled & her sweat reaked so I left. My concience grew to where I couldn't go to school for a week and when i went back I got in-house suspetion in the office for skipping and that day the girls father came in screaming & accusing someone of taking advantage of his daughter

E durante aquele mês por acaso ocorreu o epítome do abuso mental por parte de minha mãe. [*~~ilegível~~*] O resultado foi que a maconha já não me ajudava a escapar dos meus problemas como antes, e eu estava curtindo fazer coisas rebeldes como roubar bebida, quebrar vitrines de lojas, entrar em brigas etc. E nada importava. Eu decidi dentro de um mês que não iria mais me sentar no telhado e pensar em pular, mas iria realmente me matar, e não sairia desse mundo sem realmente saber como é transar.

Então um dia, após a escola, fui para a casa dela sozinho e me convidei para entrar, ela me ofereceu Twinkies[7], e eu sentei no colo dela e disse: "Vamos transar". Eu toquei nos peitos dela e ela foi pro quarto dela e se despiu na minha frente, com a porta aberta, e eu assisti e percebi que realmente ia acontecer. Então tentei transar com ela, mas não sabia como, e perguntei pra ela se já tinha feito isso antes, e ela disse que muitas vezes, principalmente com o primo dela.

Eu senti um nojo muito forte do cheiro da vagina e do fedor do suor dela, então fui embora. Minha consciência cresceu ao ponto de eu não conseguir ir para a escola por uma semana, quando eu voltei, fui suspenso por matar aulas, e naquele dia o pai da menina entrou na escola gritando e acusando alguém de tirar vantagem da filha dele

7 Bolinho doce recheado. [N.E.]

& they went in the ~~off~~ principals office And yelled At eachother & they came out with A yearbook & were going to have her pick me out. but she couldn't because I ~~wasn't~~ didn't show up for pictures that year. & so during lunch the rumors started and by the next day she told my name and everyone was waiting for me to yell & cuss & spit at me calling me the retard fucker'.

Because A lot of people liked me the sides were even but I couldn't handle the ridicule so on A Saturday night I got high & drunk & walked down to the train tracks & layed down & waited for the 11:00 train & I put 2 big pieces of cement on my chest & legs & the train came closer & closer. And it went on the next track beside me instead of over me. So I rode the bus to ~~[scribbled]~~ Lakeside School from ~~[scribbled]~~ Jenkins Lane every day pretending to go to school & doing acid instead walking in the woods, so my mom would think I was going to school & the cops stopped me one night at a football game & I went down to the station & they tape recorded my confession of what I did and said that **her** family can't do anything because she was 18 and not mentally Retarded. But tension from school made me have to attent ~~[scribbled]~~ Jenkins lk school and the train scared me enough to try to rehabilitate myself & my guitar ~~seemed to~~ playing seemed to be improving so I became less manically depressed but still never had any friends because I hated everyone for they were so phony.

e entraram na ~~dire~~ sala do diretor e gritaram uns com os outros, saíram com um anuário pela escola, para ela me encontrar pela minha foto. Mas ela não conseguiu, porque eu não ~~estava~~ compareci para tirar as fotos naquele ano. Então, durante o almoço, os boatos começaram, e até o dia seguinte ela já tinha falado meu nome, e todo mundo estava me esperando para gritar, xingar e cuspir em mim, me chamando de pegador de retardada.

Porque muitas pessoas gostavam de mim, os dois lados estavam equilibrados, mas eu não podia lidar com a ridicularização, então num sábado à noite eu fiquei bêbado e chapado e andei até o trilho do trem, deitei e esperei pelo trem das 11h, e coloquei dois pedaços grandes de cimento sobre meu peito e pernas, e o trem chegava cada vez mais perto. E passou pelo trilho ao meu lado, em vez de passar sobre mim. Daí eu pegava um ônibus de [~~*ilegível*~~] Jenkins Lane [~~*ilegível*~~] até Lakeside School todo dia, fingindo ir pra escola, e em vez disso tomava ácido e andava pela floresta, então minha mãe achava que eu estava indo pra escola. Os policiais me pararam uma noite num jogo de futebol americano, e eu fui até a delegacia e gravaram minha confissão do que eu tinha feito, e disseram que a família dela não podia fazer nada, porque ela tinha 18 anos e não era mentalmente retardada. Mas a tensão da escola me fez ter que ir até a [~~*ilegível*~~] Jenkins School, e o trem me assustou o suficiente para eu tentar me reabilitar, e minhas habilidades ~~pareciam~~ com a guitarra pareciam estar melhorando, então eu fiquei menos maníaco-depressivo, mas mesmo assim não tinha amigos, porque eu odiava todo mundo, já que eles eram tão falsos.

NIRVANA is from Olympia WA, 60 miles from Seattle. NIRVANAS Guitar/vocalist (Kurt Kobain) And Bass-(Chris Novoselic) lived in Aberdeen 190 miles from Seattle.

Aberdeens population Consists of Highly bigoted Redneck-snoose chewing- deer shooting, faggot Killing- logger types who "Ain't to ~~[illegible]~~ partial to weirdo New Wavers!" (Chad) drums is from An island of Rich Kid-LSD Abusers.

NIRVANA is A trio who play HEAVY Rock with Punk overtones.

They usually dont have jobs. so they can tour anytime.

NIRVANA HAS never jammed on Gloria, or Louie Louie. NOR have they ever had to Re write these songs & CALL them their own.

NIRVANA is looking to put their music to Vinyl or Accepting A loAn of About $2,000.00.

Kurdt

NIRVANA é de Olympia, WA, a 95 quilômetros de Seattle. O guitarrista/vocalista (Kurt Cobain) e o baixista (Chris Novoselic) do NIRVANA moravam em Aberdeen, a 300 quilômetros de Seattle.

A população de Aberdeen é composta de caipiras altamente preconceituosos – mascadores de tabaco, caçadores de veados, matadores de bichas, do tipo lenhador – que "não aceitam esses esquisitões da new wave". (Chad) o baterista é de uma ilha de jovens riquinhos que abusam de LSD.

NIRVANA é um trio que toca rock pesado com tons de punk.

Na maior parte do tempo, eles são desempregados.

Então eles podem sair em turnê a qualquer hora.

NIRVANA nunca fez uma jam tocando "Gloria" ou "Louie Louie" nem tiveram que reescrever essas músicas para chamar de suas próprias.

NIRVANA está em busca de lançar sua música em vinil ou de um empréstimo de aproximadamente $2.000,00.

Kurdt

Lance Link

After Beat happening

Crybaby & Richard Simmons

Hot Dog eating contest

* Penis Balloon insertion for erection

* light bulb swallower

Rem

H Rollins

L Lunch

Tards

Bill murray lounge

Stairway to Heaven

* Davey & Goliath

Bros Quay

Spoons magnets baby

* monster tard movie

LanceLink

Após Beat Happening

Crybaby e Richard Simmons

Concurso de comer cachorro-quente

*Inserção de balão peniano para ereção

*engolidor de lâmpadas

REM

H. Rollins

L Lunch

Tards

Lounge Bill Murray

“Stairway to Heaven”

*Davey & Goliath

Irmãos Quay

Colheres-ímãs de Bebê

*Filme Monster Tard

Jesse Hello,
Believe me, I have purposely been delaying writing you for a while so when our single finally comes out I could send it to you as well as a letter. But God time flies and Sub Pop is broke and full of shit, and I didn't realize how long its been since I received your letter. So Im sorry!
Hey cheer up dude, your letter sounded like you're kinda bored.
I can't wait until you come down for Christmas, it will be the most exciting ~~$~~ event this year. We got our test pressings back for the single, I've been waiting for so long that I'm not even ~~excited about~~ looking forward to it coming out. We've refused to do anything else with Sub Pop even though they really want us to put out an EP. We've decided to put out our own LP. We found a record pressing plant that will press 1000 records for $1,600.00. So at $8.00. a piece we only have to sell about 250 records to get our money back, and the rest is pure profit, then all we have to do is find a distributor.
We played with the Butthole Surfers. And then D.O.A in seattle. The melvins are coming back to play a couple shows with us.
Chris and Shelli broke up. God am I relieved! She is still living in Tacoma

[8]Jesse, olá,

Acredite, eu tenho adiado escrever para você há algum tempo de propósito, para que quando nosso single finalmente saísse eu pudesse mandar um para você com a carta. Mas meu Deus, o tempo voa, e a Sub Pop está quebrada e mentindo, e eu não tinha percebido quanto tempo fazia desde que recebi sua carta. Então, desculpa!

Ei, se anime, cara. Sua carta fez parecer que você está meio entediado.

Mal posso esperar para você descer aqui pro Natal, vai ser ~~est~~ o evento mais animado do ano. Nós recebemos nossa prensagem do single. Eu esperei por tanto tempo que nem [~~*ilegível*~~] estou mais animado para quando ele sair. Nos recusamos a fazer qualquer outra coisa com a Sub Pop, apesar de eles realmente quererem que a gente lance um EP. Nós decidimos lançar um LP. Encontramos uma fábrica de vinil que vai fazer 1.000 discos por $1.600,00. Então, a $8,00 cada disco, só temos que vender uns 250 para recuperar nosso dinheiro, e o resto é puro lucro. Daí tudo que temos que fazer é achar um distribuidor.

Nós tocamos com os Butthole Surfers. E depois D.O.A. em Seattle. Os Melvins vão voltar para tocar em uns shows conosco. Chris e Shelli terminaram. Meu Deus, que alívio! Ela ainda mora em Tacoma

8 Carta para Jesse Reed, melhor amigo de Kurt no ensino médio.

and Chris is temporarily staying in Aberdeen for free at his moms. Im very content with the relationship Chris, Chad and I have, we get along great and have a lot of dedicated fun. We are becoming very well received in seattle & other places in WASh. Promoters call us up to see if we want to play, instead of us having to hound people for shows. Its now just a matter of time for labels to hunt us down, now that weve promoted ourselves pretty good by doing small remote tours. OK. enough about the band.

Ive got a janitor job, working with this older guy cleaning 4 restaurants. Pays cash under the table part time.

Tracy and I get along just fine, as usual. Lately Ive found myself becoming lazy. I hardly write my stories and I dont work on songs quite as intently as in the past. you know why? ??

television Television is the most evil thing on our planet.

Go right now to your tv and toss it out the window, or sell it and buy a better stereo. I have the flu right now so I dont feel like conjuring up witty literature. my eyes burn & when I fart, hot bubble acid ooze squirts from my

e Chris está temporariamente ficando em Aberdeen, de graça, na casa da mãe dele. Eu estou muito contente com a relação que Chris, Chad e eu temos. Nós nos damos muito bem e nos divertimos nos dedicando. Estamos sendo bem recebidos em Seattle e outros lugares de Washington. Promotores nos ligam para ver se queremos tocar, em vez de perseguirmos pessoas atrás de shows. Agora é só uma questão de tempo até as gravadoras nos caçarem, agora que estamos promovendo bem a banda, fazendo pequenas turnês remotas. OK. Chega de falar da banda.

Consegui um emprego de zelador, trabalhando com um cara mais velho na limpeza de 4 restaurantes. Rende dinheiro, em espécie, por debaixo dos panos, em meio período.

Tracy e eu nos damos bem, como de costume. Ultimamente, eu tenho ficado preguiçoso. Raramente escrevo histórias, e não faço músicas com tanta vontade quanto antes. Sabe por quê?

TELEVISÃO. Televisão é a coisa mais maligna no nosso planeta. Pegue sua TV agora e jogue-a pela janela ou venda ela e compre um som melhor. Estou gripado agora, então não estou a fim de criar literatura espirituosa. Meus olhos estão queimando, e quando eu peido, bolhas quentes de ácido saem do meu

Reed & MALOY
ADAM-12 Episode Hell.
I TOOK NO option
meet my PAL ozzy the Green Giant He's Going to Help US NOW OK
Dio Dio Dio
SOUPY SALES SAYS
OZZYS Right Lets let Lord Dio Choose Between BAD AND EVIL
ZOT POP off your HAD & lead in A sing ALONG HYMN.
merv
phil
BUSHY CREW CUT HAIRLINE year
ZOT
CHUCKAH WILL HOLLY MARSHALL
DIO.
meanwhile Reed & MALOY are After the Art thief
its A COP!
monty HALL
Someones in the Kitchen with Dinah Shore Cancer
STACK
Robert A FLACK JACK Kerovac CRACK SNACK HACK BLACK RACK the KNACK BACK SNACK LACK ATTACK
Jimmy Piken Stuff Help

Reed & Maloy

[9]Adam – 12 Episódio Inferno

[quadro 1] – Não escolhi nada.
– Conheça meu amigo, Ozzy, o gigante verde. Ele vai nos ajudar agora, OK.

[quadro 2] Soupy Sales diz
– Ozzy está certo. Vamos deixar o Lorde Dio escolher entre ruim e mal.

Phil Merv
Peludo
Corte de cabelo militar
Ano da linha capilar
Chuckah Will
Holly Marshall
Stack
Robert
A Publicidade
Jack
Kerovac

Crack
Lanche
Cortar
Preto
Estante
the Knack
Costas
Heroína
Falta
Ataque

[quadro 3] Zot, tire sua cabeça e comece um hino em coro.

[quadro 4] – Enquanto isso, Reed & Maloy estão atrás do ladrão de arte.
É A POLÍCIA!
Jimmy
Puffn
Stupf
Ajuda

[quadro 5] – "Someone's in the Kitchen" com o câncer de Dinah Shore
Monty Hall

9 Diversos trechos desta página fazem uso da figura de linguagem aliteração, causando a repetição de sons em inglês. No entanto, quando traduzidos, perdem seu sentido. [N.T.]

Greetings,

NIRVANA is A three piece spawned from the bowels of A Redneck logger town called Aberdeen WA. and A hippie Commune from Bainbridge ISland. Only together for 7 months Kurdt—Guitar vocals — Chris bass & Chad—Drums have Acquired A single on Sub Pop Records (A song on Sub Pop 200 comp,) A Demo, success & fame & A following of millions. Selling their bottled sweat & locks of hair have proven to be the largest money maker so far, but in the future: dolls, peechees, lunch boxes & bed sheets are in the works. AN LP is due this April from the wonderful offices of Sub Pop world headquarters. talent Agents bruce Pavitt (alias Henry Mancini) and Johnathan Poneman (alias fred flintstone) have "treated the boys good". the boys hope to work on more projects with them in the future.

NIRVANA sounds like black sabbath - playing the KNACK, Black flag, led Zeppelin, & the stooges, with A pinch of bay City Rollers. their musical influences are: H.R. puffnstuff, Marine Boy, Divorces, DRugs, Sound effects Records, the Beatles, Young marble Giants, slayer, leadbelly, IGGY,

NIRVANA sees the underground music SEEN As becoming stagnant And more Accessible towards commercial MAjor LAbel interests. Does NIRVANA want to change this? No way! we want to CASh iN & suck butt up to the big wigs in hopes that we too CAN get High & fuck WAX figure-hot babes, who will be required to have A certified Aids test 2 weeks prior to the day of handing out back stage passes. Soon we will need chick spray Repellant. Soon we will be coming to your town & Asking if we can stay At your house & use your Stove. Soon we will do encores of Gloria & louie louie At benefit concerts with All our celebrity friends.

We Realize that there was once A 60's band called NIRVANA but dont get us confused with them because they totally suck Big fucking Dick.

Good Bye.

N pear olympia WA
98506

Saudações,

NIRVANA é um trio que surgiu das entranhas ~~da~~ de uma cidade de lenhadores caipiras chamada Aberdeen, WA, e ~~o~~ uma comunidade hippie de Bainbridge [~~*ilegível*~~] Island. Juntos há apenas 7 meses, Kurdt – guitarra e vocais; Chris – baixo; e Chad – bateria, já têm um single na Sub Pop Records, uma demo – uma música na coletânea Sub Pop 200 –, sucesso, fama e milhões de seguidores. A venda de seu suor em garrafas, bem como mechas de seus cabelos, é comprovadamente a melhor fonte de renda até agora, mas, no futuro: bonecos, pastas, lancheiras e lençóis estão a caminho. Um LP está para sair em abril, dos maravilhosos ~~centr~~ escritórios centrais da Sub Pop World Records.

Os agentes de talento Bruce Pavitt (pseudônimo: Henry Mancini) e Johnathan Poneman (pseudônimo: Fred Flintstone) já "trataram os rapazes bem". [~~*ilegível*~~] Os rapazes esperam trabalhar em mais projetos no futuro.

NIRVANA soa como Black Sabbath – tocando The Knack, Black Flag, Led Zeppelin e os Stooges, com uma pitada de Bay City Rollers. Suas influências musicais são: H.R. Puffnstuff, [~~*ilegível*~~], Marine Boy, divórcios, drogas, discos de efeitos sonoros, os Beatles, Young Marble Giants, Slayer, Leadbelly, Iggy.

Nirvana vê a CENA[10] da música underground tornando-se estagnada e mais acessível para interesses comerciais de GRANDES gravadoras.

O NIRVANA quer mudar isso? De jeito nenhum! Nós queremos lucrar e puxar o saco dos poderosos, na esperança de também podermos ficar chapados e transar com gatas que parecem esculturas de cera, as quais deverão ter um teste de aids certificado 2 semanas antes de receberem seus passes para o camarim. Logo precisaremos de um spray repelente de mulher. Logo iremos para sua cidade perguntar se podemos ficar na sua casa e usar seu fogão. Logo faremos nosso bis com "Gloria" e "Louie Louie" em shows beneficentes com todos nossos amigos famosos.

Sabemos que houve uma banda nos anos 60 chamada NIRVANA, mas não nos ~~misture~~ confunda com eles, porque eles são ruins pra caralho.

N Pear Olympia WA

98500

Adeus.

10 Trocadilho com as palavras "scene" (cena) e "seen" (vista), as quais têm a mesma pronúncia. Ao utilizar "seen", fica a impressão de que tudo na cena underground já foi visto antes. [N.T.]

GREETINGS,

NIRVANA is a three piece spawned from the bowels of a redneck - logger town called Aberdeen WA, and a hippie commune on Bainbridge island.

Although only together for seven months KurDt-guit-voc, Chris-bass and Chad-drums have acquired a single on Sub Pop records, one cut on the Sub Pop 200 compilation, a demo, an LP in April, success,fame and a following of millions.

Selling their bottled sweat and locks of hair have proven to be their biggest money makers so far, but in the future: dolls, pee chees, lunch boxes and bed sheets are in the works.

From the wonderful offices of Sub Pop world headquarters our talent agents Bruce Pavitt and Johnathan Poneman have treated the boys good.

NIRVANA hope to work on more projects with them in the future.

NIRVANA sounds like: Black Sabbath playing the Knack, Black Flag, Led ZEP, the Stooges and a pinch of Bay city Rollers.

Their personal musical influences include: H.R Puffnstuff, Marine boy, divorces, drugs, sound effect records, the Beatles, Young Marble Giants, Slayer, Leadbelly and Iggy.

NIRVANA sees the underground music SEEN as becoming stagnant and more accessible towards commercialized major label interests.

Does NIRVANA feel a moral duty to change this cancerous evil?

No way! We want to cash in and suck butt of the big wigs in hopes that we too can GET HIGH and FUCK. GET HIGH and FUCK. GET HIGH and FUCK.

Soon we will need chick repellant spray. Soon we will be coming to your town asking if we can stay over at your house and use your stove.

Soon we will do encores of Gloria and Louie Louie at benefit concerts with all our celebrity friends.

NIRVANA c/o SUB POP
1932 1st AVE..#1103. Seattle WA 98101
or

Thank you for your time.

"SAFER THAN HEAVEN"

NIRVANA

FUCK NOW, SUFFER LATER

[*à direita, acima de NIRVANA*] "Mais seguro que o Paraíso"

[*à direita, acima da foto*] TRANSE AGORA, SOFRA DEPOIS

SAUDAÇÕES,

NIRVANA é um trio que surgiu das entranhas de uma cidade de lenhadores caipiras chamada Aberdeen, WA, e uma comunidade hippie de Bainbridge Island.

Apesar de estarem juntos há apenas 7 meses, KurDt – guitarra e vocais; Chris – baixo; e Chad – bateria, já têm um single na Sub Pop Records, uma música na coletânea Sub Pop 200, uma demo, um LP em abril, sucesso, fama e milhões de seguidores.

A venda de seu suor em garrafas e mechas de seus cabelos é comprovadamente a melhor fonte de renda até agora, mas, no futuro: bonecos, pastas, lancheiras e lençóis estão a caminho.

Dos maravilhosos escritórios centrais da Sub Pop World Records, nossos agentes de talento Bruce Pavitt e Johnathan Poneman trataram os rapazes bem.

NIRVANA espera trabalhar em mais projetos com eles no futuro.

NIRVANA soa como: Black Sabbath – tocando The Knack, Black Flag, Led Zeppelin, Stooges e uma pitada de Bay City Rollers.

Suas influências musicais pessoais incluem: H.R. Puffnstuff, Marine Boy, divórcios, drogas, discos de efeitos sonoros, os Beatles, Young Marble Giants, Slayer, Leadbelly e Iggy.

NIRVANA vê a <u>CENA</u> da música underground tornando-se estagnada e mais acessível para interesses comerciais de grandes gravadoras.

O NIRVANA sente uma obrigação moral de mudar esse mal cancerígeno?

De jeito nenhum! Nós queremos lucrar e puxar o saco dos poderosos, na esperança de também poder FICAR CHAPADO e TRANSAR. FICAR CHAPADO e TRANSAR. FICAR CHAPADO e TRANSAR.

Logo precisaremos de um spray repelente de mulher. Logo iremos para sua cidade perguntar se podemos ficar na sua casa e usar seu fogão.

Logo faremos nosso bis com "Gloria" e "Louie Louie" em shows beneficentes com todos nossos amigos famosos.

NIRVANA a/c SUB POP

1932 1st AVE.. # 1103. Seattle WA 98101

Obrigado pelo seu tempo.

GREETINGS,

NIRVANA is a heavy-pop/punk/dirge-combo spawned from the bowels of Seattle Washington.

Although only together for seven months KURDT Guitar/voc, CHRIS-bass, CHAD- drums and JASON-guitar have acquired a single, an LP entitled "Bleach", one cut on the SUB POP 200 compilation, sucess, fame and a following of millions.

Selling their bottled sweat and lochs of hair have proven to be their biggest money makers so far, and in the future: dolls, pee-chees, lunch boxes and bed sheets are in store.

From the towering offices of SUB POP world headquarters our talent agents Johnathan Poneman and Bruce Pavitt have treated the boys swell.

NIRVANA hope to produce more projects with them in the future.

NIRVANA sounds like mid-tempo-Black Sabbath playing the Knack, Black Flag, the Stooges with a pinch of Bay City Rollers.

Their personal musical influences include: H.R. Puffnstuff, Speed Racer,DIVORCES, drugs, sound effects records, the beatles, rednecks, asorted hard rock, old punk rock, Leadbelly, Slayer and of course the Stooges.

NIRVANA sees the underground SeeN as becoming stagnant and more accessible towards commercialized major label interests.

Does NIRVANA feel a moral duty to change this cancerous evil?

NO way! We want to CASH IN and SucK UP to the big wigs in hopes that we too can GET HIGH AND FUCK GET HIGH AND FUCK.GET HIGH AND FUCK.

SOON we will need groupie repellant spray. SOON we will be coming to your town asking if we can stay over at your house and use the stove. SOON we will do encores of GLORIA and LOUIE LOUIE at benefit concerts with all our celebrity friends.

NIRVANA c/o SUB POP
1932 1st ave. # 1103. Seattle
Wa 98101 or

Thank you for your time.

NIRVANA

S›U›B
P‹O‹P

SAUDAÇÕES,

NIRVANA é um combo de pop/punk/lamento pesado que surgiu das entranhas de Seattle, Washington.

Apesar de estarem juntos há apenas 7 meses, KURDT – guitarra/vocais, CHRIS – baixo, CHAD – bateria e JASON – guitarra, já têm um single, um LP chamado *Bleach*, uma música na coletânea Sub Pop 200, sucesso, fama e milhões de seguidores.

A venda de seu suor em garrafas e mechas de seus cabelos é comprovadamente a melhor fonte de renda até agora, e, no futuro: bonecos, pastas, lancheiras e lençóis estão a caminho.

Dos escritórios elevados da central mundial da Sub Pop, nossos agentes de talento Johnathan Poneman e Bruce Pavitt trataram os rapazes bem.

NIRVANA espera produzir mais projetos com eles no futuro.

NIRVANA soa como Black Sabbath em tempo médio tocando The Knack, Black Flag e Stooges com uma pitada de Bay City Rollers.

Suas influências musicais pessoais incluem: H.R. Puffnstuff, Speed Racer, DIVÓRCIOS, drogas, discos de efeitos sonoros, os Beatles, caipiras, rock pesado em geral, punk rock antigo, Leadbelly, Slayer, e, é claro, Stooges.

NIRVANA vê a CENA da música underground se tornando estagnada e mais acessível para os interesses comerciais de grandes gravadoras.

O NIRVANA sente uma obrigação moral de mudar esse mal cancerígeno?

De jeito NENHUM! Nós queremos LUCRAR e PUXAR O SACO dos poderosos, na esperança de também poder FICAR CHAPADO E TRANSAR FICAR CHAPADO E TRANSAR. FICAR CHAPADO E TRANSAR.

LOGO precisaremos de um spray repelente de tietes. LOGO chegaremos na sua cidade, perguntando se podemos ficar na sua casa e usar o fogão. LOGO faremos nosso bis com "GLORIA" e "LOUIE LOUIE" em shows beneficentes com todos os nossos amigos famosos.

NIRVANA a/c SUB POP
1932 1st ave. # 1103. Seattle WA 98101 ou

Obrigado pelo seu tempo.

MARK,

WHOA! Polly Perreguin is my favorite song as of this decade. Ive been soaking up the sounds of the Screaming Trees for a few months and I think its way better than most, Although in the pop Genre I like pixies & smithereens a bit better. But Polly Perreguin, Jeezus GOD! what a complete masterpiece.

Hey hows tour? oh. Donna seems to fit in just fine. I predict the mighty Major label in the future for you people. Heres some well, fuck, I must Admit screaming Trees influenced pop weve been experimenting with. We played with the Butthole Surfers, they wouldnt move their drums. Jeesus! Got paid $75.00 whole dollars.

Sub Pop is always broke. So were openly looking for any other offer. They mean well but we don't feel its fair for mudhoney to be favored & catered to A higher level than the other bands. Oh well. We want to tour in March, if you have any #'s or suggestions, we would Appreciate any Help.

MARK,

UAU! "Polly Pereguin" é minha música favorita desta década. Eu tenho absorvido os sons dos Screaming Trees há alguns meses e eu acho que é bem melhor que a maioria, apesar de eu gostar mais de Pixies e Smithereens no gênero pop. Mas "Polly Pereguin", *JESUIS* DO CÉU! Que obra-prima completa. Ei, como está a turnê? Ah. Donna parece se encaixar bem. Eu prevejo a tão-poderosa grande gravadora aparecendo no futuro para vocês. Aqui vai um tanto de, bem, porra, devo admitir, pop influenciado por Screaming Trees que temos experimentado. Tocamos com os Butthole Surfers. Eles não queriam tirar a bateria deles do palco. *Jesuis* eu ganhei o total de 15 dólares.

A Sub Pop está sempre quebrada. Então estamos abertamente procurando qualquer outra oferta. A intenção deles é boa, mas não sentimos que é justo o Mudhoney ser favorecido e atendido num nível mais alto que outras bandas. Pois é. [*ilegível*] Nós queremos fazer uma turnê em março. Se você tiver alguns números de telefone ou sugestões, nós agradeceríamos por qualquer ajuda.

NIRVANA

Kenichewa

Dear ______________.

NIRVANA is a three piece from the outskirts of Seattle WA.

Kurdt-Guitar/voice and Chris-bass have struggled with too many undedicated drummers for the past 3 years, performing under such names as: Bliss, throat Oyster, Pen Cap Chew, Ted ed Fred etc.. for the last 9 months we have had the pleasure to take Chad-drums under our wings and develop what we are now and always will be NIRVANA.

---

3 regularly broadcasted carts on K.C.M.U (Seattle College Radio also KAOS olympia)

Played with: Leaving Trains, Whipping Boy, Hells Kitchen, Trecherous Jaywalkers & Countless local acts.

Looking for: EP or LP We have about 15 Songs Recorded on 8 Tracks at Reciprocal Studios in Seattle.

Willing to compromise on material (some of this shit is pretty old) Tour Any-time forever | hopefully the music will speak for itself

Please Reply THANK YOU area code (206)

N. PEAR olympia WA. 98506

NIRVANA

Kenichewa [11]

Querido ______________________________

NIRVANA é um trio dos arredores de Seattle, WA.

Kurdt – guitarra/vocais e Chris – baixo passaram por dificuldades com um número excessivo de bateristas nos últimos 3 anos, e sua banda já teve nomes como: Bliss, throat Oyster, Pen Cap Ch[ew] Ted ed Fred etc. Nos últimos 9 meses nós tivemos o prazer de acolher Chad – bateria e desenvolver o que somos agora e sempre seremos NIRVANA.

3 fitas tocadas regularmente na K.C.M.U. (rádio da faculdade de Seattle, também KAOS Olympia)

Tocamos com: Leaving Trains, Whipping Boy, Hells Kitchen, Trecherous Jaywalkers e inúmeras bandas locais.

Procurando: EP ou LP. Nós temos cerca de 15 músicas gravadas em fita de 8 pistas no Reciprocal Studios em Seattle.

Dispostos a ceder com um pouco do material (algumas dessas coisas são bem velhas.) Turnê a qualquer momento para sempre. Esperamos que a música fale por si só.

Por favor responda

Obrigado

Código de área (206)

N Pear Olympia WA. 98506

---

11 Na língua japonesa, a expressão "Konichiwa" é uma saudação que pode ser traduzida como "olá" ou "boa tarde". [N.T.]

Things the band needs to do

① Send some fucking demo tapes
get chad to fucking fork over
some money.

② Press Kit
1) get ahold of charles and Alice
to get some pictures
2) have Tam write out a story line
3) then copy them off. ~~Simple!~~

③ Find a practice place

④ Call NANN WARSAW in Chicago. Ask if
she has any connections with Touch-n-go
Also ask for ~~a list~~ her to send a list of
prominent magazines & Record stores that
we could make contacts with.

⑤

Coisas que a banda precisa fazer

① Mandar umas porras de fitas demo
Fazer o Chad compartilhar uma porra de dinheiro.

② Kit de imprensa
1) Chamar Charles e Alice para tirar umas fotos
2) Fazer Tam escrever uma história
3) Copiar tudo isso. Simples!

③ Achar um lugar para ensaiar

④ Ligar para Nann Warsaw em Chicago. Perguntar se ela tem alguma conexão com Touch-n-go. Também pedir uma lista que ela nos envie uma lista de revistas e lojas de discos notáveis com quem poderíamos entrar em contato.

⑤

AT **EVERY** stop you must check:

1 OiL
2 WAter
3 Air pressur
4 transmission
5 BAttery WAter
6 BrAke fluid
7. PACK Bearings
8. check lights
9. lug nuts
10. WASH VAN
11. RAdiAtor Hose
12. Windows

*LOCK ALL DOORS

NO Guests, groupies, BAnd members etc.

NO use of Any GAS CorporAtion services Besides EXXON. NO exceptions

Every 400 miles there will be An inspection check of VAN cleAnliness And equipment Count.
Find A sAfe plAce to pull over And tAke every piece of musicAl equipment out: refer to musicAl ~~equip~~ electronic pAmphlet in glove compArtment.

EM TODAS AS PARADAS VOCÊ DEVE VERIFICAR:

1. Óleo
2. Água
3. Pressão do ar
4. Transmissão
5. Água da bateria
6. Fluido de freio
7. Vedar rolamentos
8. Verificar os faróis
9. Apertar porcas
10. LAVAR A VAN
11. Limpar radiador
12. Janelas

*TRAVAR TODAS AS PORTAS

NÃO permitir convidados, tietes, membros da banda etc.

NÃO usar qualquer empresa de gasolina que não seja Exxon. Sem exceções.

A cada 650 quilômetros, haverá uma inspeção da limpeza da van e contagem de equipamento.
Encontre um lugar seguro para parar e tirar todos os equipamentos musicais da van: consulte o panfleto de equipamento musical / eletrônicos no porta-luvas.

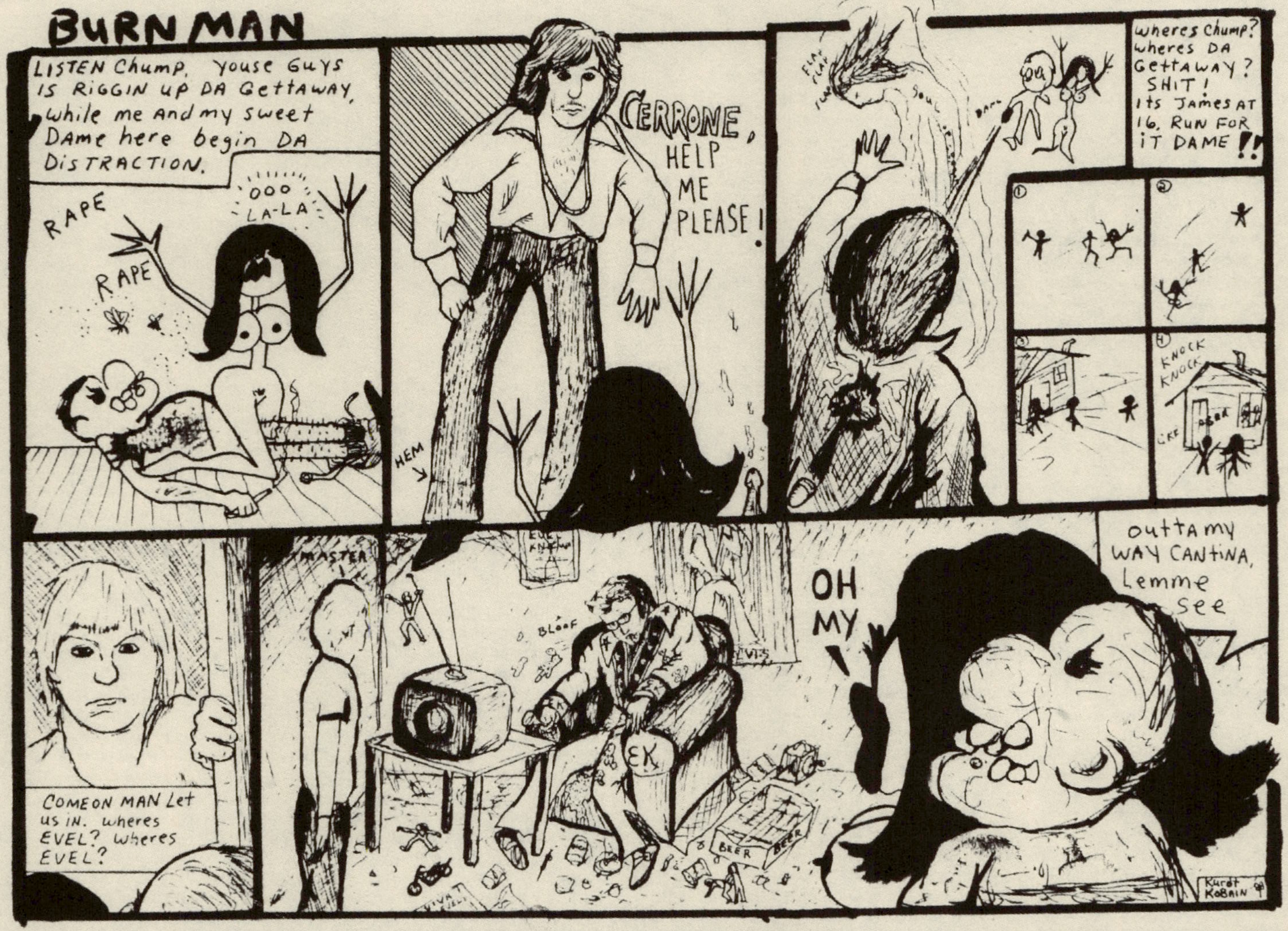
BURN MAN
LISTEN Chump, youse GUYS IS RIGGIN UP DA Gettaway, while me And my sweet Dame here begin DA DISTRACTION.
OOO LA-LA
RAPE
RAPE
CERRONE, HELP ME PLEASE!
HEM
SOUL
wheres Chump? wheres DA Gettaway? SHIT! Its James at 16, RUN FOR iT DAME!!
KNOCK KNOCK
COMEON MAN Let us IN. wheres EVEL? wheres EVEL?
MASTER
BLOOF
EK
BEER
BEER
OH MY!
outta my WAY CANTINA, Lemme see
Kurdt Kobain

BURN MAN

[*quadro 1*] Escuta aqui, imbecil, vocês preparam a fuga enquanto eu e minha doce dama começamos a distração.
ESTUPRO ESTUPRO
Oh là là

[*quadro 2*] CERRONE, ME AJUDE, POR FAVOR!

[*quadro 3*]
Cadê o imbecil? Cadê a fuga? Merda! É o James At 16[12]. Corra, minha dama!
TOQUE-TOQUE

[*quadro 4*] Vamos lá, cara, deixa a gente entrar. Cadê o EVEL? Cadê o EVEL?

[*quadro 5*] MESTRE
MINHA NOSSA
Sai da minha frente, Cantina, me deixa ver.
Kurdt Kobain

---

12 *James at 16* era uma série dramática da TV norte-americana na década de 1970. [N.T.]

part time Janitorial position

in the olympian newspaper

7 months at lemons Janitorial
1 year at polynesian condominium resort
in Ocean Shores
2 summers work at Aberdeen YMCA
& Weathermax High school

& 9 months at lamplighter Restaurant
in Grayland WA.

4 6-10

5

4.00/hr NOV-

Vaga de meio período para zelador

No jornal Olympian

7 meses no Lemons Janitorial
1 ano no Polynesian Condominium Resort em Ocean Shores
2 verões trabalhando no YMCA de Aberdeen e Weathermax High School

E 9 meses no Lamplighter Restaurant em Grayland, WA.

4 6-10

4,00/hora **NOV-**

2 1/2 yrs experience

Lemons Janitorial Sept 87 - feb 88
Basic Route cleaning buildings $4.50/hr

Polynesian Condominium Hotel Resort ocean shores $5.00/hr
Sept-86 - June 87 C/o Betty Kaales (housekeeping)
~~[illegible]~~ maintenance ~~[illegible]~~ basic odd jobs, windows
Carpet cleaning, moved to olympia

Aberdeen Y.M.C.A c/o Alfie Bensinger $3.35/hr
~~[illegible]~~ MAY 86 - ~~August~~ Sept. 86
lifeguard, preschool swimming instructor, day care
baseball coach, maintenance. summer temporary employment

Lamplighter Restaurant grayland WA $4.25/hr
Sept 85 - March 86 C/o Bud ~~[illegible]~~ & Audrey Turley
dishwasher, prep, clean up, busperson

Coast building
10029 So Tacoma WAY
off exit behind
127 TACOMA Cody's Restaurant

2 anos e meio de experiência

Lemons Janitorial Set. 87 - Fev. 88
Rota básica de limpeza de prédios $4,50/hora

Polynesian Condominium Hotel Resort Ocean Shores $5,00/hora
Set. 86 - Jun. 87 A/C Betty Kaales (faxina)
[~~ilegível~~] manutenção [~~ilegível~~] vários trabalhos básicos, limpeza de janelas e carpetes. Mudança para Olympia.

YMCA de Aberdeen A/C Alfie Bensinger $3,35/hora
~~Março~~ Maio 86 - ~~Agosto~~ Set. 86
Salva-vidas, instrutor de natação da pré-escola, creche, treinador de baseball, manutenção. Emprego temporário de verão.

Lamplighter Restaurant Grayland, WA $4,25/hora
Set. 85 - Mar. 86 A/C Bud ~~Turley~~ e Audrey Turley
Lavador de louça, preparação, limpeza, ajudante de garçom.

Coast Building
10029 50 Tacoma Way
saída 127 atrás do Cody's Restaurant em Tacoma

bathrooms - sink - toilet - mop - mirrors - Paper towel / TP-supply. Office - Dust - vacuum - sweep - ashtrays - - Garbage - windows -

We purposely limit our number of commercial offices in order to ~~take time and personally clean~~ personally clean while taking our time. We guarantee $50.00 lower Rates, than your present Janitorial Service.

You see, other ~~compan~~ services usually have too many buildings assigned to the individuals Route: so in turn they end up Running thru buildings trying for time. but AT Pine Tree —

Serviço de Limpeza Pine ~~Fresh~~ Tree
Comercial
Manutenção Comercial Básica

[*dentro do quadro*]
Serviço de Limpeza
Pine Tree
Amigável, rápido
e limpo.
Manutenção comercial

banheiros – pia – vaso sanitário – esfregão – espelhos – papel-toalha – papel higiênico – escritório – tirar poeira – aspirar – varrer – cinzeiros – lixo – janelas –

Nós limitamos propositalmente o nosso número de escritórios comerciais para ~~usar nosso tempo e limpar pessoalmente~~ limpar pessoalmente enquanto levamos o tempo necessário. Nós garantimos taxas $50,00 mais baratas que seu atual serviço de limpeza.

Veja só, ~~outras companhias~~ outros serviços geralmente têm muitos prédios delegados às rotas dos funcionários, então eles acabam fazendo o trabalho com pressa em cada prédio, para economizar tempo. Mas no Pine Tree

my lyrics are a big pile of contradictions. theyre split down the middle between very sincere opinions and feelings that I have and sarcastic and hopefully - humorous rebuttles towards cliche - bohemian ideals that have been exhausted for years.

I mean it seems like there are only two options for personalities songwriters either theyre SAd, tragic visionaries like morrisey or michael Stipe or Robert Smith or theres the goofY, Nutty white boy, Hey, lets party and forget everything people like VAn Halen or All that other Heavy metal crap

I mean I like to be passionate and Sincere, but I also like to have fun and act like a dork.

Geeks unite.

Minhas letras são uma pilha gigante de contradições. Estão divididas meio a meio entre expressar opiniões e sentimentos muito sinceros que eu tenho e refutar ideais de boemia clichê, esgotadas há anos – de forma sarcástica e humorística, eu espero.

Quer dizer, parece que só tem dois tipos de opção de personalidades para compositores: ou são visionários tristes e trágicos, como Morrissey, Michael Stipe ou Robert Smith; ou então o rapaz branco louquinho, bobão, "vamos fazer a festa e esquecer tudo", gente tipo Van Halen e toda ~~merda~~ aquela merda de heavy metal.

Digo, eu gosto de expressar paixão e sinceridade~~,~~ mas também gosto de me divertir e agir como um bobão.

Geeks, uni-vos.

DOWNER

PORTRAY SINCERITY ACT out of Loyalty
Defend your free Country-wish AWAY PAIN
1 HAND OUT Lobotomys to SAVE little familys
Surrealistic fantasy Bland Boring plain

Holy NOW IN Restitution - living out our DATE
2 with FUSION - IN our whole fleece shun iN
BAStard - don't feel guilty master writing

Somebody SAYS that their not much like I AM
3 I know I CAN - MAKE enough up the words AS
you GO Along I SING then some.

SicKENING pesimist hypocrite master
Conservative Communist Apocalyptic BAStard
4 Thank you Dear GOD for putting me on this EArth
I feel very priviledged iN debt for my thirst

2 and 3

"Downer" (Calmante[13])

1 Demonstrar sinceridade agir por lealdade
Defender seu país livre – Desejar que a dor suma
Distribuir lobotomias para salvar pequenas famílias
Fantasia surrealista sem graça chata simples

2 Sagrado seja agora na restituição – Vivendo nosso encontro
Com fusão – Em nosso pelo escondido
Canalha – Não se sinta culpado escrevendo como mestre

3 Alguém diz que não é muito como eu sou
Eu sei que eu posso – Improvisar as palavras
Enquanto você vai no embalo eu canto um pouco

4 Mestre hipócrita pessimista nauseante
Canalha apocalíptico comunista conservador
Obrigado, Deus, por me colocar na Terra
Me sinto muito privilegiado e em dívida por minha sede

2 e 3

13 Outra tradução apropriada também seria "deprimente". [N.T.]

Blew

Now if you wouldn't mind -
I would like to Blew

And if you wouldn't mind - I would
like to lose -

And if you wouldn't care - I would
like to leave -

And if you wouldn't mind I would
like to breathe

Is there another reason for your
stain?

Could you believe who - we knew
stress and strain

Here is another word that Rhymes
with shame

You could do Anything

"Blew" (Arruinar[14])

Agora se você não se importar –
Eu gostaria de arruinar

E se você não se importar – Eu gostaria de perder –

E se você não se importar – Eu gostaria de ir embora

E se você não se importar – Eu gostaria de respirar

Há outra razão para sua mancha?

Você poderia acreditar em quem – Nós conhecíamos estresse e tensão

Aqui está outra palavra que rima com vergonha

Você poderia fazer qualquer coisa

14 Não há um consenso sobre o que "blew" significa neste contexto. Pode se referir a soprar, explodir, cheirar cocaína ou até felação. [N.T.]

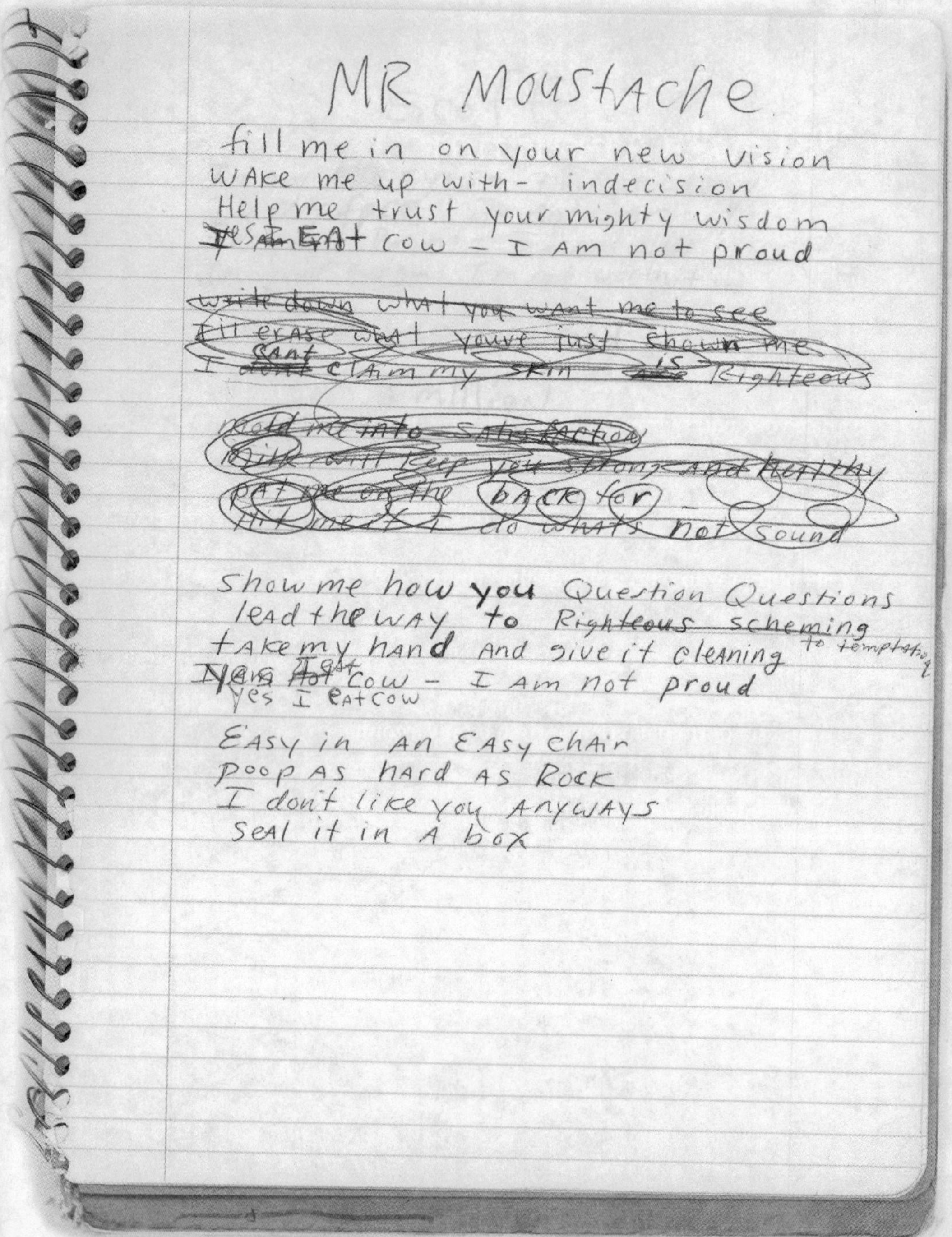

MR MOUSTACHE

fill me in on your new vision
WAKE me up with- indecision
Help me trust your mighty wisdom
~~I Am~~ yes I EAt cow - I AM not proud

~~write down what you want me to see~~
~~I'll erase what you've just shown me~~
~~I dont~~ cant claim my skin ~~is~~ Righteous

~~mold me into satisfaction~~
~~Milk will keep you strong and healthy~~
~~pat me on the back for~~ -
~~Hit me if I do whats not sound~~

Show me how you Question Questions
lead the WAY to ~~Righteous~~ scheming to temptation
take my hand And give it cleaning
~~I Am not~~ yes I eat cow - I Am not proud
yes I eAt cow

EAsy in An EAsy chAir
poop As hard As Rock
I don't like you ANYWAYS
seal it in A box

"Mr Moustache" (Sr. Bigode)

Me conte sobre sua nova visão
Me acorde com – Indecisão
Me ajude a confiar na sua sabedoria poderosa
Sim eu como vaca – Não me orgulho disso

~~Anote o que você quer que eu veja~~
~~Eu vou apagar o que você me mostrou~~
~~Eu não posso alegar que minha pele é honrosa~~

~~Me transforme em satisfação~~
~~Leite vai te deixar forte e saudável~~
~~Me dê um tapinha nas costas por~~
~~Bata em mim se eu fizer algo sem sentido~~

Me mostre como você questiona questões
Mostre o caminho até ~~o plano honroso~~ a tentação
Pegue minha mão e limpe-a
Sim eu como vaca – Não me orgulho disso

Tranquilo na poltrona
Cocô duro como rocha
Eu não gosto de você mesmo
Guarde numa caixa

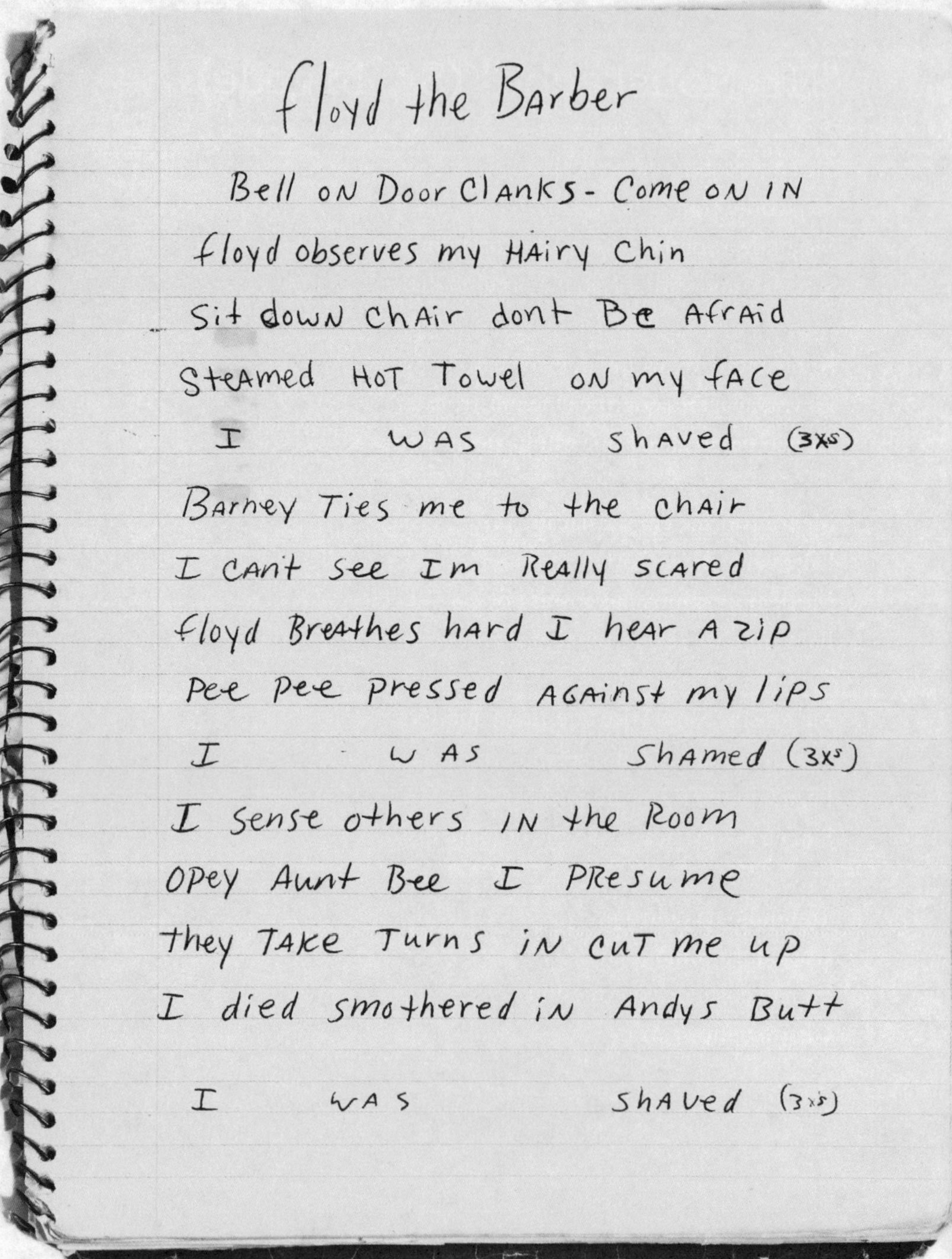
floyd the Barber

Bell on Door Clanks - Come on in
floyd observes my Hairy Chin
Sit down Chair dont Be Afraid
Steamed Hot Towel on my face
I was shaved (3x's)

Barney Ties me to the chair
I can't see Im Really scared
floyd Breathes hard I hear a zip
Pee Pee pressed against my lips
I was shamed (3x's)

I sense others in the Room
Opey Aunt Bee I Presume
they Take Turns in cut me up
I died smothered in Andys Butt

I was shaved (3x's)

"Floyd the Barber" (Floyd, o Barbeiro)

Sino na porta toca - Entre
Floyd observa meu queixo peludo
Sente na cadeira não tenha medo
Toalha quente no meu rosto
Fui barbeado (3 vezes)
Barney me amarra à cadeira
Não posso ver que estou muito assustado
Floyd está ofegante e escuto um zíper
Pipi encostando nos meus lábios
Fui envergonhado (3 vezes)
Sinto outras pessoas no lugar
Opey e Tia Bee[15], eu presumo
Se revezam me cortando
Eu morri sufocado na bunda da Tia Bee
Fui barbeado (3 vezes)

15 Opie e Tia Bee foram personagens da série norte-americana *The Andy Griffith Show*, que foi ao ar na década de 1960. [N.T.]

PAPER CUTS

when my feeding TIME
She push food thru the Door
I CRAWl towards the CRACKS of Light
Sometimes I CAn't find my WAY

newspapers spread Around
SOAKING All that they CAN
A Cleaning is due AGAIN
A Good HOSING DOWN

The LAdy whom I feel A mAternAl Love for
CAnnot look me in the eyes. But I see
hers And they Are Blue And they Cock And
Twitch And masturbate

~~Because~~ I SAID SO - I SAID SO - I SAID SO

A REASON A REASON A REASON TRY AGAIN

BLACK windows Are PAINT
I SCRATch with my NAILS
I see others just like me
why do they NOT Try escApe?

They bring out the older ones
They point At my WAY
The older ones Come with lights
And TAKE my family AWAY

CONT. →

“Paper Cuts” (Cortes de Papel)

Quando chega minha hora de comer
Ela empurra a comida pela porta
Eu rastejo em direção aos fios de luz
Às vezes eu não acho o caminho

[~~*ilegível*~~]
Jornais espalhados pelo chão
Absorvendo tudo o que podem
Está na hora de outra limpeza
[~~*ilegível*~~]
Uma boa mangueirada

A senhora por quem sinto amor maternal
Não consegue me olhar nos olhos. Mas vejo
Os dela e são azuis e se mexem e
Contorcem e masturbam

~~Por que~~ – ~~Porque~~ – Eu disse que sim – Eu disse que sim – Eu disse que sim
Um motivo   Um motivo   Um motivo   [~~*ilegível*~~]   Tente de novo

Janelas pretas são tinta
Eu arranho com minhas unhas
Eu vejo outros como eu
Por que não tentam escapar?

Eles trazem os mais velhos
Eles apontam na minha direção
Os mais velhos chegam com luzes
E tiram minha família de mim

Cont.

Paper Cuts
Continued

And very later I have learned to accept some friends of Ridicule - my whole existence was for your Amusement And that is why Im Here with you

To Take you - with me To - your eyes are Blue
~~Believe~~ Relief to NIRVANA

NIRVANA NIRVANA NIRVANA

NIRVANA NIRVANA NIRVANAAAH

“Paper Cuts”
continuação

E muito tempo depois eu aprendi a aceitar alguns
Amigos do ridículo – Toda minha existência foi
Para sua diversão e é por isso que estou aqui com você

Para levar você – Comigo – Seus olhos são azuis
~~Acredite~~ Alívio para NIRVANA
NIRVANA NIRVANA NIRVANA
NIRVANA NIRVANA NIRVANAAAH

HAIRSPRAY QUEEN

I WAS your mind • you were my my ene me
① you were mine • I WAS WAS your ene me
you would mind • I WAS your your ene me
you were mine • I WAS WAS your enA

EARS RANG 2x's

①

AT Night • the wishfull Goddess • AT Night
② Shell wish the HArdest • AT Night the Disco
Goddess • AT Night the witch ~~go gosh~~

①
②
Voice ① DRoned

AT Night • the wishful Goddess • AT Night
Shell wish the HArdest • AT Night •
the DISCO Goddess • AT Night •
the itch so modest • AT Night •
the Crisco loch Ness • AT Right •
the mouthfull omelette • AT sight
the fishfull goblets • AT Night the witch go
GAAAAAAAAAAWD

“Hairspray Queen” (Rainha do Laquê)

Eu era sua mente – Você era minha minha inimiga
① Você era minha – Eu era seu inimigo
Você se importaria – Eu era seu seu ini mi
Você era minha – Eu era seu ena

OUVIDOS ① ZUMBIRAM 2x

À noite – A deusa ansiosa – À noite
② Ela irá desejar o máximo – À noite a deusa
Da discoteca – À noite a bruxa ~~vira deus~~

①
②
voz ① zumbindo

À noite – A deusa ansiosa – À noite
Ela vai desejar o máximo – À noite –
A deusa da discoteca – À noite –
A coceira é tão modesta – À noite –
O Lago Ness Crisco [16] – À direita –
A omelete de encher a boca – À vista
Os cálices cheios de peixe – À noite a bruxa vira
DEEEEEEEEEEEEEEEEEEEEEEEEEEEEEUS

16 Crisco é uma marca de gordura vegetal, utilizada na letra pela semelhança dos sons entre “Crisco Loch Ness” e “Disco Goddess”. [N.T.]

Mexican Seafood

AH the itchy flakes it is a flaming
All the Gels and cremes it is pertaining
to a fungus mold cured by injection.
Hope it's only AH a yeast infection

(2) OH well it burns when I - it hurts when
I pee - OH well it hurts when I - it hurts
when I see.

Now I vomit cum and diahrrea
on the tile floor like oatmeal pizza
fill my toilet bowl full of a cloudy puss
I feel the Blood becoming chowder rust

(2)

Roll into my Bed which does consist of
lice Bugs and fleas and yellow mucus
stained dirt vasaline Toe Jam & Booger
stomach acid worms that Dance in
sugared sludge

"Mexican Seafood"

(Frutos do Mar Mexicanos)

Ah os flocos coçando estão pegando fogo
Ah os géis e cremes eles pertencem
A um mofo de fungos curado por injeção
Espero que seja só uma candidíase

(2) Bem, arde quando eu – Dói quando eu faço xixi
Bem, arde quando eu – Dói quando eu vejo

Agora eu vomito gozo e diarreia
No chão de ladrilho como uma pizza de mingau
Encho meu vaso sanitário com um pus nebuloso
Eu sinto meu sangue se transformar em ferrugem de sopa

(2)

Rolo na minha cama que consiste em
Piolhos e pulgas e muco amarelo
Vaselina manchada sujeira de dedão e meleca
Vermes de ácido estomacal que dançam no
Lodo açucarado

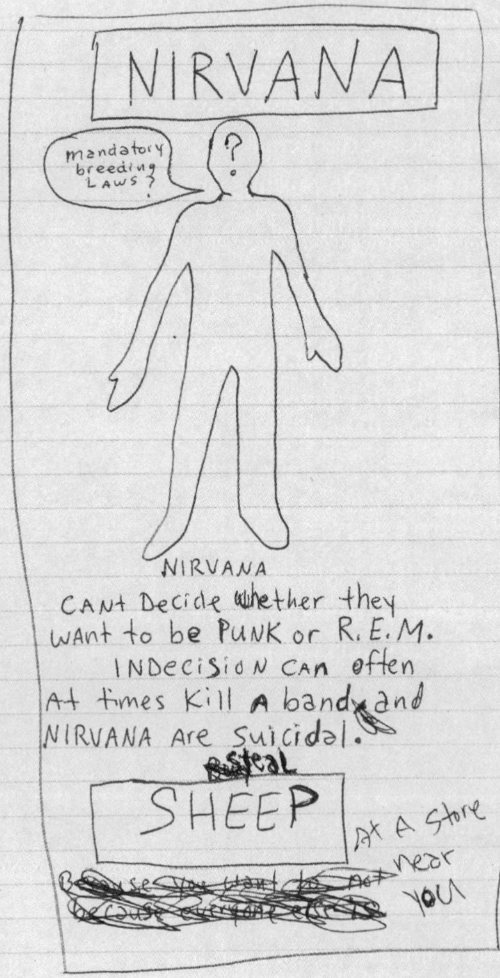

MANDATOKY
~~Restrictions~~
BREEDING
LAWS
NOW

[*à direita*]
~~RESTRIÇÕES~~
LEIS
DE PROCRIAÇÃO
OBRIGATÓRIAS
JÁ

NIRVANA
[*dentro do balão*]
Leis de procriação obrigatórias?

NIRVANA
Não conseguem decidir se querem ser punk ou R.E.M.
Indecisão pode, muitas vezes, matar uma banda e o NIRVANA é suicida.
~~Compre~~ ROUBE
OVELHAS

Em uma loja próxima a você
~~Porque você quer não porque todo mundo está fazendo.~~

NIRVANA

The KKK are the only NIGGers.

MAy women rule the world.

Abort Christ.

AssAsinate the Greater And lesser of two evils.

steal

SHEEP

At A store near you.

NIRVANA

Flowers
perfume
CAndy
puppies
Love
Generational
Solidarity
And
Killing your
Parents

SHEEP

NIRVANA

~~10 GrAmmys~~

3 time GrAnny award winners, NO. 1 on billbored top 100 for 36 consecutive weaks in A row. 2 times on the cover of Bowling Stoned, HAiled as the most original, thought provoking and important band of our decade by Thyme & Newsweak

NIRVANA
Membros da KKK são
os únicos negos[17].

Que mulheres governem
o mundo.

Aborte Cristo.

Assassine o
maior e o menor
de dois males.
Roube
OVELHAS
Em uma loja próxima a você

NIRVANA[18]
~~10 Grammys~~
Vencedores de três prêmios Granny
Nº 1 no top 100 da *Billbored*
por 36 semanas consecutivas. 2 vezes
na capa da *Bowling Stoned*,
aclamada como a banda mais original,
instigante e importante
de nossa década pelas revistas *Thyme* e *Newsweak*

NIRVANA
Flores
Perfume
Doce
Cachorrinhos
Amor
Geracional
Solidariedade
e
Matar seus pais
OVELHAS

17 No texto, Cobain usa um termo inapropriado designado a pessoas negras. Esse termo é utilizado por racistas, como os membros da Ku Klux Klan (KKK). A atribuição desse termo à KKK seria um insulto para seus membros. [N.T.]

18 Neste trecho, há diversos trocadilhos. A palavra *granny* significa "vovó" em inglês, mas é similar à palavra "Grammy", que se refere ao prêmio musical. Cobain também faz trocadilhos com os nomes das revistas *Billboard*, chamando-a de *Billbored*, em que bored significa "entediado"; *Rolling Stone*, chamando-a de *Bowling Stoned*, que poderia ser traduzida como "jogando boliche chapado"; *Time*, chamando-a de *Thyme*, que significa "tomilho"; e *Newsweek*, chamando-a de *Newsweak*, em que *weak* significa "fraca". [N.T.]

Pen Cap Chew

OH Lesser God OH LoAthe me
OH lesser God OH your lonely
OH lesser God OH Bore me
OH lesser God OH OH

you get you get you get you get to me
Holy is the time it's such an easy way to go

you get you get you Get - You get to Be
Hide the Struggle in the Skin under A
finger nAil

OH lesser god OH loAthe me OH lesser god OH lonely
OH lesser god OH loAthe me OH lesser Dog OH lonely

WAste your time By SAving WorthlessGullAbles
Kill A Polititian And then wear His Clothes
this decade is the Age of Re-HAshing
Protest And then go to JAil for TresspAssing
Go Home (4x's)

CAn you see the Reason for my Entrope
is there something wrong without Society
Has your Concience got to you for Building
Trends - is that why unoticing you
EAt your pens?

Go Home (8x's)

"Pen Cap Chew" (Tampa de Caneta Mastigada)

Ó Deus inferior ó me abomine
Ó Deus inferior ó seu solitário
Ó Deus inferior ó me entedie
Ó Deus inferior ó ó

Você chega você chega você chega você chega em mim
Sagrado é o momento é uma forma tão fácil de ir

Você pode você pode você pode – Você pode ser
Esconder a luta na pele sob uma
Unha

Ó Deus inferior ó me abomine ó Deus inferior ó solitário
Ó Deus inferior ó me abomine ó cachorro inferior ó solitário

Desperdice teu tempo salvando os inocentes inúteis
Mate um político e vista suas roupas
Esta década é a era da reprise
Proteste e vá para a cadeia por invasão
Vá para casa (4 vezes)

Consegue ver a razão do meu caos
Há algo de errado sem a sociedade
Sua consciência te pegou de vez por construir
Tendências – É por que percebemos você
Comendo suas canetas?

Vá para casa (8 vezes)

Aeroszeppelin

whats a season in a right
If you can't have anything
whats the reason in a rhyme
If a plan means anything
whats the meaning in a crime
it's a fan if anything
wheres a leaning in a line
it's a brand its a brand

How a culture comes again
it was all here yesterday
And you swear it's not a trend
Doesn't matter anyways
theyre only here to talk to friends
Nothing new is everyday
you could shit upon the stage they'll be fans
if you brand if you brand if you brand

All the kids will eat it up -
if its packaged properly
steal a sound and imitate
keep a format equally
not an ode
just the facts
where our world is nowadays
An idea is what we lack
it doesn't matter anyways

"Aeroszeppelin"

Que estação está no direito
Se você não pode ter nada
Qual é a razão de uma rima
Se um plano não significa nada
Qual é o significado de um crime
É um fã, se é alguma coisa
Onde está a inclinação do verso
É uma marca é uma marca [~~*ilegível*~~]

Como uma cultura volta
Estava tudo aqui ontem
E você jura que não é uma moda
De qualquer forma não importa
Só estão aqui para falar com amigos
Nenhuma novidade é todo dia
Você poderia cagar no palco e eles serão fãs
Se você fizer a marca se você fizer a marca se você fizer a marca

Todos os jovens vão engolir –
Se for embalado direito
Roube um som e imite
Mantenha o formato igualmente
Não uma ode
Só os fatos
Onde nosso mundo está hoje
Uma ideia é o que nos falta
De qualquer forma não importa

MELVINS

I remember painfully

you saucy upstart

Gluto monks

if you need an explenation on what Montesano is like, refer to any NIRVANA article of the past 3 years on the subject of Aberdeen, the two coastal logging slums are similar in the lack of cultural and good musical availability

I'm tired of people saying the melvins don't get the recognition they deserve

melvins when they finally get the recognition they deserve

they can look forward to un punk rock adoration from (late) fans waiting outside the venue waiting for autographs

the true adoration that matters is one they have already by the small amount of fanatics who are into them already

I remember when the melvins played Jimi Hendrix & Cream songs

hell they weren't the melvins then

them festival

I remember; when the melvins played lightning speed melodic, punk rock hardcore with typewriter drumming.

then they started slowing down with a mix of stuff of melodic sabbath like abrasion

Black flag damage II

Buzz exitedly came over with Black flags My War "claiming it was as important as

MELVINS

seu atrevido pretensioso

Eu lembro dolorosamente

Gyuto Monks

Se você precisa de uma explicação de como Montesano é, use como referência meu artigo do NIRVANA sobre os últimos 3 anos, falando sobre Aberdeen, as duas comunidades litorâneas costeiras são similares na sua ausência de disponibilidade cultural e musical em geral

Estou cansado de gente dizendo que os Melvins não recebem o reconhecimento que merecem

Melvins quando finalmente receberem o reconhecimento que merecem

Eles podem esperar uma [~~*ilegível*~~] adoração punk rock

Dos fãs antigos esperando fora da casa de shows esperando autógrafos

A verdadeira adoração que importa é aquela que eles já têm

Da pequena quantidade de fanáticos que já gostam deles

Eu lembro quando os Melvins tocavam músicas do Jimi Hendrix e do Cream

Bem eles não eram os Melvins na época

E lembro: quando os Melvins tocavam um hardcore punk rock melódico na velocidade da luz com bateria de máquina de escrever

~~Daí eles tocaram~~ Daí eles começaram a deixar o som mais devagar com uma mistura de Saint Vitus melódico e ~~de~~ a abrasão do Sabbath

[~~*ilegível*~~] Buzz veio animado com *My War* do Black Flag

"~~Disse que era o melhor~~" Dizendo que era ~~o melhor~~ tão importante quanto

[*à esquerda*]

Them Festival

Black Flag Damaged II

their habit was financed by their earnings of pizza & bus boy Jobs

(2)

the festival in 84

I remember in the summer of 84 there was this extravaganza of a rock-like woodstock Concert held in some far away exotic land featuring all the contemporary Hard rock acts like ACDC or Van Halen. To the stoner world it was a big deal but for me it was a Something joke I didnt pay much attention to it but I remember my friends staring up to the sky during the weeks prior to this Gathering with a fear of empty dreams that this festival is never to be a part of their hanging out of the smoker shed reality. in other words there wasnt a chance in hell that theyll save up enough pot money to make the long trek to the promise land of the U.S festival

I remember hanging out at montesano Washingtons thriftway when this short haired employee boxboy who kinda looked like the Guy in Air Supply handed me a flyer that read: the Them festival. tomorrow night in the parking lot behind Thriftway free live Rock music

Montesano Washington a place not accustomed to having live rock acts in their little village A population of a few thousand loggers and their subservient wives

O hábito deles

era financiado pelo que ganhavam com empregos de ajudantes em restaurantes e pizzarias

~~Durante o mês de verão do US Festival em 84~~

Eu lembro que, no verão de ~~82~~ ou ~~83~~, tinha um festival de música extravagante, tipo Woodstock, que aconteceria em algum lugar distante e exótico, com todas as bandas contemporâneas de hard rock tipo AC/DC e Van Halen. Para o mundo dos maconheiros, era uma grande coisa, mas para mim era meio que uma piada. Eu não prestei muita atenção naquilo, mas eu lembro que meus amigos ficavam olhando fixamente para o céu nas semanas antes desse evento, com ~~vazio~~ um medo ~~de vazios~~ de sonhos vazios de que esse festival nunca seria, enquanto passavam o tempo no galpão em que fumavam, parte da realidade deles. Em outras palavras, não havia a mínima chance de que eles ~~pegassem~~ conseguissem guardar dinheiro de maconha o suficiente para fazer a longa caminhada até a ~~terra-mãe~~ terra prometida do US Festival.

Eu me lembro ~~disso~~ de passar um tempo na loja Thriftway de Montesano, Washington, quando um ~~empregado caixa~~ empregado de cabelo curto, empacotador, que parecia com o cara do Air Supply, me entregou um panfleto que dizia: "Them Festival, amanhã à noite no estacionamento atrás da Thriftway

Rock ao vivo e gratuito"

Montesano, Washington é um lugar que não está acostumado a ~~jamais~~ ter shows de rock ao vivo em sua vila pequena, uma população de alguns milhares de lenhadores e suas esposas subservientes.

~~I showed up with stoner friends in a van~~
we pulled into the parking lot behind the Thriftway, other zombies slouch bobbed with combs in the BACK pockets ~~...~~ grooves
~~...~~ There stood the AirSupply box boy ~~...~~ ~~a mechanic~~ holding a les Paul with A picture from A magazine of Kool cigarettes laminated on it a mechanic redheaded biker boy and that tall lurkin guy, the first to ever wear skin tight levis, a bold and brave change from sticky finger or Sanfrancisco riding Gear.
They played faster than I had ever imagined music could be played and with more energy than my iron Maiden records could provide, this was what I was looking for, AH punk ROCK
The other stoners were Bored and ~~kept~~ ~~asking them~~ kept shouting, play some Def Leppard. God I hated those fucks more than ever. I came to the promise land of A Grocery store ~~I~~ found my special purpose, the next day I spiked ~~...~~ the upper part of my head but I couldnt quite part with my stoner roots and the long hair in the back, thus developing the first Bi level haircut in montesano history, I walked around for a week looking like rod stewart. I started following the melvins around, I was the Quiet tag along. one day they even let me try out for the band but I was

~~Eu cheguei com os amigos chapados numa van.~~

Nós paramos no estacionamento atrás da Thriftway, enquanto outros zumbis [~~*ilegível*~~] se sentavam de qualquer jeito, com pentes no bolso de trás.

~~Nós~~ Lá estava o empacotador do Air Supply ~~com um mecânico~~ segurando uma Les Paul com uma foto de uma revista de cigarros laminada sobre ela, com um mecânico de motos ruivo, e aquele cara alto, o primeiro a usar calça Levi's justa, uma corajosa e ousada mudança, vindo de quem antes vestia Sticky Finger ou San Francisco Riding Gear.

Eles tocaram mais rápido do que eu imaginava que música poderia ser tocada, e com mais energia que meus discos do Iron Maiden podiam fornecer. Era isso que eu estava procurando. AH, punk rock. Os outros maconheiros estavam entediados e ~~ficavam pedindo pra eles~~ ficavam gritando, "toca Def Leppard". Meu Deus, eu odiei aqueles merdas mais do que nunca. Eu cheguei à terra prometida, em um mercadinho, e eu encontrei meu propósito específico. No dia seguinte eu deixei ~~meu~~ a parte de cima do meu cabelo espetada, mas não conseguia largar minhas raízes de maconheiro nem o cabelo comprido atrás. Assim, desenvolvi o primeiro corte de cabelo de dois níveis na história de Montesano. Eu passei uma semana parecendo o Rod Stewart. Comecei a seguir os Melvins. Eu era o acompanhante silencioso. Um dia eles até me deixaram fazer um teste para tocar na banda, mas eu estava

So I sat in the corner at hundreds of melvins practices

way too nervous ~~and~~ durin the next few years As I watched Buzz transform from typewriter drumming, speed core to the constepation blues stemmed from the influence of Black flags my war, ST Vitus and a short lived stint with various metal Blade recordins artists. somethin new was H mulch transforming Buss do this

thru a few years of ~~study~~ internally personal developments of strict morals and opinions niche like sincere devotion to the celebration of energy and the appreciation of spirituality ~~and sincere~~ Buzz stays true to his school. givins off an air of if you even think of me compromising Ill Kill you attitude rollins his ~~eye~~ eyes to the back of the head little Boy ~~rocking back n forth~~ disease? NArcoleptic epileptic pissing sweat in A ritually Autistic sway downstroking muffled lowest notes possible chunk chopping block, Guttural bowel drones. harmonic satanic and uh heavy. low Deep Cool man Cool Goddamn the pusher man!

A lot of Mohawks said I used to like the melvins until they became Black Sabbath Jeez ~~what~~ A typically clever observation

nervoso demais ~~e~~ daí eu me sentei num canto em centenas de ensaios dos Melvins durante os próximos anos, assistindo ao Buzz se transformar de bateria de máquina de escrever, speed core, para um blues constipado, vindo da influência de *My War*, do Black Flag, Saint Vitus e uma rápida parceria com vários artistas da Metal Blade. Algo novo estava [*ilegível*] transformando. Insetos fazem isso.

Após alguns anos de ~~estudo~~ desenvolvimentos pessoais e internos de morais e opiniões como de Niche, devoção sincera à celebração de energia e à apreciação da espiritualidade ~~e sinceridade,~~ Buzz continua leal à sua escola, dando um ar de "se algum dia você pensar que estou cedendo, eu vou te matar", atitude narcoléptica epiléptica rolando ~~cabe~~ seus olhos para trás da cabeça garotinho mijando suor em um balanço ritualmente autista doença de se balançar pra frente e pra trás? tocando nas cordas pra baixo as notas abafadas mais baixas possíveis cortando blocos, zumbidos viscerais guturais satânicos harmônicos e, claro, pesado. Baixo.

Muito legal cara legal puta merda o traficante cara!

Muitos moicanos diziam e costumavam gostar dos Melvins até eles virarem o Black Sabbath putz ~~que~~ uma observação tipicamente esperta.

The MeLVINS Are Alive

WORDS suck. I mean, every thing has been said. I cant remember the last real interesting conversation ive had in a long time. WORDS arent as important as the energy derived from music, especially live. I dont think ive ever gotten any good descriptions from lyric sheets, except WHITE ZOMBIE whos lyrics remind me that theres only so many words in the English language, and most good imagery has been used, as well as good band names, LP titles and not to mention the bloody music itself. GEE, I dont want to sound so negative but were dealing with the MELVINS. IN one live MELVINS performance you wont be able to understand very many words, as is with any band) but you will FEEL the negative ENERGY. Music is ENERGY. A mood, atmosphere. FEELING. The MELVINS have and always will be the king pins of EMOTION. Im not talking about fucking stupid human compassion, this is one of the only real istic reminders that every day we live amongst VIOLENCE.

There is a time and place for this music. So if you want to shake your groove thang to simple primal rock, then go see a fucking bar band! The MELVINS aint for you. And they probably dont want ya.

Like I said im not too hip on lyrics, so I didnt ask them about lyrics. Aparently their lyrics are almost equally important as the music. In their case I have to agree, even though I can hardly decipher any of the words, I can sense they display as much emotion as the music and therefore I hypocritically plead to you "BUZZ", On the next record have a lyric sheet, and if you need, have an explanation for every line. Im shure a lot of kids would dig it. man.

Speaking of BUZZ, he looks better in an afro than that guy in the movie CAR WASH. Im thinking he should take advantage of this blessing and be the first to go beyond the hip hops shaved symbols and architectured genious of scalp artistry and SCULPt a wacky far out cactus or Bull Winkle antlers.

He writes the songs, riffs first, lyrics second and goddamn is they good! Hes an all around nice guy.

DALE lost weight, bleached and chopped his hair. He plays even harder and an all around NICE GUY.

LORI kicks John Entwistles butt, and is all around nice guy.

They enjoy the GYUTO MONKS , Tibetan Tantric choir.

One of the only forms of religious communication in which I have been emotionally affected by along with the MELVINS and uh maybe the STOOGES or SWANS raping a slave EP'. The only good thing MICKEY HART ever did was to bring this sacred group of monks on a tour in which ive heard from many, seemed like an impersonal circus or freak show. Oh well they needed money to build a new monestary. They probably didnt notice the yochie dead heads hanging out in the audience. yuk!

The special technique in the monks vocalization is a long study of producing three notes or a full chord in the form of long droning chants. It makes for a soothing eerie feeling.

Os MELVINS estão vivos

PALAVRAS são um saco. Digo, tudo já foi dito. Não consigo lembrar a última conversa verdadeiramente interessante que eu tive. PALAVRAS não são tão importantes quanto a energia derivada da música, especialmente ao vivo. Não acho que obtive descrições boas de letras por escrito, exceto WHITE ZOMBIE, cujas letras me lembram que há um limite de palavras na língua inglesa, e a maioria das imagens boas já foi usada, assim como os nomes de banda e títulos de LPs, isso sem mencionar a maldita música em si. NOSSA, não quero parecer tão negativo, mas estamos falando dos MELVINS. EM um show do MELVINS você não será capaz de entender muitas palavras (como é com qualquer banda) mas você SENTIRÁ a ENERGIA negativa. Música é ENERGIA. Um humor, uma atmosfera. SENTIMENTO. Os MELVINS são e sempre serão os chefões da EMOÇÃO. Não estou falando da merda da compaixão humana idiota, esse é um dos únicos lembretes realistas que todo dia vivemos cercados de VIOLÊNCIA.

Há um momento e um lugar para essa música. Então se você quer ir rebolar escutando rock primitivo simples, vá ver uma banda de bar! Os MELVINS não são para você. E eles provavelmente não te querem.

Como eu disse, não sou muito ligado em letras, então não perguntei a eles sobre as letras. Aparentemente as letras deles são quase tão importantes quanto a música. No caso deles eu tenho que concordar, apesar de eu mal conseguir decifrar as letras, consigo sentir que elas demonstram tanta emoção quanto a música, então eu hipocritamente pleiteio a você, "BUZZ", que no próximo disco inclua as letras impressas, e, se você precisar, inclua uma explicação de cada verso. Tenho certeza de que muita garotada iria curtir. cara.

Falando de BUZZ, ele fica melhor com um afro do que aquele cara no filme CAR WASH. Acho que ele deveria tirar vantagem desse dom e ser o primeiro a ir além dos símbolos raspados do hip--hop e da genialidade arquitetural da arte do couro cabeludo e ESCULPIR um cacto maluco ou os chifres do Bullwinkle.

Ele escreve as músicas, riffs primeiro, letras depois, e puta merda são das boas! Ele é um cara muito legal.

DALE perdeu peso, descoloriu e picotou o cabelo. Ele toca ainda mais forte e é um CARA LEGAL.

LORI chuta a bunda do John Entwistle, e é um cara legal.

Eles gostam dos GYUTO MONKS, um coral Tântrico Tibetano.

Uma das únicas formas de comunicação religiosa que me afetou emocionalmente, além dos MELVINS e, é, talvez os STOOGES ou SWANS no EP *Raping a Slave*. A única coisa boa que MICKEY HART já fez foi levar esse grupo de monges em turnê, a qual, ouvi de muitos, parecia ser um circo impessoal ou show de aberrações. Bem, eles precisavam de dinheiro para construir um monastério novo. Eles provavelmente não perceberam os dead heads[19] nojentos na plateia. eca!

A técnica especial de vocalização dos monges é um longo estudo de produzir três notas ou um acorde na forma de cantos prolongados. Causa um efeito calmante e misterioso.

---

19 A expressão "dead head" é utilizada para se referir a fãs da banda americana Grateful Dead, da qual Mickey Hart foi baterista. Mickey Hart também produziu e divulgou o grupo Gyuto Monks. [N.T.]

This is an interview that was written several months After matt left the Band in oct.

are you satisfied with the new line up of the melvins and where you live?

are you sick and tired of people asking about the recent breakup with matt and a rumored wedding?

what do you see in this picture? →

where do you work?

is pizza your favorite food?

is it possible to drive a stick shift in S.F?

Are you experimenting with electronic drums?

to hell with your influences, what's A list of stuff youre listening to lately?

Whos your favorite band?

who?

NO. Really?

what do you think of the "Seattle sound"?

HAVE you heard the New Die Kreuzen Album?

[20]Esta é uma entrevista que foi escrita muitos meses após Matt sair da banda em ~~se~~ outubro.

Vocês estão satisfeitos com a nova formação dos Melvins e onde vocês vivem?

Vocês estão ~~cansados~~ de saco cheio de pessoas perguntando sobre a recente saída do Matt e os boatos de um casamento?

O que vocês veem nesta imagem? ⟶ 

Onde vocês trabalham?

Pizza é sua comida favorita?

É possível dirigir um carro com câmbio manual em São Francisco?

Vocês estão experimentando com baterias eletrônicas?

Fodam-se suas influências, que tal uma lista de coisas que vocês têm ouvido recentemente?

Qual é sua banda favorita?

Qual?
NÃO. Sério?
O que vocês acham do "som de Seattle"?
Vocês ouviram o novo disco do Die Kreuzen?

---

20 Perguntas de Kurt Cobain para uma entrevista com os Melvins para um fanzine.

Are you planning on coming to seattle or its surroundings areas to play a few show?

How many shows have you played in S.F. or its surrounding areas?)
Whats the crowd response?

Do you think that the Album Gluey porch Treatments actually exists or maybe there were only 15 Printed up?

I think the Album would sound even heavier on a dance club sub woofer sound system in a Euro Disco fag bar.
what do you think?

What really cool toys do you have?

do you think born again is a good Black Sabbath Album?

did you know that C/Z is collaborating with <u>Toxic shock</u> & then have an add in some fanzines and amongst others names your 7" inch is listed?

wouldnt it be nice to walk into a store and find a Melvins Record?

Vocês planejam vir para Seattle ou algum lugar próximo para fazer uns shows?

Quantos shows vocês já tocaram em São Francisco e arredores?
Como é a resposta do público?

Vocês acham que o disco *Gluey Porch Treatments* realmente existe ou talvez só prensaram 15 cópias dele?

Eu acho que o disco soaria ainda mais pesado no subwoofer de um clube noturno, no som de um bar de Euro disco para bichas.
O que vocês acham?

Que brinquedos legais vocês têm?

Vocês acham que *Born Again* é um disco bom do Black Sabbath?

Vocês sabiam que C/Z é uma colaboração com Toxic Shock e eles têm uma propaganda em alguns fanzines e, dentre outros ~~nomes~~, o single de 7 polegadas de vocês está listado?

Não seria legal entrar numa loja e encontrar um disco dos Melvins?

Are your song writing styles changing in any WAY.? or
CAn we expect the same product forever from the melvins?

I didnt think so.

Tell me A story:

Now you Ask me A question And I will
Respond with this

Thanks for the interview
We hope to see you sometime
Cheeri-O

O estilo de composição de vocês está mudando de alguma maneira? Ou podemos esperar o mesmo produto dos Melvins para sempre?

Achei que não.

Me contem uma história:

Agora vocês me fazem uma pergunta, e responderei com isto

Obrigado pela entrevista.
Esperamos ver vocês em breve.
Tchauzinho

Dale,
Kenichewah,
OKAY, I have not lost my soulful, imbeded roots as an honorary punk Rock, hard, heavy, GUNKA GUNKA GUNKA music slut. Nor have I been sucking up the cute, innocent and clean image Olympia has to offer either, but I have learned to appreciate some of this Calvin/simplistic stuff enough to do my own rendition, which is actually something Ive been planning on doing for years, so it's not really a rip off or a borrowed influence. I'm making up excuses because I dont think you'll like it, but I sent you it anyhow just to fill up space, for I dont have much new music to let you hear. So anyways.. "How the Hell ARE you doing dale crover master of DRUMS?"
Send me boom box stuff NOW! I dont think too many people will think you guys will suck, like you said the legworshipping whores might," but B.F.D!
Chris and I were wandering around the campus one saturday evening, and we came across this band playing. Inside we found 3 greeners jamming on bad psychedellic blues, because thats what Greeners do on Saturday evenings. They showed us their new $200.00 worthless whammy pieces of shit KRAMERS & New Laney amps, I wasn't impressed. And then over in the corner I noticed a left handed late 60's fender mustang. After swallowing my puke I calmly asked if they wanted to sell it and they said...
" Oh that old piece of shit?" "I dont care $50 bucks".
Chris entered the conversation and said.
"I don't know man it's pretty junky." "OK twenty bucks. it's only pawn shop material anyways. It's nothing compared to our new kramers.

Dale,

Kenichewah,

OK, eu não perdi minhas raízes espirituais e internas de vadia honorária de música punk rock pesada, dura, estilo marcha militar. Nem tenho engolido a imagem fofinha, inocente e limpa que Olympia tem para oferecer. Mas aprendi a apreciar um pouco dessas coisas de Calvin / simplistas o suficiente para fazer minha própria versão, que é algo que eu planejo fazer há anos, então não é realmente uma imitação ou [~~*ilegível*~~] uma influência emprestada. Estou inventando desculpas porque acho que você não vai gostar, mas eu te enviei mesmo assim, só para preencher espaço, ~~porque~~ já que eu não tenho muita música nova para você ouvir. Enfim...

"COMOVOCÊESTÁDALECROVER'MESTREDABATERIA?'"

Me mande coisas pra caixa de som AGORA! Não acho que muita gente vai achar que vocês tocam mal, como você disse "as vadias amantes de pernas talvez achem", mas FODA-SE!

Chris e eu estávamos passeando pelo campus num sábado à noite e passamos por uma banda tocando. Lá dentro, achamos 3 novatos tocando blues psicodélico ruim. Porque é isso que novatos fazem aos sábados à noite. Eles nos mostraram as novas guitarras Kramer de $200 deles, umas merdas com alavanca e sem valor, e os novos amplificadores Laney, e eu não ~~im~~ fiquei nada impressionado. Daí eu percebi que no canto tinha uma Fender Mustang canhota, do fim dos anos 60. Após engolir meu vômito, eu calmamente perguntei se eles tinham interesse em vendê-la e eles disseram...

"Ah aquela velharia de merda?" "Não tô nem aí, $50."

Chris entrou na conversa e disse:

"Não sei não, cara, parece bem sucateada". "OK, vinte. Só serve pra vender numa loja de penhores mesmo. Não é nada comparada às nossas novas Kramers."

So Chris and I Ran blindly through A thick forest towards the light and to the VAN and to A bank machine and bought the pre CBS "65" left handed fender mustang. The END

My Amp blew up. I got 2 more evel knievel motorcycles. <u>RAPEMAN</u>. RAPEMAN! RAPEMAN! I don't have any of their stuff on tape yet. probably because they don't have anything out. but RApeman Are steve Albini on Guitar / Vocals (from Big Black) & the drummer & bass player from Scratch Acid. I saw them last weekend and I think they are one of my favorite bands. I'll have to wait until I hear them on Record. but god damn they were fucking cool live!

I defrosted the icebox with A hammer.

hours later Tracy noticed an awfully powerful fume & so we thought it was Free-on so we got the animals out side & the fumes became so bad that we couldn't go in the Apt At All. it started to burn our skin & so we stayed next door for 1 night & in TACOMA the 2nd night & turns out it wasn't free on but even more of A deadly gas called sulfer dioxide. Its like if you were to fill A bucket of Bleach & Ammonia & tie someones face to it. I left A butterscotch swiss miss pudding out over night & it turned Bright flourescent green. So dont beat on your ice box with A hammer.

I talked to Jesse Again. he's not getting A divorce Anymore, instead he's buying more credit cards.

Então Chris e eu corremos cegamente pela ~~fl~~ densa floresta em direção à luz e para a van e para um caixa eletrônico e compramos a Fender Mustang canhota, de 65, pré-CBS. FIM.

Meu amplificador estourou. Eu comprei mais 2 motos do Evel Knievel. Rapeman. Rapeman! Rapeman! Não tenho nada deles em fita ainda. Provavelmente porque eles não lançaram nada ~~ainda~~. Mas Rapeman é Steve Albini na guitarra/vocais (do Big Black) e o baterista e baixista do Scratch Acid. Eu os vi semana passada e acho que são uma das minhas bandas favoritas. Vou ter que esperar até ouvir eles numa gravação. Mas puta merda eles mandaram muito bem ao vivo!

Eu descongelei o freezer com um martelo.

Horas depois Tracy percebeu uma fumaça terrivelmente fedida e pensamos que era gás freon, então tiramos os animais de lá, e a fumaça ficou tão ruim que não podíamos nem entrar no apartamento. Começou a queimar nossa pele, então ficamos no vizinho por uma noite e em Tacoma na noite seguinte, e descobrimos que não era gás freon, mas algo ainda mais mortal chamado dióxido de enxofre. É como se você enchesse um balde com alvejante e amônia e prendesse o rosto de alguém nele. Eu tinha deixado um pudim de caramelo da Swiss Miss pra fora e ele ficou verde fluorescente. Então, não bata no seu freezer com um martelo.

Eu falei com o Jesse de novo. Ele não vai mais se divorciar. Em vez disso, ele vai comprar mais cartões de crédito.

TOUCH N GO

DemO

SCRATCH ACID side of NIRVANA

floyd the barber

SPANK THRU

HAIRSPRAY Queen

~~Aeroszeppelin~~

Mexican Seafood

BeesWAX

BEANS ~~paper cuts~~

Big Cheese

Love Buzz

Aeroszeppelin

~~Paper Cuts~~

pen CAP chew

montage of heck

[à *direita*] o lado Scratch Acid do NIRVANA

Demo Touch N Go

"Floyd the Barber"
"Spank Thru"
"Hairspray Queen"
"Aeroszeppelin"
"Mexican Seafood"
"Besswax"
"Beans"
"Paper Cuts"
"Big Cheese"
"Love Buzz"
"Aeroszeppelin"
"Paper Cuts"
"Pen Cap Chew"
"Montage of Heck"

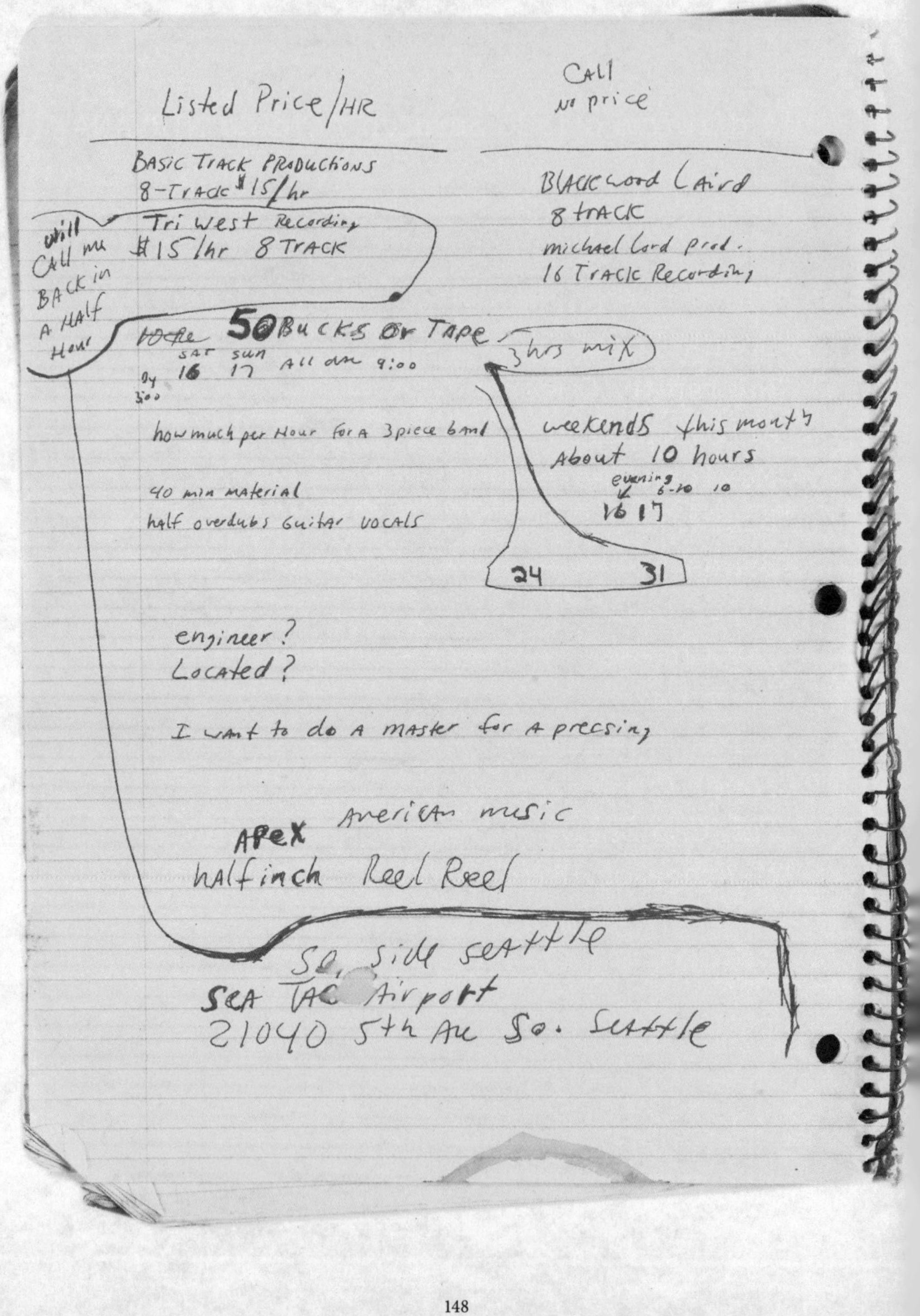

Listed Price/HR

CAll
no price

BASIC TRACK PRODUCTIONS
8-TRACK $15/hr

Tri West Recording
$15/hr 8 TRACK

Will CAll me BACK in A Half Hour

Blackwood Laird
8 TRACK
michael lord prod.
16 TRACK Recording

~~vocals~~ 50 BUCKS OR TAPE
3 hrs mix

SAT 16, SUN 17, All day 9:00 by 5:00

how much per Hour for A 3 piece band

weekends this month
About 10 hours
evening 6-10 10
16 17

24 31

40 min material
half overdubs Guitar vocals

engineer?
Located?

I want to do a master for A pressing

American music
APEX
half inch Reel Reel

So. side seattle
SEA TAC Airport
21040 5th Ave So. Seattle

[*à esquerda*]
Preço listado/hora
Basic Track Productions
8 pistas $15/hora
[*circulado*] Tri West Recording
$15/hora 8 pistas

[*circulado, à esquerda e fim da página*] Vai me ligar em meia hora. So. Side Seattle, Aeroporto Sea Tac, 21040 5th Ave So. Seattle

50 dólares ou fita
Sábado 16, domingo 17, todo o dia, 9:00
[*circulado à direita*] mix de 3 horas, 24 31

Quanto por hora por uma banda de 3 pessoas

40 minutos de material
Metade de regravação de guitarra e vocais

engenheiro?
localizado?

Quero fazer uma fita master para uma prensagem

Apex American music
meia polegada deck de rolo

[*à direita*]
Ligar
sem preço

Blackwood Laird
8 pistas
Michael Lord prod.
gravação em 16 pistas

fins de semana neste mês
cerca de 10 horas
noite 6-10 10
16 17

Led Zep - No quarter live ½ time
Jaugernaut - Slow Death
Cowsils - ~~Hair~~
Queen - Dragon Attack
Devo - Girl U Want live
Zombies - summertime
Talking heads - dont worry about the Government
Melvins - forgotten Principles
Led Belly - ~~[illegible]~~ they Hung him on A Cross
AC/DC - Soul Stripper
Rem - 1,000,000
PiL - whatever
Lush - How does it feel to want
flipper - Shed No Tears ~~HA HA~~ HA

Soundgarden - Heretic
Blue Oyster Culture club - Kick out the Jams
Metallica - thing that should not be
Psychedelic ~~furs~~ Pistols - Pulse
Sexedellic furs - Bodies
~~Sexadellic furstols - Sister Europe~~ Soul Asylum - Aint that Tough
~~Bad Brains - Joshuas Song~~ Janes Addiction - 1%
Necros - Blissard of Glass
Roy - in dreams
Green River - Ozzy
Aerosmith - Nobodys fault

Led Zep - "No Quarter" ao vivo na metade do tempo

Jaugernaut - "Slow Death"

Cowsills - "Hair"

Queen - "Dragon Attack"

Devo - "Girl U Want" ao vivo

Zombies - "Summertime"

Talking Heads - "Don't Worry About the Government"

Melvins - "Forgotten Principles"

Leadbelly - He Never Said a "They Hung Him on a Cross"

AC/DC - "Soul Stripper"

REM - "1,000,000"

PiL - "Whatever"

Lush - "How Does it Feel to Want"

Flipper - "Shed no Tears" HAHAHA

Soundgarden - "Heretic"

Blue Oyster Culture Club - "Kick Out the Jams"

Metallica - "Thing that Should Not Be"

Psychedellic Furs Pistols - "Pulse"

Sexdellic Furs - "Bodies"

Sexpillic Furstols - Sister Europe Soul Asylum - "Ain't that Tough"

Bad Brains - Joshua's Song Jane's Addiction - "1%"

Necros - "Blizzard of Glass"

Roy - "In Dreams"

Green River - "Ozzy"

Aerosmith - "Nobody's Fault"

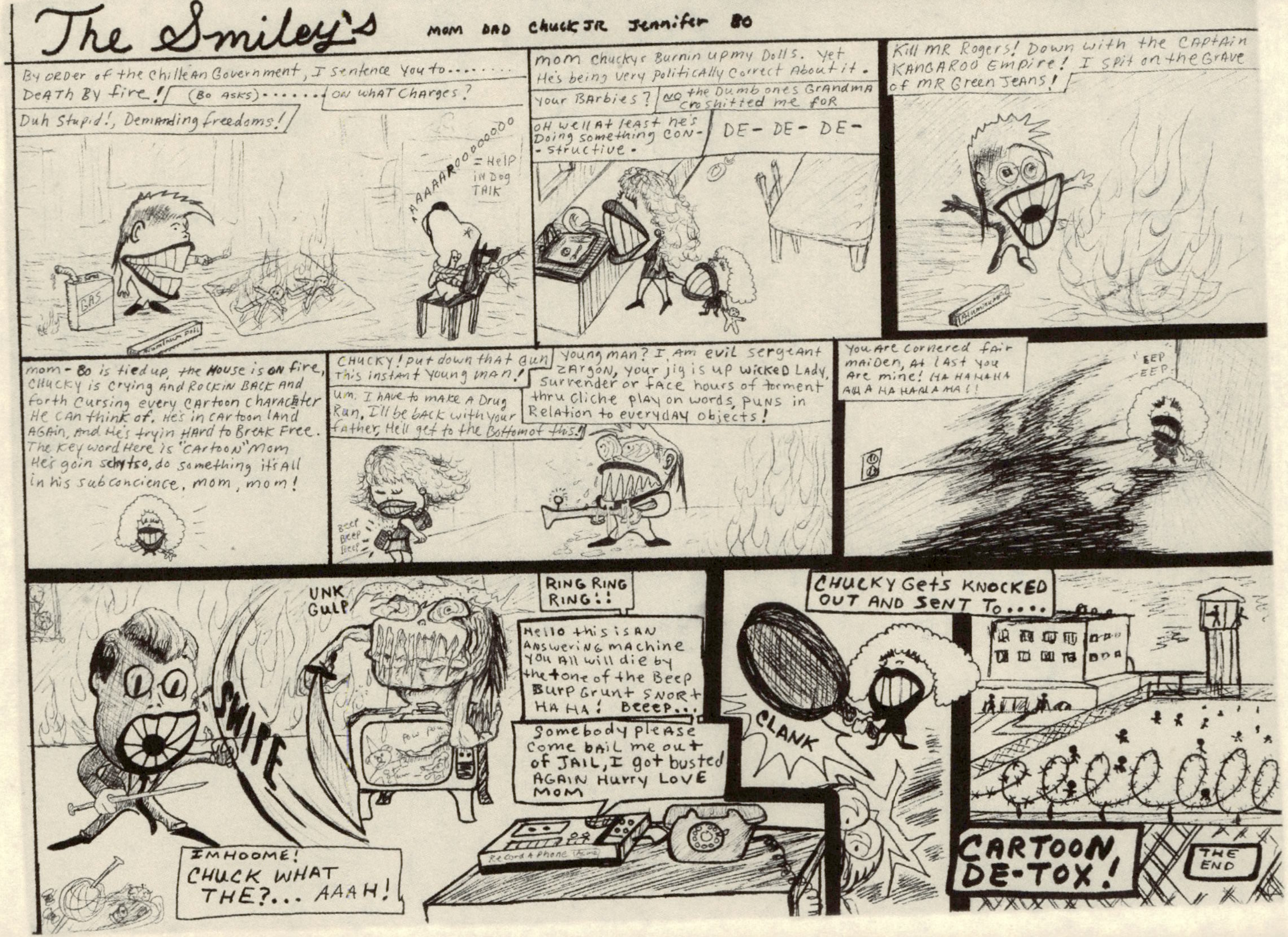
The Smiley's
MOM DAD CHUCK JR Jennifer BO
By ORDER of the Chillean Government, I sentence you to....... DEATH By fire!
(Bo ASKS).......
ON WHAT Charges?
Duh Stupid!, Demanding freedoms!
AAAAAROOOOOOOO = Help IN Dog TALK
mom Chuckys Burnin up my Dolls. Yet He's being very Politically Correct About it.
Your Barbies?
NO the Dumb ones Grandma croshitted me FOR
OH well at least he's Doing something CON-structive.
DE-DE-DE-
Kill MR Rogers! Down with the CAPTAIN KANGAROO Empire! I spit on the Grave of MR Green Jeans!
mom - Bo is tied up, the HOUSE is ON fire, CHUCKY is crying and Rockin Back and forth cursing every cartoon character He can think of. He's in cartoon land AGAIN, and He's tryin Hard to Break Free. The key word Here is "CARTOON" Mom He's goin schytso, do something it's All in his subconcience, mom, mom!
CHUCKY! put down that gun this instant young man!
Um. I have to make A Drug Run, I'll be back with your father, He'll get to the Bottom of this!
Young man? I Am evil sergeant ZARGON, your jig is up WICKED Lady, Surrender or face hours of torment thru Cliche play on words, puns in Relation to everyday objects!
Beep Beep Beep
You Are cornered fair maiden, At last you Are mine! HA HA HA HA AHA HA HAHA HA!!
BEEP BEEP
UNK GULP
SWIPE
IM HOOME! CHUCK WHAT THE?... AAAH!
RING RING RING!!
Hello this is AN ANSWERING MACHINE YOU All will die by the tone of the Beep Burp Grunt SNORT HA HA! BEEEP...
Somebody please come bail me out of JAIL, I got busted AGAIN Hurry LOVE MOM
CLANK
CHUCKY Gets KNOCKED OUT AND SENT TO....
CARTOON DE-TOX!
THE END

Os Smiley

Mãe Pai Chuck Jr. Jennifer Bo

[*quadro 1*] Por ordem do Governo Chileno, eu te condeno à... morte por fogo!
(Bo pergunta)... Sob que acusação? Sua burra!, exigir liberdades!
[*Som do cachorro*] = ajuda na língua de cão
[*lata*] Gasolina
[*embalagem*] Papel alumínio

[*quadro 2*] Mãe, o Chucky está queimando minhas bonecas. Mas está sendo politicamente correto quanto a isso.
Suas Barbies?
Não, aquelas estúpidas que a vovó crochêcagou pra mim.
Bem, pelo menos ele está fazendo algo construtivo
DE - DE - DE -

[*quadro 3*] Matem o sr. Rogers! Abaixo com o império do Capitão Canguru! Eu cuspo no túmulo do sr. Green Jeans!

[*quadro 4*] Mãe – a Bo está amarrada, a casa está em chamas, Chucky está chorando e se balança pra frente e pra trás xingando todos os personagens de desenho que consegue lembrar. Ele está na terra dos desenhos de novo e está tentando escapar. A palavra-chave aqui é "desenho", mãe. Ele vai ficar esquizofrênico, faça algo, está tudo no subconsciente dele, mãe, mãe!

[*quadro 5*] Chucky! Abaixe essa arma neste instante, meu jovem!
Meu jovem? Eu sou o maligno sargento Zargon. Acabou a brincadeira, senhora perversa, renda-se ou encare horas de tormento por meio de trocadilhos clichês em relação a objetos comuns!
Hum. Eu tenho que sair pra comprar drogas. Voltarei com seu pai, ele vai saber o que está acontecendo!

[*quadro 6*] Você está encurralada, donzela, finalmente você é minha! HA HA HA HA HA HA HA HA HA HA HA!!

[*quadro 7*] Chegueeei! Chuck, mas o quê...? AAAAH!
SLASH
GLUP
TRIMM TRIMM TRIMM!!
Olá, aqui é a secretária eletrônica. Todos vocês vão morrer quando tocar o bip.
arroto *grunhido* *fungada* HA HA!
Biiip...
Alguém por favor pague minha fiança pra sair da cadeia, me prenderam de novo, se apressem, te amo, mãe.

[*quadro 8*] Chucky é nocauteado e enviado para...
PAF

[*quadro 9*] DETOX DE DESENHOS!
FIM

Bitching About PROG-ROCK

Ing lots of Ings. Descriptive words end IN INg. like masturbating, over exagerating munching, chewing hot stacked-earth momma sitting in the open woods of Nottingham early in the mornings fog. listening to Stairway to Heaven while stringing beads. Not applying makeup. In tune, Aqua man circles emulating from a forehead. Bouncing off of a crystal necklace. A neck strangled by piano wire. "I have friends both on land and in the sky." But the sea mr French? "I dog paddle for I am now a teeny little goblin-dancing-pixie--Zamphire master of the pan flute."

Sold over a zillion archery dummies in Europe alone! The dummys are sex dolls stuffed with leaches & a substance of Ginger Root, penny Royal tea, Ginseng, B-vitamins, sweet cut-grass and a spoiled pound of ground baby veal (Lamb.)

Doctor Bronner claims! Apply the archery Dummy-substance naked in the forest. Dilute! Dilute! Mr Merlin. Dilute! Dilute! sprinkling minute metal shavings into the eyes of a praised cult figure. A male. Here now in the woods. Getting back to nature. The breath is visible as he exhales from the bull-like nostrils. scraping back leg into the ground. mounting the earth momma. no matter how hard you try, sex will always Resurface.

Buffy and Jody get it on. Rick Wakeman does the soundtrack.

Reclamando de rock progressivo

~~Meu Deus eu odeio rock progressivo~~
~~(e isso aqui sou eu reclamando dele)~~

~~Ado ado~~ Ado muitos ados. Palavras descritivas terminam em ado. Tipo exagerado, masturbado, [~~*ilegível*~~]. Mascado, empilhado, mamãe na casa de lama na floresta aberta de Nottingham cedo na neblina da manhã. Escutando "Stairway to Heaven" enquanto faz sua miçanga. Não se maquiando. Afinado, Aquaman circula emulado de uma testa. Saltando de um colar de cristal. Um pescoço estrangulado por corda de piano.

"Eu tenho amigos tanto na terra quanto no céu."

Mas e o mar, sr. French? "Nado cachorrinho, pois eu sou agora um pequenino duende-fada-zampiro-dançante mestre da flauta de pã". [~~*ilegível*~~]

Vendeu mais de um zilhão de bonecos para praticar arco e flecha só na Europa! Os bonecos são bonecas de sexo enchidas com sanguessugas e uma substância de raiz de gengibre, chá de poejo[21], ginseng, vitaminas B, doce de grama cortada e meio quilo estragado de vitela (cordeiro) moída.

Doutor Bronner diz! Aplique a substância do boneco de arco e flecha enquanto nu na floresta. Dilua! Dilua! Sr. Merlin. Dilua! Dilua! Salpicando raspas de metal minúsculas nos olhos de uma pessoa cultuada ~~com status~~. Um macho. Aqui, agora, na floresta, voltando à natureza. A respiração é visível, quando ele exala de suas narinas similares às de um touro. Raspando a perna traseira no chão montando na mamãe terra. Não importa o quanto você tentar, o sexo vai sempre ressurgir.

Buffy e Jody se pegam. Rick Wakeman faz a trilha sonora.

---

21 Em inglês, a planta poejo é conhecida como "pennyroyal", e Cobain posteriormente escreveu uma música com o título "Pennyroyal Tea". [N.T.]

Hi first of all I enjoy your show.

Jesse Helms is A dirty homosexual.
The Imperial wizard of the KKK is a nigger.
~~Ouch! Thee harsh words of a sweet or sour~~
~~Bitter beer batter grease splatter scatter.~~
~~Mad Hatter.~~
~~Do you like the shaggs?~~
Am I guilty of such hipness?
NO longer is there hipness or such Tom foolery
for this boy whos NAme is [illegible]. Hi that is my
name. I WAS thinking thee other day.
of my name and thought I would write you
NOT in regards to my name regardless of thee
sentence which MAY have thrown you off.
~~or got you off~~. I could only be such a
fool to modestly think ~~such a bad could think~~
How could one such suck winding-force
of so many celebs colors in hopes of
~~Celebrating~~ celebrAting the Calibre of
Such hipness. MAY I throw out my hip?
I had A bAd fAll. I limped.
I limped with the best of them.
I hAve now come to the conclusion
that I have been [illegible] confused for many
days and I now love many days and
many many of those I love whom I hAve
So wrongly Accused of being hip.
Those who come to celebrAte with one
Another only for the reasons of
companionship in which they so
Rightly share. They share the
sAme things. They seek out
others. So fuck.
AT peace Am I [illegible] youre A good one.

Oi Primeiramente eu gosto do seu show.

Jesse Helms é um homossexual sujo.
O mago imperial da KKK é um nego.
~~Ai suas palavras ríspidas de um doce e azedo~~
~~Massa de cerveja amarga gordura esparramada senta.~~
~~Chapeleiro Louco~~
~~Você gosta de The Shaggs?~~
Eu sou culpado de ser tão moderno?

Não há mais modernidade ou tal maneira de bobagem para esse menino cujo nome é [~~*ilegível*~~]. Oi esse é meu nome. Outro dia eu estava pensando. No meu nome e pensei que eu poderia te escrever NÃO em relação ao meu nome independentemente da frase que pode ter te confundido ~~ou te excitado~~. Eu seria um tolo de modestamente achar ~~um lorde poderia achar~~. Como alguém poderia chupar com tanta força os cólons de tantas celebridades na esperança de ~~celebrar ou~~ celebrar o calibre de tamanha modernidade? Posso jogar fora meu quadril[22]? Eu tive uma queda séria. Eu manquei.

Eu manquei com os melhores.

Eu agora cheguei à conclusão de que eu estava confuso por tantos dias e agora eu amo muitos dias e muitos muitos daqueles que eu amo que eu erroneamente acusei de serem modernos.

Aqueles que vêm celebrar uns com os outros apenas pelos motivos de companheirismo que eles dividem justamente. Eles dividem as mesmas coisas. Eles buscam os outros. Então porra.

Em paz eu estou. [~~*ilegível*~~] Você é dos bons.

22 Em inglês, a palavra "hip" pode significar tanto "moderno" quanto "quadril". Aqui, é feito um trocadilho com "throw out my hip" – "jogar fora meu quadril" / "jogar fora minha modernidade". [N.T.]

"MONTE VISTA" SO TACOMA WAY

The name even reakes of suburban subdivision Hell. I walked into the place to buy a patch cord. After I bought it I noticied a bunch of amps behind a sliding glass door. There were new Peavy's marshalls Fenders. After Gawking at the list price I checked out the used amps. I noticed an old Fender. It's the kind thats about four Feet tall and has SIX tens in it. It's basically a twin reverb. So I closed the door, plugged in the cheap peavey tryout gee-tar And Fucked around with the reverb & tremolo. It sounded pretty cool kind of like the cramps. SHit it was only $200.00, kind of beat, so I was interested. Fuck it, I cranked it up way loud to see what kind of balls it had. Right then mr. Suavo Coolo Friendly yo store dude walked in and turned it down. He had a shit eating grin on and said "Jams eE". I said "yeah man."

“Monte vista” So. Tacoma Way

Até o nome fede ao inferno de subdivisão suburbana. Eu entrei no lugar para comprar um cabo. Após comprar, percebi um monte de amplificadores atrás de uma porta de vidro. Tinha novos Peaveys, Marshalls, Fenders. Após ver o preço, fui olhar os amplificadores usados. Reparei em um velho Fender. É o tipo que tem por volta de um metro e vinte de altura e SEIS botões de dez nele. É basicamente um twin reverb. Então eu fechei a porta, pluguei a ~~velha~~ barata guitarra Peavey para testes e brinquei um pouco com o reverb e o tremolo. Soou legal, tipo os Cramps. Merda, custava só $200,00, estava meio batido, então eu me interessei. Foda-se, eu aumentei o volume bem alto para ver que tipo de culhões ele tinha. Daí o sr. Suavo Coolo ~~Freard~~ Friedd, o cara da loja, entrou e desligou tudo. [~~*ilegível*~~] Ele tinha um sorriso de merda na cara e disse “bacana, né” e eu disse “é, cara”.

"Can I put this on Lay-a-way"
He said "Sure $20 bucks down
15 bucks a week for ninety
days." "Far out" He went away
so I cranked it again, so he
walks back in with his diaharehe
smile and turns it down.
what a dick I should have
thrown it threw the godamn
sliding glass door. I said
Sheeeatt! I left. That old
Fuckin Fender would a blew any
way.

"Posso comprar a prazo?" Ele disse "claro, $20 de entrada e $15 por semana por 90 dias". "Maneiro". Ele saiu, então eu aumentei o volume de novo, daí ele entrou de novo com seu sorriso de diarreia e abaixou o volume. Que babaca, eu deveria ter jogado o amp. na maldita porta de vidro. Eu disse "meeerda!" E fui embora. Aquele Fender velho do caralho ia estourar mesmo.

Globe trotters theme
Lucy in the Sky - William Shatner
The sensitive little boy - pro GAY Record
Pusherman - superfly sndtrk
Shes got you - PAtsy Cline
frustrated - chipmunk punk (Knack)
Keep yor hands off her - leadbelly
JAVA - Floyd Cramer
IN Love
HONEY > MArine Girls
mollys lips - VAselines
BALLAd of Evel knievel
Somethin like that - NWA
TV Girl - Beat HAppening
Scratch it out
Bikini twilight > Go team (TAm sings) me & CAlvin & Toby
He never SAid A mumblin WORD - Leadbelly

Tema dos Globetrotters
"Lucy in the Sky" - William Shatner
"The Sensitive Little Boy" - Pro Gay Record
"Pusherman" - Trilha Sonora do Super Fly
"She's Go You" - Patsy Cline
"Frustrated" - Chipmunk Punk (Knack)
"Keep Your Hands Off Her" - Leadbelly
"JAVA" - Floyd Cramer
"In Love" / "Honey" - Marine Girls
"Molly's Lips" - Vaselines
"Ballad of Evel Knievel"
"Something Like That" - NWA
"TV Girl" - Beat Happening
"Scratch it Out" / "Bikini Twilight" - Go Team (Tam canta)
Eu e Calvin e Toby
"He Never Said a Mumblin' Word" - Leadbelly

Telly SAVALAS Greasing up his head And Ramming it in And out! IN And out of Another TV personalities ASS. who's ASS? who cares. either way it's A cheap way to get an immediate laugh.

______ ← ~~put the stars name here.~~

~~It could be even more Affective if it is A male. Homosexual scandals amongst celebrities are always A shure fire chuckle getter.~~

~~How About Goober And Gomer givin it to eachother.~~
OR ~~Gary Coleman (Arnold on Different strokes) And Emmanuelle Lewis (Webster) versus monkey love, in the 69 tongue butt position.~~ ~~Why Am I so sexually conscious? why can I not be clever? Have I read too many poems? or Charles Bukowski?~~ Is this the easy way out? NO. Sex is dirty. It is over rated. "I don't want to be touched After its over." "It wasn't worth it to cheat on my partner."

It took him 3 days to realize why he was depressed. After All, his male friends approved with smurks and trumpeting farts. Besides tellys stubble scratched the inner walls of my colon. Do not be fooled by shiny, waxy baldness. His neck was A JackHammer. Very talented. shecky Greene Joined in. We ran up A Huge gold card Bill. Thats Alright, I'm A High Roller.

All my celebrity friends are Here with me. Here in LAS Vegas. Naked, Shaved and Greased. These life size card board cut-outs store away easily in my closet. Lolli pop up you know where.

Lolli lolli lolli pop.

Telly Savala lubrificando sua cabeça e enfiando pra dentro e pra fora! Pra dentro e pra fora da bunda de outra personalidade da TV. A bunda de quem? Quem se importa. De qualquer forma é uma maneira barata de conseguir uma risada instantânea.

______________________________ ~~colocar o nome da estrela aqui~~

~~Poderia ser ainda mais afetivo se fosse um homem. Escândalos homossexuais entre celebridades são sempre uma forma garantida de conseguir gargalhadas.~~

~~Que tal Goober e Gomer transando.~~ OU ~~Gary Coleman (Arnold de Diff'rent Strokes) e Emannuelle Lewis (Webster) fazem amor de macaco na posição 69 com a língua na bunda. Por que sou tão sexualmente consciente? Por que eu não posso ser limpo? Eu li pornografia demais? Ou Charles Bukowski?~~ Essa é a saída fácil? NÃO. Sexo é sujo. É superestimado. "Eu não quero ser tocado após terminar". "Não valeu a pena trair meu parceiro". Levou 3 dias para ele perceber por que estava deprimido. Afinal de contas, seus amigos machos aprovaram com sorrisos e trompetes de peido. Além disso, os pelinhos do Telly arranharam as paredes internas do meu cólon. Não se engane com a careca brilhante e encerada. O pescoço dele era uma marreta. Muito talentoso. Shecky Greene entra. Acumulamos uma conta enorme no cartão de crédito dourado. Tudo bem, eu aposto bastante mesmo. Todos os meus amigos celebridades estão aqui comigo. Aqui em Las Vegas. Nus, depilados e lubrificados. Esses recortes em papelão de tamanho real podem ser guardados facilmente no meu closet. Pirulito você sabe onde.

Piru piru piru lito.

OH I'm so damn proud of you.

A Triumphant victory for mandkind. maybe there is Hope. It brought a tear to my eye & A lump in my throat, Staring out the window in A traffic JAM for 3 hours watching the little lawnmower cars zoom past hundreds of happy westerners, receiving them with A compassionate, full contact smile and stare. Youve made it. Have some fruit. Now you too can purchase pastel bed sheets, Electronics and toilet paper of your wildest dreams. You have so much to learn. Thousands of Grown infants, Rosy red cheeks fully dressed in Acid WASH pants & JACKets, males with moustache, Ladies with permanent hair. Look over there! it's my mom. She is so many years more Advanced in the Art of shopping & matching outfits from the luxury of selection. You have so much to learn. Rock And Roll HAS now just begun. Don't hide the products you have bought under your seats. prepare yourself for A full Search As you enter back through the border. Take note of the leaflets and flyers on your windshield informing you where to Acquire credit And legal representation. I'm happy for you. please Reproduce. Were doing All we can over here As well.

groon

APly
APPly

Slowly gladly and righteously walk you through the mysterious world of fashion

[~~*ilegível*~~]

Ah estou tão orgulhoso ~~deles~~ de você. ~~Eu estava lá~~. Uma vitória triunfante para a humanidade. Talvez haja esperança. ~~Queime livros do Nietzsche~~. Surgiu uma lágrima nos meus olhos e algo entalou na minha garganta. Vendo um engarrafamento no trânsito pela minha janela por 3 horas, assistindo aos pequenos carros de cortadores de grama passando por centenas de ocidentais recebendo-os com um sorriso e olhar solidário, de total contato. Você conseguiu. Coma uma fruta. Agora você também pode comprar roupa de cama em tons pastéis, eletrônicos e o papel higiênico dos seus ~~muito~~ sonhos mais loucos. Você tem tanto a aprender. Milhares de crianças crescidas, bochechas vermelhas ~~vest~~ totalmente cobertas de jeans e jaquetas desbotados. Homens com bigodes, damas com permanente no cabelo. Olhe lá! É minha mãe. Ela ~~tem~~ é tantos anos mais avançada na arte de compras e combinar roupas da luxúria de seleções. Você tem tanto a aprender. O rock-and-roll acabou de começar. Não esconda os produtos que você comprou sob os assentos. Prepare-se para uma revista completa quando reentrar pela fronteira. Preste atenção nos panfletos e folhetos ~~te informando~~ no seu para-brisa te informando onde adquirir crédito e representação legal. Estou feliz por vocês. Por favor, se reproduzam. Estamos fazendo tudo o que podemos por aqui também.

groon

Aplique
Aplique
Com alegria e competência, ela vai te levar pelo mundo misterioso da moda

Laydown your WARM babies on my cold feet
At the end of my Bed
I Apologize for Apologizing
Taste buds soak absorbant sponge water and
my tongue Runs Across the roof of my mouth
and it feels like A small Rib cage
Giant nose Hair Booger Hinge

I don't mind my captivity, but the pelt
and habitat description
next to the cage is a bit distasteful

Fucking Bull Had A Vision, He would write A
punk Rock opera

THE STORY

his nameis forest And he is the one
who put's CAlcium in the Tab soft drinks.
and his followers wave their arms in unison
with his. Clenching crimping irons And
MASCARA (black), "We must make the woods
Pretty AGAin", shouted the steam engine inventor.
Yes but what about the Piles of MAsses?
the Heaping mounds of sponge, severed Pore,
And Taste bud chunks, nervously bitten And
SPAT out of the mouth from the Chiwawa
Head, Johnny Mathis monster? asked chowder.)
It is sucking dry All the resin from the
Bong Water River. I say we destroy the filter
WAlls." (shouted Helium Boy.) And then (fucking Bull) SPOKE..

Coloque seus bebês quentes aos meus pés frios na ponta da minha cama ~~e depois~~. Eu peço desculpas por pedir desculpas ~~e bebo o suco envenenado da boca estranha e deixo as papilas gustativas absorverem como esponja a água~~ e minha língua passa pelo céu da minha boca e sinto como se fosse uma pequena caixa torácica.

Dobradiça de tatu de pelo de nariz gigante

Eu não me importo com meu cativeiro, mas a pele [~~*ilegível*~~] e a descrição do hábitat e a parede ao lado da jaula é um pouco [~~*ilegível*~~] de mau gosto.

Fucking Bull teve uma visão de que iria compor uma

Ópera Punk Rock

A HISTÓRIA

O nome dele é Forest e é ele que coloca cálcio nos refrigerantes Tab. E seus seguidores balançam seus braços em uníssono com ~~ele~~ os dele. Segurando um modelador de cabelo e máscara (preta). "Nós precisamos deixar a floresta bonita de novo", gritou o inventor do motor a vapor.

Sim, mas e as Pilhas de Massas? Os montes enormes de esponjas, poros arrancados e pedaços de papilas gustativas. Nervosamente mordidos e cuspidos pela boca da cabeça do chihuahua. O monstro de Johnny Mathis? (perguntou Chowder.)

Está chupando toda a resina do rio de água de cachimbo. Eu sugiro destruir as paredes de filtro! (gritou o Helium Boy.) E depois (Fucking Bull) falou..

SKip 2 pAges
And GO ON →

He SPAT Dark brown bubbling snoose from the dried Veins of New Age believers. it SOAKed into the Ground instantly which Reminded him that the Woods Are in greater need of emergency than he thought. he said "look my friends, spit And see the Quickness of the Soil.

And As All 5 beings SPAt And observed. Tony Defranco CrAbS surfAced And gobbled what little moisture they could before being stepped on And Crushed And Quickly consumed by our hero's. the feAst WAS celebrated with An offering of fresh squeezed GreAse pockets of SPAM And Pepperoni Chunks filled to the Rim of An AnCient 1990's Teenage unwAnted baby Skull.

But this does not explAin our misfortune Grunted Buttchowder. Please, please tell us more Fucking Bull and so fucking Bull spoke AgAin.

It WAS in my vision that I saw stoners destroy A church with No Roof And only 3 WAlls. And there were CAndles, mAny CAndles And the Virgin MAry Hooked thru her bAck on A meAT Hook, And one of the mAle stoners SAid "Dude Hooker headers!" then stopped dead in his trAcks with his hand just softly touching her firm breAst And noticed how painfully Beautiful she WAS, how pure And white, how peAceful wrApped in chicken And bArbed wire with A noT yet

Pule 2 páginas e continue

Ele cuspiu [*~~ilegível~~*] tabaco marrom escuro borbulhante das veias ressecadas de crentes new age. O chão absorveu instantaneamente o que o lembrou que a floresta necessita de cuidado urgente mais do que imaginava. Ele disse "vejam, meus amigos, cuspam e vejam a rapidez do solo".

E assim, quando todos os 5 seres cuspiram e observaram, caranguejos Tony DeFranco surgiram e engoliram a pouca umidade que podiam antes de serem pisoteados e esmagados e rapidamente ~~engolidos~~ consumidos pelos nossos heróis. O banquete foi celebrado com uma oferenda de ~~carne enlatada~~ porções de presunto com gordura fresca e pedaços de pepperoni preenchendo até a borda uma caveira de bebê adolescente rejeitada dos anos 1990.

"Mas isso não explica nosso infortúnio", reclamou Butt Chowder. "Por favor, por favor conte mais, Fucking Bull", então Fucking Bull falou de novo.

Estava na minha visão, que vi maconheiros destruir uma igreja sem telhado e só 3 paredes. E havia velas, muitas velas, e a Virgem Maria perfurada ~~na~~ pelas costas por um gancho de açougue. E um dos maconheiros, um homem, disse "Cara, escapamentos esportivos!" e parou subitamente com sua mão levemente tocando o seio firme dela e percebeu o quão terrivelmente linda ela era, o quão pura e branca, tão em paz, envolta em frango e arame farpado, com ~~um~~ ainda não

ON All drums - get rid of Hi HAT Hiss.

Downer - Re-Do All vocals & get someone with A Deep voice to repeat solo vocals in monotone
~~[illegible]~~ Re-Do All Guitar & bass

floyd - Re-Do bass - Dub extra Guitar

Paper Cuts - Dub Guitar - Dub Singing Harmony
~~[illegible]~~ Re-Do-Bass

Spank thru - Re-Do Bass

~~[illegible] Buzz~~

Hairspray Queen - Re-Do everything

Pen Cap chew - Re-Do everything

Mexican Seafood - Re-Do Guitar Drums Voc.
(Dales drums)

ERECTUM

Love Buzz Big cheese ERECTUM weirdo
Bees WAX Aeroszeppelin vendetAGAinst
ANNoyeXorcist

Em todas as baterias – se livrar do chiado no chimbal.

"Downer" – Refazer todos os vocais e achar alguém com voz profunda para repetir os vocais solo em um tom monótono. [~~*ilegível*~~] Refazer todas as guitarras e o baixo

"Floyd" – Refazer baixo – Regravar guitarra extra

"Paper Cuts" – Regravar guitarra – Regravar harmonia vocal ~~– Regravar~~ Refazer o baixo

"Spank Thru" – Refazer o baixo

~~**"Love Buzz"**~~

"Hairspray Queen" – Refazer tudo

"Pen Cap Chew" – Refazer tudo

"Mexican Seafood" – Refazer guitarra bateria vocais (bateria do Dale)

"Erectum"

"Love Buzz" "Big Cheese" "Erectum" "Weirdo"
"Beeswax" "Aeroszeppelin" "Vendetagainst"
"Annovexorcist"

A finished Anarchy sign spray painted on her Robe. Then his head turned slowly to his mates, ~~and~~ ~~cried~~ A trickle of Teardrop Rolled down his ugly fucking zitted out face and cried: "This is WRONG! We MUST STOP This"! and so one of the girl stoners kind of put all her weight on one foot and stuck her acid wash ASS out, ~~held a cigarette~~ took a big drag off of a lucky STRIKE cigarette, gave a very cool blank/stoned expression under those heavily eye shadow (Blue) thicker than snot lashed eyes, exhaled and in a groggy dry wheazing, charred lung voice said, "so what were bored." And the others immediately Ran around screaming. wooo Hooo (in that tone of voice that says "Im very drunk, excited and a total idiot"!) they smashed and Burned and SPRAYED Black flag, DR[illegible] ~~[illegible]~~ as well as Dokken and Whitesnake. Then Guess what? asked fucking Bull, ~~they after a while they got Bored and went away~~ what? what happened said Butt Chowder? fucking Bull said: ~~[illegible]~~ After awhile they became bored with vandalizing the church and went ~~[illegible]~~ away to buy a gram. so I suggest we all just connect our vitals to this ancient cow milking Hookah and Relax, because the River will never dry up for it is fed by the mountains which will always be addicted to boredom.

The END

terminado símbolo da anarquia pichado sobre sua roupa.

Daí sua cabeça virou lentamente para seus amigos, ~~e chorou~~ uma gotícula de lágrima escorreu por sua cara feia pra caralho cheia de espinhas, e gritou: “Isso é ERRADO! TEMOS QUE PARAR COM ISSO!” E então uma das maconheiras meio que colocou todo seu peso em um pé e colocou sua BUNDA desbotada para fora, ~~pegou um cigarro~~ deu uma boa tragada em um cigarro Lucky Strike, ficou com uma expressão bem legal e neutra/chapada sob aqueles olhos cheios de sombra (azul) mais espessa que remela, expirou e, com sua voz seca, grogue e chiada de um pulmão queimado, disse: “E daí, a gente estava entediado”. E os outros imediatamente correram gritando “UHU” (naquele tom de voz que diz “Estou muito bêbado, excitado e sou um completo idiota!”) eles quebraram e queimaram e picharam Black Flag, DRI, ~~e~~ assim como Dokken e Whitesnake. “Daí adivinhe só?” Perguntou Fucking Bull, ~~após um tempo eles ficaram entediados e foram embora~~ “O quê? O que aconteceu?” disse Butt Chowder. Fucking Bull disse: “~~Em~~ Depois de um tempo eles ficaram entediados de vandalizar a igreja e foram embora para comprar uma grama. Então eu sugiro conectarmos nossos vitais a este narguilé antigo de vaca leiteira e relaxar, porque o rio nunca vai secar, pois é alimentado pelas montanhas que sempre serão viciadas em tédio”.

FIM

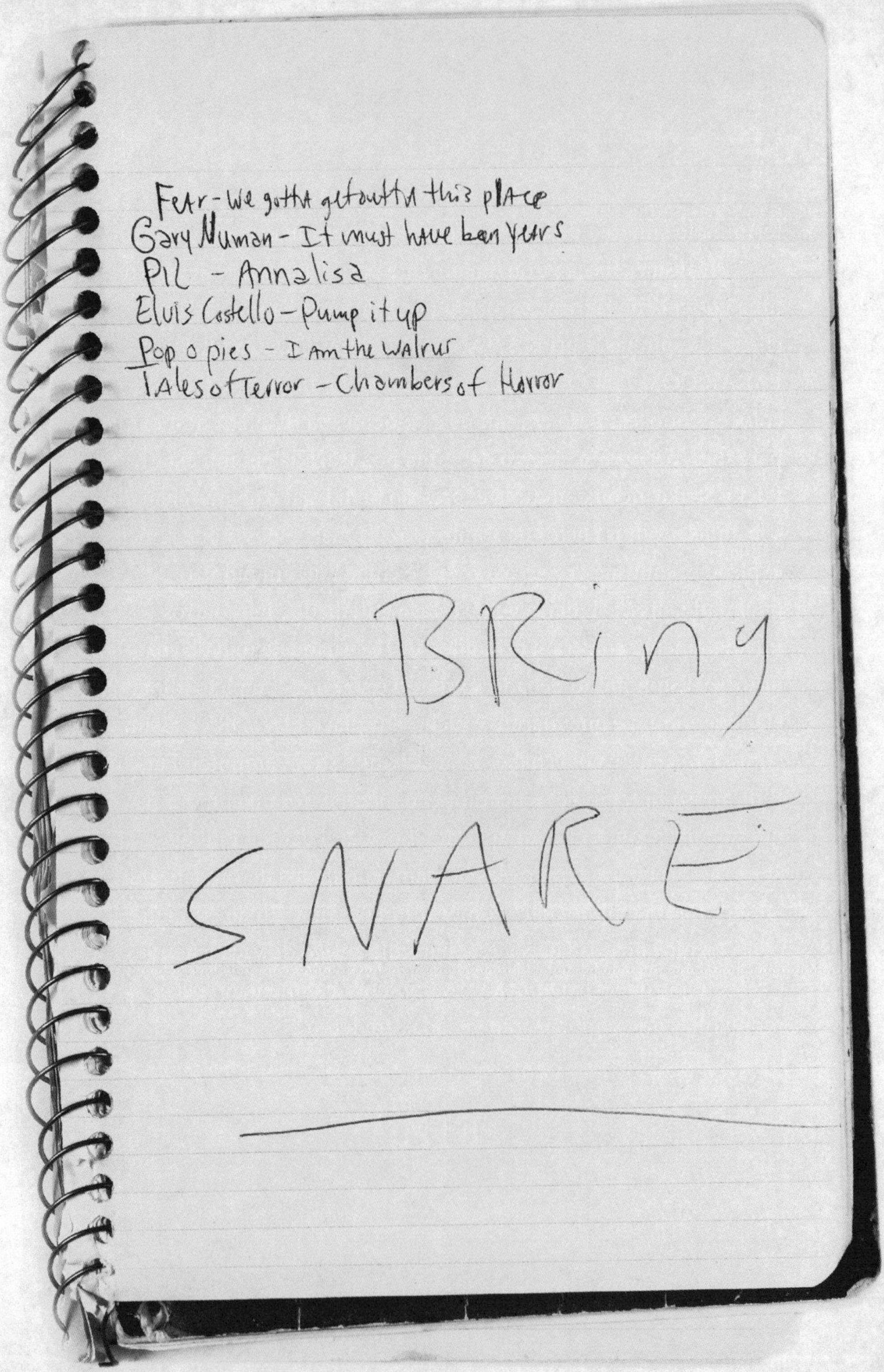

Fear - We gotta get outta this place
Gary Numan - It must have been years
PiL - Annalisa
Elvis Costello - Pump it up
Pop o pies - I am the walrus
Tales of Terror - Chambers of Horror

Bring

SNARE

Fear – “We Gotta Get Outta This Place”
Gary Numan – “It Must Have Been Years”
PIL – “Annalisa”
Elvis Costello – “Pump It Up”
Pop-O-Pies – “I am the Walrus”
Tales of Terror – “Chambers of Horror”

TRAZER CAIXA

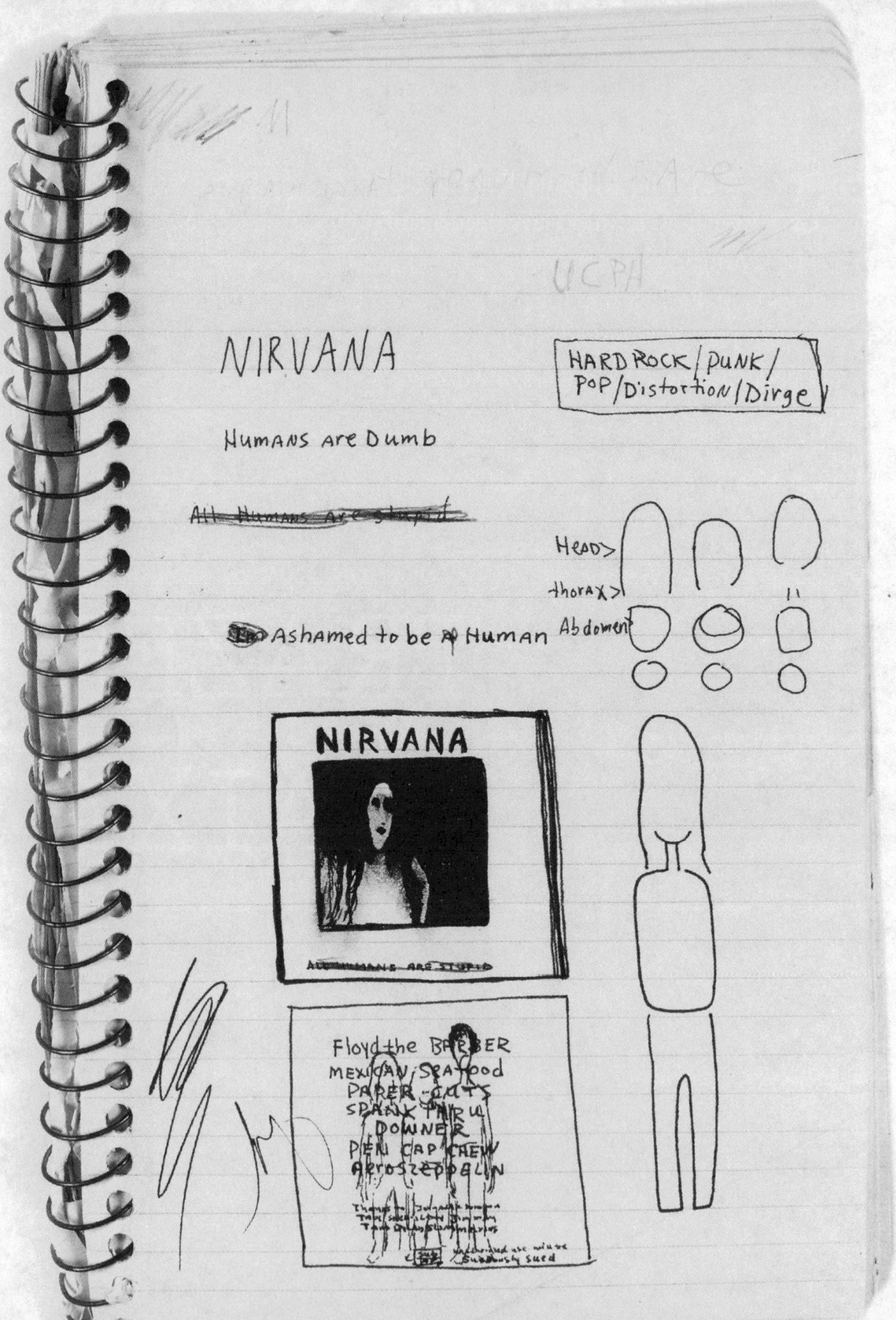

NIRVANA
HARD ROCK / PUNK / POP / Distortion / Dirge
Humans are Dumb
All Humans are stupid
Ashamed to be Human
Head>
thorax>
Abdomen>
NIRVANA
Floyd the BARBER
MEXICAN SEAfood
PAPER CUTS
SPANK THRU
DOWNER
PEN CAP CHEW
AEROSZEPPELIN

NIRVANA
Humanos são burros
~~Todos os humanos são estúpidos~~
~~Estou~~ envergonhado de ser ~~um~~ humano

[*à direita*] Hard Rock / Punk / Pop / Distorção / Canto Fúnebre

Cabeça
Tórax
Abdômen

[*Ilustrações*]
NIRVANA
~~TODOS OS HUMANOS SÃO ESTÚPIDOS~~

"Floyd the Barber"
"Mexican seafood"
"Spank thru"
"Downer"
"Pen cao chew"
"Aeroszeppelin"
Agradecimentos para Johnathan [*ilegível*]

Critic goes GOD

The first thing i did WAS burn All my Charles Bukowski books. I got the tinfoil out and spread it on the floor, Ripped the filthy innards of plankton-literature into small pieces, and struck A match. I Turned out the lights And watched the flames Along with some home Super 8 movies I had made while under the influence of this life I've decided to change. The movies were typical Gore slash shit Along with puppets fucking, oh And the psychic TV--like effect of Arty subjects turning And floating in A meaningful surrealistic sense. bullshit, it WAS like watching A Real estate seminar, but it set A nice background for my MTV Direction towards god. God. God. God. Im Crosslegged, Rosary to the left of me, Bible to the Right, here I Am "stuck in the middle with you". stuck in the middle with you.' who sang that song? Atlanta Rhythm Section? steve miller, UM, God. 'Atlanta Rhythm Section has the dorkiest looking members, that one Guy with Greasy pig fat hair, and Black Rimmed Glasses. But the

Crítico Vira Deus

A primeira coisa que eu fiz foi queimar todos os meus livros do Charles Bukowski. Eu peguei papel alumínio e o espalhei pelo chão. Rasguei ~~os livros~~ as entranhas sujas de literatura-plâncton em pequenos pedaços e acendi um fósforo. Apaguei as luzes e fiquei assistindo às chamas, junto com uns filmes caseiros em Super-8 que eu tinha feito sob a influência dessa vida que eu decidi mudar. Os filmes eram a típica merda sanguinolenta com fantoches transando, ah, e o efeito psíquico ~~de influência~~ da TV de sujeitos artísticos virando e flutuando ~~por aí~~ em um sentido surrealista significante. Mentira, era como assistir a um seminário de imobiliárias, mas criou um bom pano de fundo para a minha Direção MTV rumo a Deus. Deus. Deus. Deus. Estou de pernas cruzadas, rosário ~~à minha direita, Bíblia à minha esquerda~~ à minha esquerda, Bíblia à minha direita, aqui estou, preso no meio com você. "Stuck in the Middle With You". Quem cantava aquela música? Atlanta Rhythm Section? Steve Miller, hum, Deus. Atlanta Rhythm Section tem integrantes com uns caras tão bobos, aquele cara com o cabelo ensebado de gordura de porco e óculos de aro preto. Mas o

Stupidest looking 70's Rock star has to be that one guy in Slade, the fucker cut his bangs so high up on his forehead. "He looks like Woody from the bay City Rollers". I know this kid in Aberdeen who looks exactly like woody. Jesus you wouldn't believe it, the same teeth and Nose, ~~it's rote sad it's [illegible]~~. I would love to look like Woody, then I could start my band and we play Saturday Night. "Was Kiss on Saturday Night live? Naw ~~[illegible]~~ they couldn't have, ~~people~~ fans would have trashed the studio & beat up Don Pardo, ~~and Raped Lorraine Newman~~. I would love to be those kids on the back of Kiss Alive, the ones holding the banner. Kiss. I don't even like kiss.

Rock Trivia. God im so sick of Rock Trivia, big deal it's like what am i gonna do when Im old, if i already know everything About Rock-n-Roll by the time im 19? God only knows ~~[illegible]~~ theres No facts to be learned About All these worthless Ripoff Nostalgic bands of the 80's.

OH YEAH i decided to eventually become AN H Addict And slowly decay on the streets of IDAHO. or some

rock star dos anos 70 com o visual mais estúpido tem que ser aquele cara do Slade, o filho da puta cortou as franjas tão altas na testa dele. "Ele parece o Woody dos Bay City Rollers". Eu conheço um cara em Aberdeen que é igualzinho ao Woody. Jesus, mal dá pra acreditar, os mesmos dentes e nariz. ~~Não é triste é só engraçado.~~ Eu adoraria parecer o Woody, daí eu poderia começar minha banda e tocar "Saturday Night". "O KISS tocou no 'Saturday Night Live'?" Não, ~~ele~~ não pode ter tocado, ~~pessoas~~ fãs destruiriam o estúdio e bateriam no Don Pardo, ~~e estuprariam a Laraine Newman~~. Eu adoraria ser aqueles jovens na contracapa do *KISS Alive*, aqueles segurando a placa. KISS. Eu nem gosto de KISS.

Trivia de Rock. Meu Deus estou tão cansado de trivia de rock, foda-se, o que vou fazer quando ficar velho se já sei tudo sobre rock'n'roll antes dos 19?

Só Deus sabe que ~~hoje em dia~~ não há fatos a serem aprendidos sobre essas inúteis bandas nostálgicas plagiadoras dos anos 80.

Ah, sim, eu decidi que algum dia vou virar um viciado em heroína e lentamente deteriorar nas ruas de Idaho. Ou algum

middle of the road state like that. Ill be so bored that ill just read About what I lived thru And purposely stayed NAive, because you MR Rock Critic Are gonna be Bored when your old. Bored Bored Bored. So Am I so Are old people today. I don't want A Grand daughter of mine changing my soiled Rubber underwear while I sucking on Ry-Krisp, Clinging to existence just so I can reminice About my life As A professional Remeniscent. Besides, my memory is Already shot, from too much PoT smoking A few years back. I SAW these Hippies on the Merve Griffin show claiming they had NASAl SPRAYS wich would increase youre memory. I Also SAW this couple who swore, with the proper training, "you can have up to 10 orgasms before ejaculating, sure if you tie A rubber band to the end.

All this wonderfully important deep thought hindered me from REAlizing that the entire House WAS filled with smoke from the Charles Bukowski Books, And A very nice sized flame had spread to the curtains, which Alarmed me I had only A few minutes to get out of the House, So much for God.

estado moderado assim. Estarei tão entediado que vou só ler sobre o que eu vivi e como me mantive ingênuo de propósito, porque você, Sr. Crítico de Rock, estará entediado quando ficar velho. Entediado Entediado Entediado. Eu também estou, os velhos também estão hoje em dia. Não quero uma neta minha trocando a roupa íntima de borracha que eu sujei e enquanto eu chupo um pão de centeio, agarrado à existência só para me lembrar da minha vida como um lembrador profissional. Além disso, minha memória já está ruim, de tanta maconha que fumei uns anos atrás. Eu vi uns hippies no Merv Griffin Show alegando que tinham sprays nasais que melhoravam sua memória. Eu também vi um casal que jurava que, com o treino apropriado, "você pode ter até 10 orgasmos antes de ejacular", claro se você amarrar um elástico na ponta.

Todos esses pensamentos maravilhosamente profundos e importantes me impediram de perceber que a casa inteira estava cheia de fumaça dos livros do Charles Bukowski, e uma chama de um tamanho bem bom tinha se espalhado para as cortinas, o que me alarmou e eu tinha só alguns minutos para sair da casa, e Deus nem aí.

Sexually Transmitted Diseases
in the espresso at the Smithfield

Green River - Aint nothin to do
Dead Boys - Dead River Boys
Dicks - Police force
Clown Alley - on the way up
Vox Pop - Production
SKIN DIVER - ⍺D NO. 7
Shockin Blue - HOT SAND
Bangles - Hazy shade of Winter
the eyes - Dont talk to me
Saccharine Trust - Peace frog
~~youre a~~ Big Dipper - youre not Patsy
Big Black - CRACK UP
Big Boys - A Political
Alice Cooper - Muscle of Love
Greg Sage - Straight Ahead
Malfunkshun - Stars and You
SMelvins - Smell my Finger
Devo - TURN AROUND
White Zombie - RATMOUTH
Zombies - Time of the Season
DICKS - off Duty Sailor
A PART of the Tape that will be Fast forwarded every time its played
The Tonsil Song
HA HA HA HA HA HA HA HA HA HA

Doenças Sexualmente Transmissíveis
no Expresso da Smithfield

Green River - "Ain't Nothing to Do"
Dead Boys - "Dead River Boys"
Dicks - "Police Force"
Clown Alley - "On the Way Up"
Vox Pop - "Production"

Skin Diver - "Old No. 7"
Shocking Blue - "Hot Sand"
Bangles - "Hazy Shade of Winter"
The Eyes - "Don't Talk to Me"
Saccharine Trust - "Peace Frog"
You're N Big Dipper - "You're Not Patsy"
Big Back - "Crack Up"
Big Boys - "Apolitical"
Alice Cooper - "Muscle of Love"
Greg Sage - "Straight Ahead"
Malfunkshun - "Stars and You"

SMelvins -
"Smell My Finger"
Devo - "Turn Around"
White Zombie - "Ratmouth"
Zombies - "Time of the Season"
Dicks - "Off Duty Sailor"
Uma parte da fita que será adiantada toda vez que é tocada
"The Tonsil Song" HAHAHAHAHAHAHAHAHAHAHA

Throughout the periods of 1976 to 1983, a man by the name of Chuck Taylor brutally sexually ~~an~~ Tortured 9 women, one man and one 13 yr old boy, within the area of greater Los Angeles.

In Comparison to other so called "Celebrity" murderers one wouldn't think if Chucks Case as a Record setting toll of victims, in mathematical sense, (no". yet in Ritualistic Highly detailed, well planned taste for the bizarre (yes". Chucks story hasnt become the most well know folk tale as had ED Geine, simply because facts haven't been revealed as in depth until now, where ED Geine may have wore his victims skin and ate their flesh, Chuck did that and far exceeded Ed's descriptiveness for his own so called Ceremony. Chuck recorded every day of his waking life.

suicide note found with chuck Taylors body feb. 17. 1983

To whom it may concern,

Please excuse Chucks absence from life. ~~I cant~~ I do not expect anyones sorrow for my death maybe relief if anything. I can't describe what mental illness is, Ive tried and tried with writings and doctors and my only conclusion is satan has taken over my soul and mind, please use my brain as an example and try to find out whats wrong, like the guy in texas who shot those people in the tower. to all the relatives & friends of my victims Im deeply sorry Im ~~I~~ very sorry Ha HA HA Im not sorry HA HA HAHA HA you mother fuckers Cunt! Chuck Taylor not a basketball star.

Durante os períodos de 1976 até 1983,

um homem chamado Chuck Taylor torturou sexualmente, de forma brutal, 9 mulheres, um homem e um menino de 13 anos, dentro da área de Los Angeles e arredores.

Em comparação a outros assassinos tidos como "celebridades", ninguém pensaria no caso de Chuck como um número recorde de vítimas, no sentido matemático. (não". Mas em termos de gosto bem planejado pelo bizarro, com ritualismo altamente detalhado (sim". A história do Chuck não virou o conto popular mais conhecido, da mesma forma que Ed Gein, simplesmente porque os fatos não foram revelados de forma tão detalhada até agora. Enquanto Ed Gein pode ter vestido a pele de suas vítimas e comido sua carne, Chuck fez isso e ainda superou a descrição de Ed para sua assim chamada cerimônia. Chuck gravou todos os dias de sua vida.

Bilhete suicida encontrado no corpo de Chuck Taylor 17 de fev. de 1983

A quem possa interessar,

Por favor perdoem a ausência de Chuck da vida. ~~Não posso~~ Eu não espero o lamento de ninguém pela minha morte, talvez alívio, se alguma coisa. Não consigo descrever o que um distúrbio mental é. Eu tentei e tentei com escrita e médicos e minha única conclusão é que Satã tomou minha alma e mente, por favor use meu cérebro como exemplo e tente descobrir o que está errado, como o cara em Texas que atirou naquelas pessoas na torre. A todos os amigos e parentes de minhas vítimas, eu sinto muito eu sinto muito HAHAHA Eu não sinto muito HAHAHAHA seus filhos da puta!

Chuck Taylor
não o astro do basquete

Born Sept 1st 1958 in SANTA Clara California
Chuck Joseph Taylor, son of Fred and Mary Taylor was a perfectly normal Healthy, Happy baby, full of sunshine and Joy.

A first Grandson and nephew for both sides of the family, Chuck was the center of attention, often hearing harmless quarrels over "who gets to hold him" between several young teenage Aunts. Fred and Mary just married out of Highschool, were immature, just starting out, already used to their white trash homestyle. Depression hadn't set in yet so they were pretty much Happy.

Fred had a short temper and worked two jobs while mary with another baby on the way stayed at home giving young chuck now 5 yrs old more than enough loving attention and encouragement. He loved monsters, All kinds, they were more interesting than Super heroes and often against his parents wishes he would plead with his baby sitter to let him watch the friday night Horror movies, and very consistently would end up crying or wetting his pajamas in fear within minutes of the beginning.

Yet he still insisted, "monsters are the best" he had drawings, comic books, posters, models and masks Truly an obsession, but most of his influences were cheesy old space invader or Dracula movies. wich has baffled doctors on his case of wich, why or how he possibly could think up such vulgar re-enactments of horror while playing with his sisters dolls. arranging nativity scenes of murder with Jesus mary and Joseph figurines along with, G-I Joes and barbie's, cautiously cutting holes in them filling them up with moms red nail polish, finding him in A trance like state rocking back and forth screaming fuck you bad peoples Fuck you

Nascido em primeiro de setembro de 1958 em Santa Clara, Califórnia, Chuck Joseph Taylor, filho de Fred e Mary Taylor era um bebê saudável, feliz e perfeitamente normal, cheio de luz e alegria.

Um primeiro neto e sobrinho para ambos os lados da família, Chuck era o centro das atenções, frequentemente ouvindo brigas inofensivas do tipo "quem vai segurar ele" entre várias tias adolescentes. Fred e Mary se casaram assim que saíram do ensino médio, eram imaturos, só estavam começando, já acostumados ao seu estilo de vida de lixo branco. A depressão não tinha começado ainda, então estavam basicamente felizes.

Fred não era muito paciente e tinha dois empregos enquanto Mary já tinha outro bebê a caminho, e ficava em casa dando mais amor e encorajamento que o suficiente para o jovem Chuck, agora com 5 anos de idade. Ele amava monstros. De todos os tipos! Eles eram mais interessantes que super-heróis, e, frequentemente contra o desejo de seus pais, ele pedia à sua babá para assistir aos filmes de terror de sexta à noite, e consistentemente acabava chorando ou fazendo xixi nas calças alguns minutos após o início do filme.

Mesmo assim ele insistia. "Monstros são o máximo". Ele tinha desenhos, revistas em quadrinhos, pôsteres, bonecos e máscaras. Era realmente uma obsessão, mas a maioria de suas influências era filmes antigos e bregas de invasores espaciais ou do Drácula. E isto frustrou os médicos no seu caso, não entendendo como ou por que ele poderia pensar em encenar atos tão vulgares de horror enquanto brincava com as bonecas de suas irmãs. Ele criava presépios de assassinato com bonecos de Maria e José, juntos com Barbies e Comandos em Ação[23], cuidadosamente fazendo buracos neles e enchendo-os com ~~vermelho~~ o esmalte vermelho de sua mãe. Ele costumava ser visto em um estado de transe, se balançando pra frente e pra trás, gritando "Vão se foder pessoas ruins vão se foder".

---

23 Nos Estados Unidos da América, esta série de brinquedos era conhecida como "G.I. Joe". No Brasil, surgiu primeiro com o nome "Falcon" e, posteriormente, como "Comandos em Ação". [N.T.]

He was usually veri clean about his seizures, He always made sure there were newspapers down and a wash rag handy and the knives and matches were on an old cigar box the lights dim , curtains closed, wearing the same old football jersey that was way too small, no pants and most important to make sure dad wasn't home.

Recalling many painful instances his younger sister Jenny was often unable to defend for herself against Chucks agressive abuse, he was always holding her down and sit on her face and farting, talking her into a Guessing game, tied to a chair and blind folded tickled till she peed her pants and then forced to taste a collected sample and regularily sexually explored her,

"He wouldn't do the usual tortures like other older brothers, like a simple peeled grape and being told it's a cats eyeball, Chuck would always give me tobasco sauce or his soiled finger that had been up his anus, Call it relative blood or whatever I still couldn't help but feel sorry for him, because he's the one that witnessed dad's abuse towards mom."

Almost every night Fred Taylor came home from a degrading laymens job intoxicated, hungry and very angry. as if it were a routine at 7:30 each nite Chuck would be greeted by his dad standing in his bedroom doorway swaying back and forth with a transfixed hateful expression. "Git in here boah it's time to see how bad yer momma's been today, come on Goddamnit! Git yer fucking little wimpy ass in here! grabbing him by the neck. Chuck would be pushed into his parents bedroom the door slamming shut and mom already naked huddled on a

Ele costumava falar abertamente sobre suas convulsões. Ele sempre garantia que havia jornais no chão e um pano de limpeza próximo e as facas e fósforos estavam numa velha caixa de charutos. As luzes diminuídas, cortinas fechadas, vestindo a mesma camisa de futebol americano que era pequena demais, sem calça, e, o mais importante, garantindo que o pai não estava em casa.

Lembrando de muitos momentos dolorosos, sua irmã Jenny era frequentemente incapaz de se defender contra o abuso agressivo de Chuck, ele sempre ~~me~~ segurava ela [~~*ilegível*~~] e sentava na ~~minha~~ cara dela e peidava, convencendo-a a fazer um jogo de ~~degustação~~ adivinhação. Amarrada a uma cadeira e vendada ela recebia cócegas até fazer xixi nas calças e era forçada a degustar uma amostra coletada, e ele frequentemente a explorava sexualmente.

"Ele não fazia as torturas comuns de irmãos mais velhos, como pegar uma uva descascada e falar que é um olho de gato, Chuck sempre me dava pimenta Tabasco ou seu dedo sujo que estava no seu ânus, chamava de sangue de parente ou sei lá eu ainda ~~não posso~~ não podia evitar sentir dó dele, porque foi ele que viu o abuso do pai contra a mãe."

Quase toda noite, Fred Taylor chegava em casa de um trabalho de leigo degradante – alcoolizado, faminto e muito bravo. Como se fosse uma rotina, às 7h30 toda noite Chuck era recebido por seu pai em pé ~~no~~ na entrada de seu quarto, balançando pra frente e pra trás com uma expressão transfixada e odiosa. "Entraqui guri, é hora de ver o quão ruim sua mamãe foi hoje. Vem, porra! Coloque seu traseiro covarde aqui!" Agarrava-o pelo pescoço, Chuck era empurrado para o quarto de seus pais, a porta era batida, e a mãe já estava nua, encolhida num

Corner of the bed in a natural crying plead knowing that she might as well get it over with before dinner gets too cold. Taking off his belt, loosening his trousers fred would beat mary Rape and Sodomize her ~~just hard enough to be classified as S&M~~ during the intercourse chuck was commanded to watch while Fred stared at his son and Repeated the same speech every night. Your Gonna Grow up to be a man Chucky a man! you see this winch? theyre good for nothin but Cookin and fuckin! your Gonna go to school and yer Gonna be a doctor Chuck Goddamnit your not Gonna be like me you hear? ugly a Good Boy that's my Boy you fuckin Bitch! ugly! ugly turning to mary you had to have kids, well these kids is Gonna be fine people not Bad like you ugly fucking Bitch! Chucky? what you Gonna do Boah? a winner I can't hear you! a winner dad OK now go on git. Jenny was never asked to witness this probably because dad thought when she gets older she could leech off of a rich Boy and support Daddy and momma

Chuck would never talk about it when I questioned him i felt so sorry for him that i must have felt this self destructive need to put up with his abuse and chuck had a very clever and sly way of mixing laughing playing and having fun with abuse. one minute we would be playing & the next he would hit me and go into a Jekyll and Hyde personality, then when his tension was relieved he would comfort me to stop my crying begging me not to tell mom and He'll never do it again. Bribes of Candy or Toys were always a good pay off for a 4 yr old little Girl, and if bribes didn't work threats usually would.

canto da cama chorando e implorando de forma natural, sabendo que seria melhor acabar com aquilo de uma vez antes que o jantar ficasse frio demais. Ele tirava seu cinto, afrouxava suas calças e batia em Mary, a estuprava e sodomizava~~, apenas com a força suficiente para poder ser classificado como sadomasoquismo~~ durante o ato, Chuck recebia a ordem de assistir enquanto Fred encarava seu filho e repetia o mesmo discurso toda noite. "Você vai crescer pra virar um homem, Chucky, um homem! Tá vendo essa vadia aqui? Elas não são boas pra nada além de cozinhar e foder! Você vai pra escola e vai ser um médico Chuck puta merda você não vai ser igual a mim ouviu? Feia. Um bom garoto esse é meu garoto, sua vadia! Feia! Feia" virando para Mary, "Você tinha que ter filhos, bem esse piá vai ser uma pessoa boa não ruim como você sua vadia feia pra cacete! Chucky? Que que você vai fazer guri?" "Um vencedor." "Eu não consigo te ouvir!" "Um vencedor, pai." "OK, agora some." Jenny nunca teve de testemunhar isso, provavelmente porque o pai pensou ~~se~~ que quando ela ficasse mais velha poderia sugar o dinheiro de um rapaz rico e sustentar ~~ela~~ papai e mamãe.

"Chuck nunca falava sobre isso quando eu o questionava, eu sentia tanta pena dele que eu devo ter sentido essa necessidade autodestrutiva de lidar com seu abuso, e Chuck tinha uma forma muito esperta e astuta de misturar risos, brincadeiras e diversão com abuso. Num momento ~~estava~~ nós estávamos brincando e no próximo ele batia em mim e entrava numa personalidade O Médico e o Monstro, daí quando sua tensão era aliviada ele me confortava para parar meu choro me implorando para não contar para a mãe, e ele nunca mais faria aquilo de novo. Subornos de doces ou brinquedos eram sempre um bom pagamento para uma menininha de 4 anos, e, se subornos não funcionassem, ameaças funcionariam."

With good intentions and noticing traces of Abnormal hyperactive behavior and numerous complaints from school Mary Taylor devoted a lot of time in helping Chuck become more relaxed. after all if "valium helped her nerves, then why not chucks"! the long talks and reading time special attention seemed to help some, but the long term affect of downers seemed to counteract to his nerves a bit too strong, wich bore the many trips to the doctors for Treatment of hypertension and involuntary nervous seizures, chuck now 9 yrs old by this time is very used to medications.

School was fine in kindergarten, he seemed to have a few good friends and willing to learn gave him the everpopular standard mark by his teacher as "a pleasure to have in class", but gradually thru 1st and second grades Chucks over bearing personality gave him quite a few enemies especially with girls, the pretty ones were afraid of him and the ugly ones got beat up by him. condemning unatractive people at such an early age proved to be a key relation to his antics later on in life. as a few psychologists on chucks case agreed it started when chuck now proclaimed "a future responsible man". by his father was asked to dispose of a retarded kitten one of seven wich all eventually dissapeared in a litter of his sisters momma cat Sno white. A Gunny sack in the river was expected not decappatation, cutting it's stomach out, spreading the innards on his face and Repeatedly running his tongue on it's rib cage. when Questioned of this by one of the psychologists Chuck Replied

Com boas intenções e percebendo traços de comportamento hiperativo e várias reclamações da escola, Mary Taylor dedicava muito tempo a ajudar Chuck para ficar mais relaxado. Afinal de contas, se "Valium ajudava o humor dela, por que não o do Chuck". As longas conversas e a atenção especial na hora da leitura pareciam ajudar um pouco, mas o efeito a longo prazo de calmantes pareceu agir de forma contrária em seu humor, de maneira forte, o que levou a muitas idas aos médicos para tratamento de hipertensão e das convulsões nervosas involuntárias. Chuck, agora com 9 anos de idade, estava muito acostumado a medicamentos.

Seu desempenho na escola era bom no jardim de infância, ele parecia ter alguns bons amigos, e sua disposição para aprender deu a ele o famoso comentário de sua professora, como "um prazer de se ter na aula". Mas, gradualmente, na primeira e segunda série, a personalidade prepotente de Chuck gerou alguns inimigos para ele, especialmente meninas – as bonitas tinham medo dele e as feias eram surradas por ele. Condenar pessoas não atraentes em uma idade tão jovem provou ser uma relação-chave para suas ações mais tarde na vida. Como alguns psicólogos no caso de Chuck concordaram, começou quando Chuck foi declarado "um futuro homem responsável" por seu pai, que pediu que ele se livrasse de um ~~gato~~ gatinho retardado, um de sete, os quais todos um dia desapareceram ~~também~~, de uma ninhada da gata de sua irmã, Snowhite. Um saco de pano no rio era esperado, não ~~cortar~~ decapitação, cortar sua barriga pra fora, espalhar as entranhas em seu rosto e repetidamente passar sua língua em sua caixa torácica. Quando questionado sobre isso por um dos psicólogos, Chuck respondeu:

"I wanted to see if the roof of my mouth felt the same as a rib cage, and you know what? it does! every body ~~has~~ in the world has rib cages in the roof of their mouths - cool huh? He also insisted that peas have mashed potatoes in them". His mother remembers "He seemed to have a different pet each month it wasn't until years after he moved out that we found all the animal bones in the basement."

Over looking his serious hyperactivity ~~people~~ kids that knew him couldn't help but admit that Chuck had a very bizarre yet funny sense of humor, this humor crowned him the ~~[illegible]~~ class cut up and falsely gave him friends who took advantage of him just to see the next gag which was always directed towards hurting, scaring or humiliating an individual, and by the 6th grade at age 12 ~~he~~ experienced his first expell from school by defacating in a paper towel and hurling it into the face of an unpopular teacher.

and when he was let back to school it was well worth it for he had even more attention from his peers."

"Eu queria ver se o céu da minha boca tinha a mesma textura que uma caixa torácica, e quer saber? Tem sim! Todo mundo ~~tem~~ no mundo tem caixas torácicas no céu da boca. Legal né?" Ele também insistiu que "ervilhas têm purê de batata dentro delas". Sua mãe lembra "Ele parecia ter um animal de estimação diferente todo mês. Só anos depois que ele saiu da casa que achamos todos os ossos de animais no porão".

Ignorando sua hiperatividade séria, ~~pessoas~~ crianças que conheciam ele tinham de admitir que Chuck tinha um senso de humor bizarro mas muito engraçado. Esse humor o coroou como o palhaço da ~~velha~~ turma na escola, e rendeu amigos falsos que tiravam vantagem dele apenas para ver a próxima piada, que era sempre focada em machucar, assustar ou humilhar um indivíduo. E na sexta série, com 12 anos de idade, ele teve a experiência de ser expulso da escola pela primeira vez, após defecar num papel toalha e arremessar na cara de um professor impopular.

E quando deixaram ele voltar à escola, valeu a pena, porque ele recebeu ainda mais atenção de seus colegas.

Elvis
Cooper

Aneurysm

Come on over & do the twist
over do it & have A fit
Come on over & shoot the shit
I love you so much it makes me
sick

she keeps it pumpin straight to my heart

"Aneurysm" (Aneurisma)

Venha aqui e faça o twist
Faça demais e fique irritado
Venha aqui e divirta-se
Eu te amo tanto que fico
doente

Ela faz bombear direto pro meu coração

SAPPY

And if you SAVE yourself
you will - think your happy
Hell keep you in A JAr
then youll - think your happy
Hell give you breather Holes
then youll - think your happy
Hell cover you in grass
then youll - think your happy now
(your in A laundry Room)
conclusion came to you AH

And if you HEAL yourself
you will make Him happy
youll wallow in your shit

And if you cure yourself

“Sappy” (Meloso)

E se você se salvar
Você vai – Achar que está feliz
Ele vai te manter num pote
Daí você vai – Achar que está feliz
Ele vai te dar buracos para respirar
Daí você vai – Achar que está feliz
Ele vai te cobrir de grama
Daí você vai – Achar que está feliz agora
(Você está numa lavanderia)
A conclusão chegou a você ah

E se você se curar
Você vai deixá-lo feliz
Você vai chafurdar em sua merda

E se você se curar

Verse chorus Verse

Neither side is sacred ~~theres no room~~ no one wants to win
feeling so sedated think I'll just give in
TAKin medication till our stomachs full
wouldnt wanna fake it - if I had A soul

The grass is greener over here
your the fog that keeps me clear
your the REASON I feel PAIN
~~grass is greener over there~~
~~...~~
~~...~~
~~roll around ... some more~~
~~...~~
feels so good to feel again
~~have to wonder why im green~~
~~I have to puke you out of me~~

Imodium H
Lithium SH
Dive H
polly S
SAPPY P
token Eastern song H
Verse chorus verse P
IN Bloom H
PAY to PLAY H
~~Not like them~~ S I think im dumb
Been A son P

maybe when Im younger Ill refuse to Grow
injecting ~~...~~ ~~Nutrition~~ progress moves too Slow
maybe when im older ill hold my stomach in ~~...~~
maybe when IM ready we could try Again

"Verse Chorus Verse" (Verso Refrão Verso)

Nenhum lado é sagrado ~~não há espaço para~~ ninguém quer vencer
Me sentindo tão sedado acho que vou sucumbir
Tomando remédios até a barriga ficar cheia
Não iria querer fingir – Se eu tivesse uma alma

A grama é mais verde aqui
Você é a neblina que me deixa limpo
Você é o motivo pelo qual sinto DOR
~~A grama é mais verde lá~~
~~Pegue os recortes em seu cabelo~~
~~[*ilegível*]~~
~~Vai rolar e coçar um pouco mais~~
~~Desenterre e queime tudo~~
A sensação tão boa de sentir de novo
Tenho que imaginar por que estou verde
Tenho que te vomitar para fora de mim

[*à esquerda*]
"Imodium" H
"Lithium" SH
"Dive" H
"Polly" S
"Sappy" P
"Token Easter Song" H
"Verse Chorus Verse" P
"In Bloom" H
"Pay to Play" H
~~"Not Like Thom"~~ S "I Think I'm Dumb"
"Been a Son" P

[*fim da página*]
Talvez quando eu for mais jovem vou me recusar a crescer
Injetando [*ilegível*] ~~nutrição progresso se move muito devagar~~
Talvez quando eu for mais velho ~~serei um de novo~~ manterei meu estômago dentro de mim
Talvez quando ~~você~~ eu estiver pronto nós possamos tentar de novo

CRYBABY JERKINS fouls it up AGAin
shake it off soy Boy
BIG DUMP
BENNY HANNAS Restaurant
DINNER COOKED Right at your TABLE. by Professional Chinese master Chef. Fudge
SPECIAL TODAY: fry BABYS ON TOAST with Juice
FWUMP
CRACK
sizzle pop
THUNDER CHICKEN
BeNNY HANNAS COOKED AT YOUR TABLE
Thunder CHICKEN 90¢ A Bottle
AAAA Fudge! Ize Be gittin my Busted chops Butcher cover profit from Glandular tubesteak LARVA, NO FUN! NO FUN! NO FUN!
sellin them DAMN Porcelin Ash trays SHAPED AS lungs fancys my NARDS
SHISTE! Now that the warehouse is completed, Sheet Rock copper wire & Round shiny slugs of metal from electrical outlets need to Be Picked up. the Molds of Porcelain were
soon to Be whittled, But Just iN the Nick of Time CRY BABY JeRKINS APPEARS AND will soon:
FOUL iT UP AGAIN
Disguised AS CORN-POOP
SATAN
SATAN
SATAN
SATAN
SATAN

Crybaby Jerkins caga tudo de novo

[*quadro 1*] Sai fora, guri
RESTAURANTE BENNY HANNAS
Jantar preparado bem na sua mesa. Por um chef chinês profissional.
Merda.
Especial de hoje: Bebê frito na torrada com suco
Preparado na sua mesa
Thunder Chicken 90 centavos a garrafa

[*quadro 2 – linha*] AAAAA Merda! Vou receber minha cobertura de lucro de piadinhas de larvas de cachorro-quente glandular, que saco! Que saco! Que saco!

[*quadro 3*] Vender esses malditos cinzeiros de porcelana em formato de pulmões me agrada.

[*quadro 4 e parte sinuosa*] Merda! Agora que o armazém está completo, gesso, fios de cobre e pedaços redondos e brilhantes de metal de tomadas elétricas precisam ser coletados. Os moldes de porcelana logo seriam talhados. Mas no último segundo Crybaby Jerkins aparece e logo vai CAGAR TUDO DE NOVO.

[*quadro 5*] Disfarçado de MILHO DE COCÔ

[*quadro 6*] SATÃ

Dive

Pick me - Pick me yeah
Let a low long signal
At ease at least yeah
everyone is Hollow
Pick me - Pick me yeah
everyone is waiting
Pick me - Pick me yeah
~~You we~~ you can even pay them
Hey
Dive Dive Dive Dive in me

Kiss this kiss that yeah
let a low long signal
At ease at ease yeah
You can be my Hero
Pick me pick me yeah
everyone is ~~Waiting Hollow~~ Waiting
Hit me Hit me yeah
~~I can even swallow~~
Im real good at Hating

"Dive" (Mergulho)

Me escolha – Me escolha yeah
Deixe um longo sinal baixo
À vontade pelo menos yeah
Todo mundo é oco
Me escolha – Me escolha yeah
Todos estão esperando
Me escolha – Me escolha yeah
~~Você vai~~ Você pode até pagá-los
Hey
Mergulhar mergulhar mergulhar mergulhar em mim

Beije este beijo que yeah
Deixe um longo sinal baixo
À vontade à vontade yeah
Você pode ser meu herói
Me escolha me escolha yeah
Todo mundo está ~~esperando oco~~ esperando
Bata em mim bata em mim yeah
~~Eu posso até engolir~~
Eu sou muito bom em odiar

Hi Eugene,
Im staying at a friends house here in Olympia listening to a crappy college radio show. Ive realized that its not because there are no good bands but because the DJs have Bloody awful taste in music. OH yes, and to prove my point, right now theyre playing a NIRVANA song from an old Demo.

Hows Captain America? I hear were playing some shows together when we go over to England. I cant wait! were really looking forward to it. all our friends will be there at Redding. mudhoney Babes in Toyland Sonic Youth, Iggy etc. A shure blow out!

Well, we won the WAR.

Patriotic propaganda is in full effect.

We have the privilege of purchasing Desert Storm trading cards, flags, bumperstickers and many video versions of our triumphant victory, When I walk down the street I feel like Im at a Nuremburg rally.

Hey, maybe Nirvana & Captain America could go on tour together in the States and burn American flags on stage. well be going out again in Sept If youre interested, I'll keep you posted. well, heres the live Mollys lips 7" I find it embarrasing because its just simply a bad version but it was a great privilege to play one of your Songs and to play together at a show and to meet you all. It was easily the "GREATEST MOMENT of My life

[24]Oi, Eugene

Estou ficando na casa de um amigo aqui em Olympia, ouvindo um programa de rádio ruim de colagens. Percebi que não é porque não há bandas boas, mas porque os DJs têm um gosto musical terrível. AH, sim, e para provar o que estou dizendo, agora estão tocando uma [~~*ilegível*~~] música do NIRVANA de uma demo antiga.

Como está Captain America? Ouvi dizer que vamos tocar em uns shows juntos quando formos para a Inglaterra. Mal posso esperar! Estamos realmente animados para isso. Todos os nossos amigos estarão lá no Reading. Mudhoney, Babes in Toyland, Sonic Youth, Iggy etc. Uma festa com certeza!

Bem, vencemos a guerra.

A propaganda patriótica está plenamente efetiva. Temos o privilégio de comprar e colecionar cartas da série Desert Storm, bandeiras, adesivos de para-choque, e muitas versões em vídeo de nossa vitória triunfante, quando eu ando pela rua sinto como se estivesse em um comício em Nuremburg.

Ei, talvez o Nirvana e o Captain America possam fazer uma turnê juntos nos EUA e queimar bandeiras americanas no palco. Vamos viajar de novo em setembro, se você estiver interessado, eu te aviso. Bem, aqui está o single ao vivo com "Molly's Lips". Acho vergonhoso, porque é simplesmente uma versão ruim, mas foi um enorme privilégio tocar uma das suas músicas e tocarmos juntos em um show e conhecer vocês todos. Foi com certeza o "MELHOR MOMENTO DA MINHA VIDA".

24 Carta para Eugene Kelly, da banda escocesa The Vaselines, que era uma das favoritas de Kurt. Kelly posteriormente foi integrante das bandas Captain America e Eugenius.

The Vaselines have been my favorite #1 band for a long while now and and Geez. I cant wait to see you all soon and thanks for writing.

I got evicted from my apt. I'm living in my car so I have no address but here's chris's phone number for messages

your pal Kurdt

Derek

O Vaselines é a minha banda número 1, minha favorita há muito tempo já, e nossa. Mal posso esperar para ver vocês todos logo e obrigado por escrever.

Eu fui despejado do meu apartamento. Estou morando no meu carro e com amigos então não tenho endereço mas aqui está o número de telefone do Chris para mensagens.

Seu amigo Kurdt

Derek

1 Stooges - Raw power
2 Beatles - ~~meet the Beatles~~ Something new
3. Leadbellys last sessions
4 Scratch Acid - 1st EP
5. Butthole surfers - 1st EP
6. Vaselines - 1st EP
7. Fang - Land Shark
8 Smithereens - especially for you
9 Tales of terror - tales of terror
10. Pixies - Surfer Rosa
11. mudhoney - Superfuzz Bigmuff
12. Flipper - Generic flipper
13. Black flag - my war
14 Black Sabbath - master of Reality
15. credence Clearwater - Bayou
16 Blue cheer - Vincebus eruptum
17. The Knack - Get the Knack
18. Saccharin trust - 1st EP
19. Roy Orbison - greatest hits
20 Gang of four - Entertainment
21. Wipers - ~~Youth of America~~ is this real
22. Shocking Blue - Shocking Blue
23. Bad brains - Rock for light
24. Beat Happening - Jamboree
25. Aerismith - Rocks
26. Shonen Knife - K cassette burning farm
27. young marble Giants - ymg
28. velvet underground - white light white heat
29. Sex pistols - never mind the Bollocks

1. The Stooges – *Raw Power*
2. The Beatles – ~~*Meet the Beatles*~~ *Something New*
3. Leadbelly – *Last Sessions*
4. Scratch Acid – 1º EP
5. Butthole Surfers – 1º EP
6. Vaselines – 1º EP
7. Fang – *Landshark*
8. Smithereens – *Especially for You*
9. Tales of Terror – *Tales of Terror*
10. Pixies – *Surfer Rosa*
11. Mudhoney – *Superfuzz Bigmuff*
12. Flipper – *Generic Flipper*
13. Black Flag – *My War*
14. Black Sabbath – *Master of Reality*
15. Creedence Clearwater Revival – *Bayou Country*
16. Blue Cheer – *Vincebus Eruptum*
17. The Knack – *Get the Knack*
18. Saccharine Trust – 1º EP
19. Roy Orbison – *Greatest Hits*
20. Gang of Four – Entertainment
21. Wipers – ~~Youth of America~~ *Is This Real?*
22. Shocking Blue – *Shocking Blue*
23. Bad Brains – *Rock for Light*
24. Beat Happening – *Jamboree*
25. Aerosmith – *Rocks*
26. Shonen Knife – *Burning Farm*, cassete da K Records
27. Young Marble Giants – *YMG*
28. The Velvet Underground – *White Light/White Heat*
29. Sex Pistols – *Never Mind the Bollocks, Here's the Sex Pistols*

Disclaimer

- [ ] I am threatened by ridicule
- [ ] I am overly concience of the sincerity in my voice.
- [ ] I like to have sex with people
- [ ] I love my parents yet I disagree with merely everything they stand for.
- [ ] I understand and appreciate the ~~value of~~ religion for ~~some people~~ others.
- [ ] my emotions are affected by music.
- [ ] punk rock means freedom
- [ ] I use bits and pieces of others personalities to form my own.
- [ ]
- [ ]
- [ ]

□ Eu sou ameaçado pela chacota

□ Eu tenho uma consciência excessiva ~~de sin~~ da sinceridade da minha voz.

□ Eu gosto de transar com ~~out~~ pessoas

□ Eu amo meus pais, mas discordo de basicamente tudo o que eles defendem.

□ Eu entendo e aprecio o valor da religião para ~~algumas pessoas~~ os outros.

□ Minhas emoções são afetadas pela música.

□ Punk rock significa liberdade.

□ Eu uso traços das personalidades dos outros para formar a minha própria.

Hi, I like punk rock more than anything in the whole wide world. and so I thought I'd would xerox words on paper & staple them together and sell them to punk Rockers & others who dont know much about punk Rock and for those who dont care or who dont deserve the privilege and also to those who are Bored with it.

I Also dont know very much about punk Rock

As far as the History is concerned But I do have an opinion on what punk rock means to me it means freedom from:

Well, me too. I'm bored or just uninspired. maybe were just takin a break, a rest or recovery from Hardcore. I never really liked hardcore, mainly because it was too macho and there were so many intimidating rules. I remember when I first started hanging out with friends who were a few months more advanced in proper punk rock lingo & ettiquette, I said, "hey lets listen to some punk," and this guy said "man its not called punk anymore its called HARD CORE!" Gee, I felt like a heel. HARD CORE was an obvious mutation of 77 punk because punk popularity reached the suburbs and then all of a sudden Jocks who already had short hair from the wrestling team got involved because

Oi, eu gosto de punk rock mais que qualquer outra coisa no mundo. Então achei que seria legal fazer xerox de umas palavras no papel e grampeá-las juntas e vendê-las para fãs de punk rock e outros que não sabem muito sobre punk rock e para aqueles que não se importam ou não merecem o privilégio e também para aqueles que estão Entediados com isso.

Eu também não sei muito sobre punk rock.

Bem, eu também. Estou entediado ou talvez sem inspiração. Talvez estejamos dando um tempo, um descanso, uma recuperação do Hardcore. Eu nunca gostei de verdade de hardcore, principalmente porque era muito machão e tinha muita intimidação, regras. Eu lembro quando comecei a passar tempo com amigos que estavam alguns meses mais avançados em jargão e etiqueta punk rock, eu disse, "Ei, vamos escutar punk", e um cara me disse, "Cara, não é chamado punk mais, é chamado HARDCORE!".

Nossa, eu me senti irresponsável. HARDCORE era uma óbvia mutação de punk porque a popularidade do punk alcançou os subúrbios e daí de repente universitários que já tinham cabelo curto por causa do time de luta livre se envolveram porque

---

[*à esquerda*] no que diz respeito à história mas eu ~~não~~ tenho ~~por que~~ uma opinião sobre o que o punk rock significa para mim, significa liberdade de...

it was supposedly an easy energy release and an excuse to fight. I could probably explain why I never liked hardcore in a million different ways but lets just say it wasn't my cup of TEA, All you have to do is read ~~AT~~ the letter section from MAXIMUM ROCK-n+ROLL from the PAST 6 years and you may understand what I mean.

era supostamente uma forma fácil de liberar energia e uma desculpa para lutar. Eu provavelmente poderia explicar por que eu nunca gostei de hardcore de um milhão de maneiras diferentes, mas vamos apenas dizer que não era a minha praia. Tudo o que você tem que fazer é ler ~~no~~ uma sessão de cartas da *Maximum Rock'n'Roll* dos últimos 6 anos e talvez entenda o que quero dizer.

Dispensable as recycled toilet tissue, they breed like rabbits and their hands will be sent back attached to key chains. If Jimmi Hendrix were alive he would more than likely have a long back (bi level) hair cut and slick, sequin threads sporting a new Aerodynamic-90's guitar with zebra stripes and a pointy headstock. Iggy pop at a recent gig in L.A. Jammed with slash from Guns n roses on a 20 minute rendition of louie louie.

The journalist left a red circle, imprint from the camera lens on the forehead of a mother who has 5 sons in the persian gulf. she was asked to describe just exactly how she feels of this situation while holding her sons military portraits in her lap. A standent listening to old R.E.M watches the mother on T.V. and becomes exited by the idea that has just burst from his environmentally & socially deranged mind: "maybe there will be reason now for A revolution!

I like following the rise of entertainers careers while they struggle to make it, ~~while in their early to late twenties~~. I like to know everything about them, and if enough information isn't available, then tabloids will be sufficent. I like punk rock. I like girls with weird eyes. I like drugs. I like passion. I like things that are built well. I like innocence. I like and am grateful for the blue collar worker whos existence allows Artists to not have to work at menial jobs. I like killing gluttony. I like playing my cards wrong.

But my body And mind won't Allow me to TAKE them

Dispensáveis como lenço de papel reciclado, eles se reproduzem como coelhos, e suas mãos serão devolvidas anexadas a chaveiros. Se Jimi Hendrix estivesse vivo ele muito provavelmente teria um cabelo de dois níveis (comprido atrás) e roupas estilosas de paetê com uma guitarra nova Aerodynamic dos anos 90 com listras de zebra e uma mão pontuda. Iggy Pop em um show recente em Los Angeles tocou com Slash do Guns N' Roses em uma versão de 20 minutos de "Louie Louie".

O jornalista deixou um ~~círculo~~ círculo vermelho, impressão da lente da câmera, na testa de uma mãe que tem 5 filhos no golfo Pérsico. Pediram para ela descrever exatamente como se sente a respeito dessa situação enquanto segurava os ~~dela~~ retratos militares dos filhos dela em seu colo. Um estudante escutando R.E.M. das antigas assiste à mãe na TV e fica excitado com a ideia que acabou de surgir de sua mente ambientalmente e socialmente ~~consciente~~ [*ilegível*]: "Talvez agora haverá um motivo para uma REVOLUÇÃO!".

Eu gosto de acompanhar a ascensão da carreira de artistas enquanto eles tinham dificuldade ~~não~~ para conseguir sucesso, ~~enquanto tinham uns vinte anos~~. Eu gosto de saber tudo sobre eles e, se não houver informação suficiente, então tabloides serão o suficiente.

Eu gosto de punk rock. Eu gosto de garotas com olhos esquisitos. Eu gosto de drogas. [*à esquerda*] Mas meu corpo e minha mente não me permitem tomá-las Eu gosto de paixão. Eu gosto de coisas que são bem-feitas. Eu gosto de inocência. Eu gosto e sou grato por todos da classe trabalhadora cuja existência permite que artistas não tenham que trabalhar ~~nesses~~ em empregos degradantes. Eu gosto de matar a gula. Eu gosto de tomar decisões erradas.

I like various styles of music. I like making fun of musicians whom I feel pladgerise or offend music as art by exploiting pushing their embarrasingly, pathetic versions of their work. onto ~~people~~ the public. I like to write poetry. I like to ignore other's poetry. I like vinyl. I like nature and animals. I like to swim. I like to be with my friends. I like to be by myself. I like to feel guilty for being a white, American male.

I love to sleep. I like to fill my mouth with seeds and spit them out at random as I walk. I like to taunt small, barking dogs in parked cars. I like to make people feel happy and superior in their reaction towards my appearance. I like to feel predjudice towards people who are predjudice. I like to make incisions into the belly of infants then fuck the incisions until the child dies.

I like to dream that someday we will have a sense of Generational Solidarity amongst the youth of the world. I like to make insidious efforts to avoid conflict. I like to have strong opinions with nothing to back them up with besides MY PRIMAL sincerity.

I like sincerity. I LACK sincerity. these are not opinions. these are not words of wisdom, this is a disclaimer, a disclaimer for my lack of education, for my loss of inspiration, for my unnerving quest for affection and my perfunctory shamefullnes ~~or~~ towards many who are of my relative age. Its not even A poem. its JUST A Big pile of shit like ME.

Eu gosto de vários estilos de música. Eu gosto de tirar sarro de músicos que eu acho que plagiam ou ofendem a música como arte ao explorar e empurrar ~~pessoas~~ ao público suas versões patéticas e vergonhosas do trabalho dos outros. Eu gosto de escrever poesia. Eu gosto de ignorar a poesia dos outros. Eu gosto de vinil. Eu gosto da natureza e de animais. Eu gosto de nadar. Eu gosto de estar com meus amigos. Eu gosto de ser eu mesmo. Eu gosto de me sentir culpado por ser um homem branco americano.

Eu amo dormir. Eu gosto de encher minha boca de sementes e cuspi-las aleatoriamente enquanto eu ando. Eu gosto de provocar cachorros pequenos que ficam latindo em carros estacionados. Eu gosto de fazer as pessoas se sentirem felizes e superiores em sua reação à minha aparência. Eu gosto de sentir preconceito contra pessoas que são preconceituosas. Eu gosto de fazer incisões nas barrigas de crianças daí transar com a incisão até a criança morrer. Eu gosto de sonhar que algum dia nós teremos um senso de solidariedade geracional entre os jovens do mundo. Eu gosto de fazer esforços traiçoeiros para evitar conflito. Eu gosto de ter opiniões fortes com nada para apoiá-las além de [~~*ilegível*~~] minha sinceridade primal.

Eu gosto de sinceridade. Me falta sinceridade. Estas não são opiniões. Estas não são palavras de sabedoria. Isto é um termo de responsabilidade pela minha falta de educação, pela minha perda de inspiração, pela minha busca desconfortante por afeição e a vergonha rotineira que sinto ~~pela~~ da maioria das pessoas com minha idade. Nem é um poema. É só uma pilha enorme de merda, como eu.

I like to complain and do nothing to make things better. I like to blame my parents generation for coming so close to social change then giving up after a few successful efforts by the media & Government to deface the movement by using the mansons and other Hippie representatives as propaganda examples on how they were nothing but unpatriotic, communist, satanic, inhuman diseases. and in turn the baby boomers become the ultimate, conforming, yuppie hypocrites a generation has ever produced.

I like to calmly and rationally discuss my views in a conformist manor even though I consider myself to the extreme left.
I like to infiltrate the mechanics of a system by posing as one of them, then slowly start the rot from the inside of the empire.

I like to ASSASINATE the lesser & greater of two evils.

I like to impeach God.

I like to Abort christ.

I like to fuck sheep.

I like the comfort in knowing that women are Generally superior, and Naturally less violent than men.

natural
less
violent

I like the comfort in knowing that women are the only future in rock and roll.

Eu gosto de reclamar e não fazer nada para melhorar as coisas. Eu gosto de culpar a geração dos meus pais por chegar tão perto da mudança social ~~e moral~~ e daí desistir após alguns esforços bem-sucedidos da mídia e do governo para estragar o movimento [~~*ilegível*~~] usando os Mansons ~~como~~ e outros representantes hippies ~~exemplos~~ como exemplos de propaganda para mostrar como não eram nada além de doenças antipatriotas, comunistas, satânicas e desumanas. Enquanto isso, os baby boomers se tornaram os maiores conformistas, yuppies hipócritas que uma geração já produziu.

Eu gosto de tranquila e racionalmente discutir minhas opiniões em uma maneira conformista mesmo que eu me considere de extrema-esquerda.

Eu gosto de me infiltrar no mecanismo de um sistema fingindo ser parte dele. Daí lentamente começar a apodrecer por dentro do império.

Eu gosto de [~~*ilegível*~~] assassinar o menor e o maior de dois males.

Eu gosto de fazer impeachment contra Deus.

Eu gosto de abortar Jesus Cristo.

Eu gosto do conforto de saber que mulheres são ~~majoritariamente~~ geralmente superiores, ~~fisicamente mais fracas~~ e naturalmente menos violentas que homens.

Eu gosto do conforto em saber que mulheres são o único futuro do rock-and-roll.

[*à esquerda*] natural menos violentas

[*de cabeça para baixo*] Vodu assombrado

I like the comfort in knowing that the Afro American invented Rock and roll yet has only been rewarded or awarded for their accomplishments when conforming to the white mans standards.

I like the comfort in knowing that the Afro American has once again been the only race that HAS brought a new form of original music to this decade: i.e. hip hop/RAP.

Censorship is VERY AmeriCAN.

I have met many minds able to store and translate a pregnantly large amound of information, yet they havent an ounce of talent for wisdom or the appreciation of passion.

The conspiracy towards success in great america (the) is immediacy. To expose repetition to the minds of small attention spans. fast, speedy, Now with even more NAcho cheese flavor! here today, gone tomorrow because yesterdays following WAS nothing more than a tool in every individuals need for self importance, entertainment and social rituals. Art that has long lasting VAlue cannot be appreciated by majorities. only the same, small percent will VAlue ARts patience as they always have. this is good. the ones who are unaware do not deserve false suggestions in their purchasing duties.

tips

Eu gosto do conforto de saber que o afro-americano inventou o rock-and-roll ~~e~~ ainda assim só foi recompensado ou premiado por suas conquistas quando se encaixou nos padrões do homem branco.

Eu gosto do conforto de saber que o afro-americano mais uma vez foi a única raça que trouxe uma nova forma de música original para esta década: hip-hop/rap.

Censura é MUITO americana.

Eu já conheci muitas mentes capazes de armazenar e traduzir uma quantidade enorme de informação, ainda assim não têm um pingo de talento para a sabedoria ou a apreciação da paixão.

A conspiração para o sucesso na América [~~uhmericuh~~] é o imediatismo. Expor com muita repetição às mentes com baixa capacidade de concentração. Rápido, acelerado, agora com ainda mais sabor de queijo nacho! Aqui hoje, longe amanhã, porque os seguidores de ontem não eram nada mais que ferramentas na necessidade de todo indivíduo de se sentir importante, entretido e ter rituais sociais. ~~Coisas~~ Arte que tem valor duradouro não pode ser apreciada [~~*ilegível*~~] pela maioria. ~~Porque~~ Apenas a mesma porcentagem pequena vai ~~apreciar~~ valorizar arte e paciência como sempre fizeram. Isso é bom. Aqueles que estão desatentos não merecem sugestões falsas em seus deveres de compras.

[*à esquerda*] dicas

~~music has absolutely nothing to do with a musicians personal beliefs, its not an~~ extention of ~~personality~~

Scenarios revolve. verbal communication is exhausted. sit coms are scenarios and so is our conversation.

our party gathers out of boredom. role playing for affection & acceptance and to disinfect nagging germs ending in silence, and accomplishment-produced violations on those who werent here to play. they were invited, maybe in a museum far from now.

I Am now in my sad stage, before it was naive hate. I want to be the first to discover and discard before its popularity. Tomorrow the I wont care stage is predicted, and im not looking forward to it. maybe vegetables will diffuse the chemicals i produce inside me, an easy excuse, (these chemicals.) I rarely use my instrument. it used to be so exciting. working on music is not a chore. Its now a waste of time to practice. Every other month I buy the results from the Air.

Ask not what you can do to your rock star.

~~Música não tem nada a ver com as crenças pessoais de um músico, não é uma extensão da personalidade ou uma história de [*ilegível*] de onde o sentimento vem~~

Cenários mudam. Comunicação verbal está esgotada. Séries de comédia são cenários e nossa conversa é também. ~~Juntar~~

~~Para um grupo se juntar~~

Nosso grupo se junta ~~para congregar em~~ por puro tédio. Interpretando personagens por afeto e aceitação e para desinfetar germes irritantes terminando em silêncio e violações produzidas por realização sobre aqueles que não estavam aqui para interpretar.

Eles não foram convidados, talvez estejam em um museu longe do agora.

Agora estou ~~triste~~ na minha fase triste, antes era ódio ingênuo. Eu quero ser o primeiro a descobrir e descartar antes de ficar popular. Amanhã o estágio "eu não me importo" é previsto, e não estou ansioso por isso. Talvez verduras vão disseminar os produtos químicos ~~nos quais eu produzo~~ que eu produzo dentro de mim. Uma desculpa fácil, (esses produtos químicos.) Eu raramente ~~toco meu~~ uso meu instrumento. Costumava ser tão empolgante.

Trabalhar com música não é um afazer. É um desperdício de tempo ensaiar agora. A cada dois meses eu compro os resultados do ar.

Não pergunte o que você pode fazer por seu rock star.

NIRVANA

Order Sheet

Stickers
2.00
whole
Dollars

T-Shurts

L or XL

if you send $15.00 A peace

you'll recieve A FREE T-shirt

Dont Buy this one

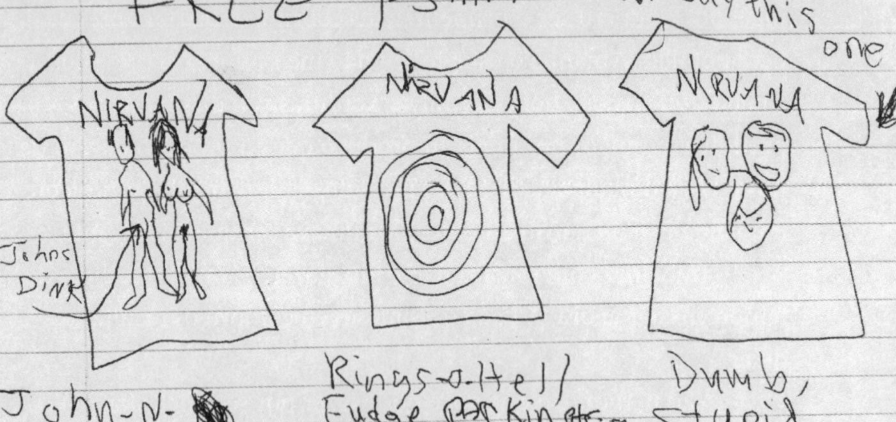

Johns Dink

John-N-Bruce-o

Rings-o-Hell
Fudge packin

Dumb, stupid, ugly Faces of us.

Backs say sub-pop

NIRVANA

Lista de pedidos

Camisetas

G ou GG

Adesivos
2 dólares
redondos

Se você enviar $15,00 por cada você receberá uma camiseta grátis
Não compre esta

[*à esquerda, texto apontando para a primeira camiseta*] pinto do John

[*abaixo da primeira camiseta*] John-N-[~~*ilegível*~~] Bruce-O

[*abaixo da segunda camiseta*] Anéis-do-inferno "Fudge-packin" etc.

[*abaixo da terceira camiseta*] Nossas caras estúpidas e feias

[*no retângulo*] "Sub-Pop" nas costas

A manic depressive on smack floating in A WArm depreuAtion tank, singing leonard cohen, masturbating, watching golfers fish while dreaming of A stamp Collection.

best,

the King of words is: EVERYthing

I can only fuck and Sing.
HAve you ever felt like you cared so much that you wanted to kill your Germs?

who will be the King and Queen of the outcasts?

I've lost my MIND many times, and my wallet many more.
IN the simplest terms:

1 Dont RAPE
2 Dont be predjudice
3 Dont be Sexist
4 Love your children
5 Love your Neighbor
6 Love yourself
Dont let your opinions obstruct the Aforementioned list

[~~*ilegível*~~]

Um maníaco-depressivo usando heroína flutuando em um quente ~~um~~ tanque de isolação, cantando Leonard Cohen, se masturbando, assistindo a jogadores de golfe pescando enquanto sonha com uma coleção de selos.

[~~*ilegível*~~]

O rei das palavras é: TUDO.

Eu só consigo transar e cantar.

Você já sentiu que se importa tanto que queria matar ~~tudo~~ seus germes?

Quem será o rei e a rainha dos exilados?

Eu perdi minha **CABEÇA** muitas vezes, e minha
carteira muitas mais.
Em termos simples:
[~~*ilegível*~~]

1 Não estupre
2 Não seja preconceito
3 Não seja sexista
[~~*ilegível*~~]
4 Ame seus filhos
5 Ame seu vizinho
6 Ame você mesmo
Não deixe suas opiniões obstruírem a lista mencionada acima

I was about 13 and going through the common ~~[illegible]~~ prepubescent, hate your parents, wish you could still play with dolls but instead, feel unusually weird around girls-syndrome.

I was a rodent-like, underdeveloped, hyperactive spaz who could fit his entire torsoe in one leg of his bell bottomed jeans, and I was frustrated, I needed to let off some steam.

I went to the movies with my friends.

we saw "Over the Edge."

Over the edge is a ~~[illegible]~~ story of troubled youth, vandalism, parental negligence, and most importantly ~~[illegible]~~ realestate development dysfunctional families

Eu tinha uns 13 anos e estava passando pela comum síndrome ~~da quase puberdade~~ pré-adolescente de odiar seus pais e querer ainda poder brincar com bonecos; mas, em vez disso, me sentia estranho perto de meninas.

Eu era um moleque subdesenvolvido e hiperativo, com cara de roedor, que podia colocar todo o seu tronco em uma perna de sua calça boca de sino. E ficava frustrado. Eu precisava liberar um pouco de energia. Fui ao cinema com meus amigos. Nós vimos *A Um Passo do Abismo*.

A Um Passo do Abismo é ~~um filme~~ uma história de juventudes perturbadas, vandalismo, negligência familiar e, o mais importante, ~~amor~~ desenvolvimento imobiliário

famílias disfuncionais

Its fine in A sense that you can make A comfortable living At it – ~~but other than that its not [illegible] appealing too appealing of a profession.~~ But besides financial security it really isnt that wise of a profession. one of the main problems I have is that ~~because~~ I feel like im being evaluated 24 hrs A day, being in A Band ~~this~~ is hard work and the acclaim itself just isnt worth it unless you still like playing And I do god how I do love playing live, its the most primal form of energy release you can share with other people besides having sex or taking drugs. so if you see A good live show on drugs and then later that evening have sex, youve basically covered All the bases of energy release, And we All need to let off steam, its easier and safer than protesting Abortion clinics ~~or~~ praising God or wanting to hurt your Brother

so go to A show dance around A Bit and copulate

Tudo bem de certa forma que você pode ganhar o suficiente para sobreviver disso – ~~mas além disso não é uma profissão tão atraente~~. Mas além da segurança financeira realmente não é uma profissão muito sábia.

Um dos principais problemas que eu tenho é que ~~porque~~ eu sinto que estou sendo avaliado 24 horas por dia, ~~isto~~ estar em uma banda é trabalho duro e a aclamação por si só não vale a pena a não ser que você ainda goste de tocar e eu gosto meu deus como amo tocar ao vivo, é a forma mais primitiva de liberar energia que você pode dividir com outras pessoas além de sexo ou drogas. Então se você vê um bom show enquanto toma drogas e depois na mesma noite transa, você basicamente fez tudo o que pode ser feito para liberar energia, e todos precisamos soltar energia. É mais fácil e mais seguro que fazer protestos em clínicas de aborto ou venerar Deus ~~ou~~ querer machucar seu irmão então vá a um show dance um pouco e copule

Primary

The second time we broke it off
I lost a voice sincerity was washed
I love myself better than you - I know its
wrong so what should I do?

Im on a plaine - I cant complain

The 18th time we broke it off
I heard a noise so we burnt a cross
we walked hand in hand in our parade
took off our robes and began rape

you stole things from me - All Apologies
I stole things from you - I will stand accused
what else can i do - I belong to you
what else can there be - All Apologies

what else can I say - All my words are grey
what else should I write? - I dont want to fight
how else could I feel? - All our lips are sealed
what do you expect? - Im a nervous wreck

in the sun in the sun i feel as one
in the sun in the sun Im married
marriage
yeah yeah yeah yeah

"Primary" (Primário)

A segunda vez que rompemos
Eu **perdi** uma voz sinceridade foi lavada
Eu me amo mais que você – Eu sei que é
Errado então o que devo fazer?

Eu estou numa planície – Não posso reclamar

Na 18ª vez que rompemos
Ouvi um barulho então nós ~~fechamos~~ queimamos uma cruz
Nós andamos de mãos dadas no nosso desfile
~~Nós~~ Tiramos nossas roupas e começamos a estuprar

Você roubou coisas de mim – Só desculpas
Eu roubei coisas de você – Vou ser acusado
O que mais posso fazer – Eu pertenço a você
O que mais pode haver – Só desculpas

O que mais posso dizer – Todas as minhas palavras são cinza
O que mais devo escrever? – Eu não quero brigar
O que mais eu poderia sentir? – Todas as nossas bocas estão fechadas
O que você espera? – Eu sou uma pilha de nervos

No sol no sol me sinto como um
No sol no sol eu sou casado
casamento
Yeah Yeah Yeah Yeah

NOT Finished

I Think ~~I~~ Im Dumb

mollys lips
Slushy - VAselines

~~I~~m not like them - but ~~I~~ can pretend
the sun is Gone - but I have A light
the day is done - but im having fun
I think im dumb - or maybe just happy

my heart is broke but I have some Glue
Help me inhale & mend it with you
well float Around & hang out on clouds
then well come down & have A hangover

Skin the sun & fall Asleep
breathe AWAY - ~~your~~ the soul ~~[illegible]~~ ~~cheap~~ is weak
lesson learned - ~~wake me up~~ ~~roll & fuck~~ wish me luck
Soothe the burn - WAke me up

"Not Finished" (Não Acabada)

Eu acho que sou burro

"Molly's Lips Slushy" - Vaselines

Eu não sou como eles – Mas posso fingir
O sol se foi – Mas tenho um isqueiro
O dia acabou – Mas estou me divertindo
Eu acho que sou burro – Ou talvez só feliz

Meu coração está partido mas eu tenho cola
Me ajude a inalar e repará-lo com você
Vamos flutuar por aí e passar um tempo nas nuvens
Daí vamos descer e ter uma ressaca

Esfolar o sol e dormir
~~Queime~~ Respire – ~~Você~~ A alma [~~*ilegível*~~] ~~barata~~ é fraca
Lição aprendida – ~~Me acorde~~ [~~*ilegível*~~] Me deseje sorte
Alivie a queimadura – Me acorde

Ive been told that an artist is in need of
constant tragedy to fully express their work,
but Im not an artist and when I say I
in a song, that doesnt neccesarily mean
that person is me and it doesnt mean
im just a story teller, it means whoever
or whatever you want because everyone
has their own definition of specific words
and when your dealing in the context of
music you cant expect ~~universal meanings~~ words *
to have the same meaning as in everyday
use of our vocabulary because I consider music
art and when I say "that song is art"
I dont mean in comparison to A painting
because I feel the visual arts are not nearly
as sacred as the transcribed or Audio commun
ications, but it is art and
~~our was a more tragic loss this~~
~~society has~~ I feel this society ~~and other~~
somewhere has lost its ~~most valuable~~ sense
of what art is, Art is expression.
in expression you need 100% full freedom
and our freedom to express our
Art is seriously being fucked
with. FUCK, the word fuck has
as many connotations as does the
word Art and ~~Im~~ far beyond
the point of sitting down and casually
~~explaining~~ complaining about this problem to the
Right wing control freaks who Are
the main ~~objectors~~ offenders of destroying

Já me disseram que um artista tem a necessidade de tragédia constante para conseguir expressar plenamente seu trabalho, mas eu não sou um artista e quando digo "eu" em uma música, não significa necessariamente que ~~aquela~~ a pessoa sou eu, e não significa que sou apenas um contador de histórias, significa quem ou o que você quiser porque todo mundo tem sua própria definição de palavras específicas, e quando você lida com o contexto da música você não pode esperar ~~significados universais~~ que palavras* tenham o mesmo significado que no uso cotidiano do nosso vocabulário porque eu considero música arte e quando eu digo "aquela música é arte" eu não quero dizer isso em comparação a uma pintura porque eu sinto que as artes visuais não são nem de perto tão sagradas quanto as transcritas ou as comunicações por áudio, mas é arte e ~~se algum dia houve uma perda mais trágica para essa sociedade~~ eu sinto que esta sociedade ~~e outras~~ em algum lugar perdeu seu ~~mais valioso~~ sentido do que é arte, arte é expressão.

Na expressão você precisa de 100% de total liberdade e nossa liberdade de expressar nossa arte está sendo seriamente fodida com FODA, a palavra foda tem tantas conotações quanto a palavra arte e eu ~~não~~ estou muito além do ponto de sentar e casualmente ~~expor~~ reclamar deste problema para os maníacos por controle da direita que são os principais ~~opositores de~~ ofensores da destruição

Art. I won't calmly and literally complain to YOU! I'm going to fucking kill. I'm going to fucking Destroy your MACHO, SAdistic, Sick Right wing, religiously Abusive opinions on how we As A whole should operAte According to YOUR conditions. before I die many will die with me and they will deserve it. see you IN Hell

love kurdt
kobain

thanks for the TRAgedy I need it for my Art.

punk Rock is Art

punk Rock to me means freedom. the only problem ive had with the situAtionists ethic punk rock is that Absolute denial of Anything sacred, I find a few things sacred such as the superiority of women and the negro contribution to Art. I guess what im SAying is that Art is SAcred.

punk rock is freedom

expression And right to express is vital Anyone CAN be artistic..

da arte. Eu não ~~posso~~ vou calmamente e literalmente reclamar para **VOCÊ!** Eu vou matar, porra. Antes de eu morrer destruirei suas opiniões de merda, machistas, sadistas, doentias, de direita, religiosamente abusivas sobre como nós devemos operar de acordo com as suas condições.

Muitos morrerão comigo e eles vão merecer. Te vejo no inferno.

Com amor,

Kurdt Kobain

Obrigado pela tragédia eu preciso disso para minha arte.

Punk rock é arte ~~o problema~~

Punk rock para mim significa liberdade. O único problema que eu já tive com os situacionistas ~~no~~ da ética punk rock é a negação absoluta de qualquer coisa ~~é~~ sagrada. Eu considero ~~muitas~~ poucas ~~das~~ coisas sagradas [~~*ilegível*~~] como a superioridade ~~das mulheres e dos negros e das coisas que eles~~ do que as mulheres e os negros já contribuíram para a arte. Eu acho que o que quero dizer é que arte é sagrada.

Punk rock é liberdade

Expressão e o direito de expressar são vitais.

Qualquer um pode ser artístico.

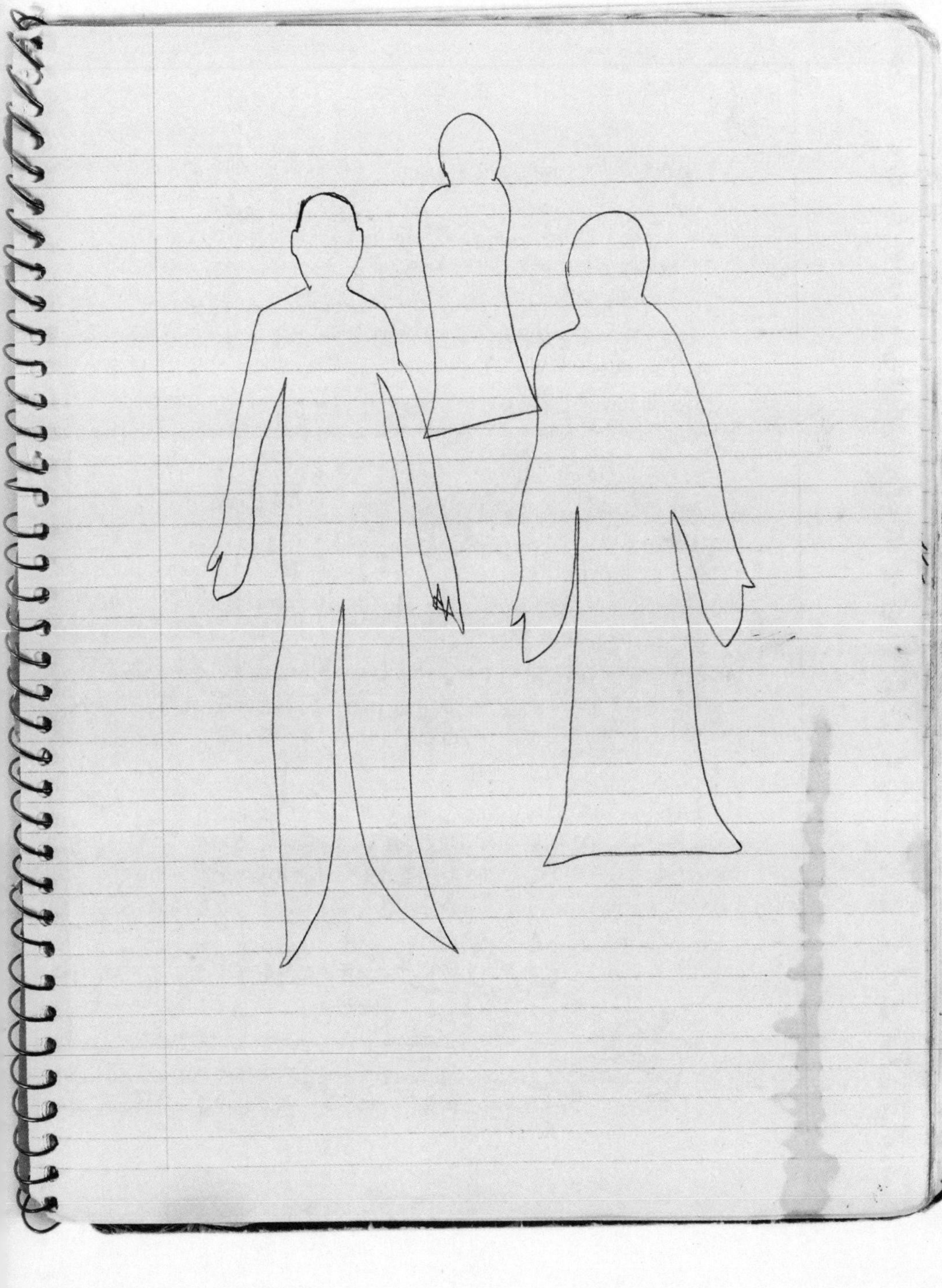

disparagement—Belittlement

I have alot to say, but ill leave that to you, Ill leave that to those who have the ability to expound their whines better than I. The facts to back up the complaints and the patience to debate, the impossible deprogramming of the plantation owners, their workers and their slaves. The slaves born into their world un-questioning, unaware through their generations acceptance of "thats just the way it is", stripped of culture in the pen, bred in a pen and losing ink, but refilling to pray of disposable goods and pray of the dispensable through the faith given by the feudal Lords, "take it or leave it." "like it or lump it." "I brought you into this world and ill take you out." "Ill be the judge of that." No instinct to escape, crawling over eachother in an overly populated tank, just lying there waiting to be fed eating more than you need and wanting more cause you never know if its ever going to come again. Breeding & eating & waiting & complaining & praying,

impulse

menosprezo-desprezo

Eu tenho muito a dizer, mas vou deixar para você, vou deixar para aqueles que têm a habilidade de **expor** suas reclamações melhor que eu. Os fatos apoiam as reclamações e a paciência para debater a desprogramação dos donos de plantações, ~~e~~ seus trabalhadores e seus escravos. Os escravos nasceram no mundo deles ~~indiscut~~ sem questionar, ~~não~~ e sem consciência por meio da aceitação de sua geração de que "é assim que as coisas são", privados de sua cultura por seu cárcere, reproduzidos no cárcere e perdendo sua cor, sendo preenchidos novamente ~~e~~ para rezar por bens descartáveis e rezar pelo dispensável através da fé dada pelos senhores feudais, "é pegar ou largar", "goste ou não". "Eu te coloquei neste mundo e eu vou te tirar dele". "Eu é que decido". Nenhum instinto para fugir, rastejando uns sobre os outros em um tanque superpopulado, só esperando para ser alimentado comendo mais do que você precisa e querendo mais porque você nunca sabe se vai vir de novo. Reproduzindo e comendo e esperando e reclamando e rezando. ~~É, temos que rezar para sobreviver hoje. Jesus vai comprar um carro novo pra mim, ele tirou o meu carro velho de mim foi sua vontade, PESADO. [*ilegível*]~~

[*à esquerda*] impulso

rooms 22 Chris
15 Dave

starting from the arm pit of an old man,
in a rush of slow motion-flood gates,
blown wide-open. sweat butter melts downward
through the valleys of ripe, pink-prune skin,
wrapped loosely around his marble Brittle arm.
congregating at the tips of uncut,
Jaundiced fingernails, beads meet and
Breed, then jump to their death.
they land as A splash on smoothe thighs
of infants Lying limp on beds of mo-hair.
dirty books made him solidify into a pedophile.
Coalate Corelate Corralate Coralate Corilate Solidiphile into A Pedofile

Im not well read, but when I do
read, I read well.

I dont have the time to translate
what I understand in the form of conversation.
I had exhausted most conversation at age nine.
I only feel with grunts screams and tones and with
hand gestures and my body. im deaf in spirit.

Quartos
22 Chris
15 Dave

~~Como manteiga, ele sendo velho, lentamente, ele solidificou em um pedófilo.~~

~~Suor como manteiga derrete e degela pelos vales de cascas de ameixas rosas maduras~~

Partindo da axila ~~para baixo~~ de um homem velho, na correria de comportas em câmera lenta, escancaradas, manteiga ~~como~~ de suor derrete para baixo pelos vales de cascas de ameixas rosas maduras ~~de~~ frouxamente amarradas ao redor de seu ~~esquelético~~ frágil braço ~~de mármore~~. Reunidas nas pontas de unhas por cortar, com icterícia, miçangas se encontram e ~~e se misturam~~ reproduzem, daí saltam para sua morte. Elas pousam ~~na terra das miçangas~~ e fazem um esparramo em coxas de crianças deitadas flácidas em camas de ~~cabelo de anjo~~ mohair. Livros pornográficos o fizeram se solidificar em um pedófilo.

Correlacionar Solidificar em um pedófilo[25]

Eu não sou bem letrado, mas quando leio, eu leio bem.

~~Eu não tenho~~

Eu não tenho o tempo para traduzir o que entendo na forma de conversação, eu já havia esgotado a maioria ~~desta~~ da conversação aos nove anos de idade.

Eu só sinto com grunhidos gritos e tons e com gestos manuais e meu corpo. [~~*ilegível*~~] Eu sou surdo em espírito.

---

25 Kurt escreve, de cinco maneiras diferentes, a palavra "correlacionar", bem como grafias alternativas das palavras "solidificar" e "pedófilo". [N.T.]

~~I keep myself~~

I purposely keep myself naive and away from
earthly information because its the only
way to avoid a jaded attitude.
everything i do is internal~~ly~~ subconciouse
because you cant rationalize spirituality
we dont deserve this privilege
~~I can only feel~~.
I cant [illegible] or speak, I can only feel.
maybe someday ill ~~wa~~ turn myself into
Hellen Keller by puncturing my ears
with a knife, then cutting my voice box
out.

If you want to know what ~~life after~~
the after life feels like, then put on a parachute
go up in a plane, shoot a good amount of heroine
into your veins and immediately follow that with
a hit of nitrous oxide then jump.
or, set yourself on fire.

youre

~~Eu me mantenho~~

De propósito, eu me mantenho ingênuo e distante de informação terrestre porque é a única forma de evitar uma atitude saturada.

Tudo o que eu faço é internamente ~~e~~ subconsciente porque você não pode racionalizar a espiritualidade.

Nós não merecemos este privilégio ~~de~~

~~Eu consigo apenas sentir~~

Eu não consigo [~~*ilegível*~~] falar, eu consigo apenas sentir. Talvez algum dia eu ~~vou~~ me transformarei em Hellen Keller ao furar meus ouvidos com uma faca, daí arrancar minha laringe.

Se você quer saber como é ~~a vida após~~ a vida pós-morte, então coloque um paraquedas, entre num avião, injete uma boa quantidade de heroína nas suas veias e imediatamente depois tome uma dose de óxido nitroso, daí pule.

Ou ateie-se em chamas.

Você está

- ✓ IN Bloom
- ✓ Polly
- ✓ SAPPY
- ✓ Imodium
- ✓ PAY to PLAY
- ✓ Somethings in the WAY
- ✓ Verse chorus Verse
- ✓ Sliver
- ✓ P-ROCK
- ✓ Lithium

Give the Gift of music

inner sleves

Girl

IN Bloom
Imodium
~~[illegible]~~ PAY to PLAY
P-ROCK
Lithium

BOY

Sliver
Verse chorus Verse
SAPPY
Polly
~~[illegible]~~ in the WAY

~~Thanks to. Absolutely nobody, you know who you are~~

[*à esquerda*]

- "In Bloom"
- "Polly"
- "Sapp"
- "Imodium"
- "Pay to Play"
- "Something in the Way"
- "Verse Chorus Verse"
- "Sliver"
- "P-Rock"
- "Lithium"

Girl
"In Bloom"
"Imodium"
~~"Lithium"~~ "Pay to Play"
"P-Rock"
"Lithium"

Boy
"Sliver"
"Verse Chorus Verse"
"Sappy"
"Polly"
~~"Something"~~ "In the Way"

[*à direita*]
"Give the Gift of Music" ("Dê Música de Presente")
FELIZ
ME PROCESSE
capas internas

~~Agradecemos a: absolutamente ninguém, vocês sabem quem vocês são.~~

NIRVANA
NIRVANA
NIRVANA

Please Send me All Daniel Johnston Cassettes

H ~~Blew~~ ~~Neg~~ Crepe
H ~~School~~ IN Bloom
S ~~About A Girl~~ Lithium
H ~~IN Bloom~~ About A Girl
H ~~PAY to PLAY~~ ~~Imodium~~ PAY ~~to P~~ PLAY
S ~~Polly~~ School
H ~~Imodium~~ ~~Blew~~ polly
H ~~Dive~~ Dive
SH ~~Lithium~~ SAPPY
S ~~SAPPY~~ ~~Bye Bye~~ Imodium
Neg crepe
Blew

To fellow punk Rockers

~~for those of you who have been familiar with us since the last Album, we apologize for putting old songs on this LP. you may consider it a rip off or greatest hits Album, but for those of you who haven't heard our other LP and the ones who aren't as fortunate or at liberty to be subject to this kind of stuff. due to the limitability of an independent label in other words you have to bask in the sheep with tender lovin care. use protection & get s.~~

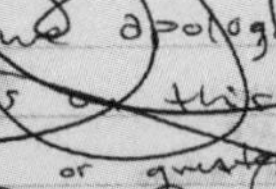

NIRVANA SAYS

Thanks to Sonic Youth, mudhoney, Babes in Toyland, SubPop, TAD, Fluid, Vaselines, pixies, melvins, Young Marble Giants, STP, Beat Happening, K records, Scratch Acid, flipper, BLACK flag, BLACK Sabbath, marine girls, stooges, Butthole Surfers, Beatles, the who, the shaggs, velvet underground, Jandek, Daniel Johnston, the knack, swans, Go team, Huddie leadbetter, Sonics, screaming trees, Dead Moon, wipers, fang, Gang of four, patsy cline, marlene Dietrich, killdozer, Saccharin trust, Alice Cooper, DEVO, B-52s, Blue cheer, shocking Blue, lee Hazlewood, half Japanese, neil Young, Dinosaur Jr, Isaac Hayes, leonard cohen, ventures, monkees, CCR, Aerosmith, led zep, Big Black, Gyuto monks, sex pistols, MDC, Queen, Diekreuzen, Husker Du, Bad Brains, Jimi Hendrix, Ramones, Saints, Blondie, Sgt Barry Sadler, Billie Holiday, Shonen Knife, Red Kross, Johnny Cash,

Por favor me mande todas as fitas cassete do Daniel Johnston

H “~~Blew~~”
H “~~School~~”
S “~~About a Girl~~”
H “~~In Bloom~~”
H “~~Pay to Play~~”
S “~~Polly~~”

H “~~Imodium~~”
H “~~Dive~~”
SH “~~Lithium~~”
S “~~Sappy~~” “~~Buy Bye~~”

“~~Neg~~ Crépe”
“In Bloom”
“Lithium”
“About a Girl”
“~~Imodium~~” “Pay to Play”
“School”

“~~Blew~~” “Polly”
“Dive”
“Sappy”
“Imodium”
“Neg Crepe”
“Blew”

Aos colegas do punk rock

~~Para aqueles que já estão familiarizados conosco desde nosso último álbum, nós pedimos desculpas por colocar 4 músicas de músicas velhas neste LP. Você pode considerar isso uma cópia ou um disco coletânea, mas para aqueles que não ouviram nosso novo LP e aqueles que não têm tanta sorte ou estão na liberdade de serem apresentados a esse tipo de coisa.~~

~~Devido à limitação da gravadora [*ilegível*] em palavras você tem que amaciar as ovelhas com carinho. Use proteção e gel.~~

~~Vaselina~~

Nirvana diz

Obrigado a Sonic Youth, Mudhoney, Babes in Toyland, Subpop, TAP, Fluid, Vaselines, Pixies, Melvins, Young Marble Giants, STP, Beat Happening, K Records, Scratch Acid, Flipper, Black Flag, Black Sabbath, Marine Girls, Stooges, Butthole Surfers, Beatles, the Who, the Shaggs, Velvet Underground, Jandek, Daniel Johnston, the Knack, Swans, Go Team, Huddie Leadbetter, Sonics, Screaming Trees, Dead Moon, Wipers, Fang, Gang of Four, Patsy Cline, Marlene Dietrich, Killdozer, Saccharin Trust, Alice Cooper, Devo, B-52s, Blue Cheer, Shocking Blue, Lee Hazlewood, Half Japanese, Neil Young, Dinosaur Jr., Isaac Hayes, Leonard Cohen, Ventures, Monkees, CCR, Aerosmith, Led Zep, Big Black, Gyuto Monks, Sex Pistols, MDC, Queen, Die Kreuzen, Husker Du, Bad Brains, Jimi Hendrix, Ramones, Saints, Blondie, Sgt Barry Sadler, Billie Holiday, Shonen Knife, Red Kross, Johnny Cash,

inside sleeve cardboard stencil of visible man
to encourage promotion & vandalism

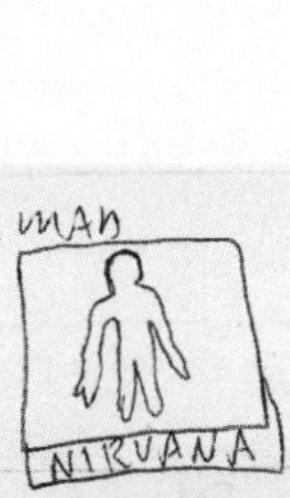

mrepp, malfunkshun, smithereens, soundgarden,
slits, Germs, void, rites of spring, Birthday party,
meat puppets, tales of terror, part time christians, cure, Rem, Alice BAG,
Girlschool, Hank williams, pussy Galore, Bowie, Big Black,
the legend, the clash, fugazi, the Damned, Roy orbison,

© The end of music BMI

Chris Novoselic - Bass
Danny peters - Drums
Kurt Cobain - Guit voc

your vote counts.

recorded at smart studios
madison wisconsin. Produced by Butch vig
& Craig montgomery & NIRVANA 1990
© ℗

please dont fuck with my freedom
or Im going to have to RAPE, torture
& mutilate your family.

~~professional~~ critique, ~~record reviewers~~ pesimistic, nihilistic, self ~~righteous masters of mono-literary~~ underground, self appointed ~~s~~ lasting in General ...

please let us know
your opinions on proper musical, compositions,
marketing strategies, Attitude & Images that best
fit your personal tastes. your views will be considered,
because remember... your vote counts!

Abortion will soon be illegal,

~~because of the insidious work of the common preacher. I feel that Christ should have been aborted by his mother.~~

American High School
History teachers are
Bread in pens in Montana
they are in league with
the Govt. Do not trust
them, obey them but
do not trust them.

Recycle,
vote,
Question,
OR
Blow your
~~Fucking~~
Head off

CD's
SUCK

Ive seen it All,
And Im gonna tell you
All about it.

Sue
me.

Everybodys
doin it.

Hey sheep...
It's cool to
like NIRVANA
its OK.
Its safe.
go ahead
your Allowed to
like it *they said so...

Nihilism
is a fine
building block
to construct
a foundation
of Ideals
but dont
let the
termites
come
in.

~~Fuck you~~
~~Ripper whore!~~
~~Cunt~~

Standing up for your rights can
often times, be fun. vandalism,
militant strategies & meetings
much like A club

* God
& State

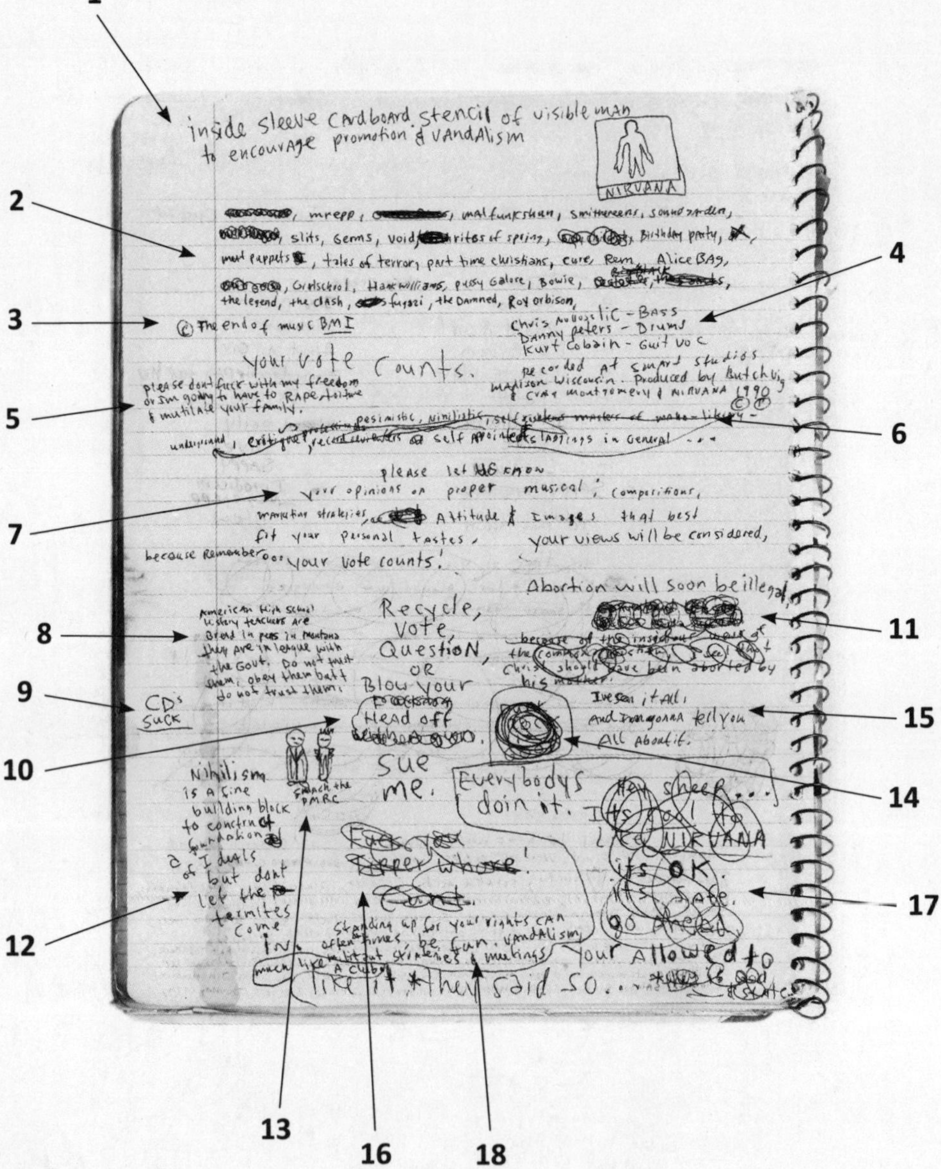

inside sleeve cardboard stencil of visible man to encourage promotion & vandalism
NIRVANA
mrepp, malfunkshun, smithereens, soundgarden,
slits, Gems, void, rites of spring, Birthday party,
meat puppets, tales of terror, part time christians, cure, Rem, Alice BAG,
Girlschool, Hank williams, pussy Galore, Bowie,
the legend, the clash, fugazi, the Damned, Roy orbison,
© The end of music BMI
Chris Novoselic - Bass
Danny peters - Drums
Kurt Cobain - Guit voc
Recorded at smart studios Madison Wisconsin. Produced by Butch vig & Craig Montgomery & NIRVANA 1990
your vote counts.
please dont fuck with my freedom or Im going to have to Rape, torture & mutilate your family.
pesimistic, nihilistic, self appointed
please let us know
your opinions on proper musical compositions,
marketing strategies, Attitude & Images that best
fit your personal tastes. your views will be considered,
because Remember... your vote counts!
Abortion will soon be illegal,
because of the insidious work of the
American High School history teachers are bread in pens in Montana they are in league with the Govt. Do not trust them. obey them but do not trust them.
CD's SUCK
Recycle, vote, Question, OR Blow your Head off
Sue me.
Ive seen it All, And Im gonna tell you All about it.
Everybodys doin it.
Its OK
Its safe.
go ahead.
Nihilism is a fine building block to construct a foundation of Ideals but dont let the termites come in.
Smash the PMRC
Standing up for your rights can often times be fun. vandalism much like a club
Your Allowed to like it. they said so...
1
2
3
4
5
6
7
8
9
10
11
12
13
14
15
16
17
18

1. Capa interior tem estêncil em papelão de homem visível para encorajar promoção e vandalismo

2. [*ilegível*], Mr. Epp, [*ilegível*], Malfunkshun, Smithereens, Soundgarden, [*ilegível*], Slits, Germs, Void, [*ilegível*] Rites of Spring, ~~Billy Childish~~, Birthday Party, Meat Puppets, Tales of Terror, Part Time Christians, Cure, REM, Alice Bag, [*ilegível*], Girlschool, Hank Williams, Pussy Galore, Bowie, [*ilegível*], ~~Big Black~~, the Legend, the Clash, [*ilegível*] Fugazi, the Damned, Roy Orbison,

3. O fim da música BMI
Seu voto conta.

4. Chris Novoselic - Baixo
Danny Peters - Bateria
Kurt Cobain - Guitarra e vocais
Gravado no Smart Studios em Madison Wisconsin. Produzido por Butch Vig e Craig Montgomery e Nirvana, 1990

5. Por favor não foda com minha liberdade ou eu vou ter que estuprar, torturar e mutilar sua família.

6. ~~Underground, processo de crítica, pessimistas, niilistas, moralistas, mestres da [*ilegível*] literária, críticos de discos e autodeclarados babacas em geral...~~

7. Por favor, nos contem suas opiniões sobre composições musicais apropriadas, estratégias de marketing, [*ilegível*] atitude e imagens que melhor se adequam aos seus gostos pessoais. Seus pontos de vista serão considerados, porque lembrem... seu voto conta!

8. Professores americanos de história no ensino médio são provindos de ervilhas em Montano eles estão no mesmo nível de doença que a gota. Não confie neles, obedeça eles mas não confie neles.

9. CDs são uma merda

10. Recicle, vote, questione ou estoure [*ilegível*] sua cabeça [*ilegível*], me processe.

11. O aborto em breve será ilegal.
[*ilegível*]
~~Por causa das opiniões traiçoeiras do [*ilegível*] comum. Eu acho que Cristo deveria ter sido abortado por sua mãe.~~

12. Niilismo é uma boa base para construir os fundamentos de ideais mas não deixe os cupins entrarem.

13. Destrua a PMRC[26].

26 Parents Music Resource Center, ou PMRC, era o centro de recurso musical para pais estadunidenses, um comitê com a função de informar sobre músicas supostamente impróprias para menores de idade. [N.T.]

14. ~~Punk rock é bom~~

15. Eu já vi tudo e vou te contar tudo.

16. ~~Vá se foder, Tipper Whore[27]! Vagabunda.~~

27 Referência a Tipper Gore, criadora do PMRC e ex-esposa de Al Gore (ex-senador e vice-presidente dos EUA). [N.T.]

17. Todo mundo está fazendo. ~~Ei ovelhas... É legal gostar do NIRVANA. Tudo bem. É seguro. Vá em frente.~~ Você tem permissão para gostar disso. *Eles disseram que sim. ~~*Eles significa Deus e o Estado.~~

18. Defender seus direitos pode frequentemente ser divertido. Vandalismo, estratégias militantes e reuniões, tipo um clube.

I started it first
I started it first
It was me
me
Im the one
I was the Originator
Ill take the blame
me
it was me
I was the instigator
the grandfather
the first and foremost
I was doin it long
Before anyone
It was me
Ill take all the blame
Ill take full responsibility
My fault
I started it all
I started it first
me
Im the one
Blame me
point the finger at me
Heres my receipt
where do I sign?
give me whats owed to me
give me whats rightfully mine
give me what I deserve

Isso Eu comecei primeiro
Eu comecei primeiro
Fui eu
Eu
Eu sou o que
Eu sou o que originou
Eu aceito a culpa
Eu
Fui eu
Eu fui o instigador
O avô
O primeiro e o principal
Eu fiz por muito tempo
Antes de qualquer outro
Fui eu
Eu aceito toda a culpa
Eu assumo total responsabilidade
Minha culpa
Eu comecei tudo
Eu comecei primeiro
Eu
Sou eu
Me culpe
Aponte o dedo para mim
Aqui está meu recibo
Onde eu assino?
Me dê o que me é devido
Me dê o que é meu por direito
Me dê o que eu mereço

IDeAS for Video

2

Beef Strokin-off
onion soup mixes
2 cups water 1 pt sour Cream
~~flour & water~~
Garlic powder

Moms SeaShell Shrimp SalAd

2 1/2 Cups Noodles no more than 5 noodles
1/2 cup MAyonnAiso
1/2 cup Sour cream
1/2 tsp dry dill
1/2 tsp SAlt
1/2 dry mustArd or 1 tsp real mustard
1/4 tsp pepper

olives
Celery
1/4 white onion

IDEIAS PARA CLIPE

[*primeiro quadro*] Cogumelos psicodélicos são o que te deixam mais chapado

[*segundo quadro*] Palhaço enorme e malvado
Chris

[*à direita*]
Strogonoff de carne[28]
Sopa de cebola 2 xícaras
mistura água 1 parte de sour cream
farinha e água

---

alho em pó

Salada de macarrão com camarão da mãe
2 ½ xícaras de miojo não mais que 5 miojos
½ xícara de maionese
½ xícara de sour cream
½ colher de chá de endro seco
½ colher de chá de sal
½ mostarda seca ou 1 colher de chá de mostarda de verdade
¼ de colher de chá de pimenta

---

azeitonas
salsão
¼ de cebola branca

28 No texto original, Cobain escreve "beef strokin-off", um trocadilho que mistura "strogonoff" com "stroking off", gíria que remete à masturbação. [N.T.]

K

1 ms 2 Henke 3 stinky Bitch 4 Reynolds Montesano patti flatlegs 5 kissing game 6 7 Junior High

8 ~~uncle~~ Chuck & Jona summer monte grandpa Cobain grandma 9 uncle Jim 10 mom Gresey english 11 12

It is time now for all the 'fortunate' ones, the cheerleaders and the football Jocks to strip down naked in front of the entire school at an assembly and Plead with every ounce of their souls for mercy and forgiveness, to admit that They are wrong. They are representatives of Gluttony and selfish ~~animalistic~~ values and to say that they are sorry for condoning these things will not be enough, they must mean it, they must have guns pointed to their heads, they must be petrified to ever think of being the stuck up, self righteous, segregating, guilt spreading, ASS Kissing, white, right wing republicans of the future.

Kill the Rockefellers

K

1 MS 2 Henice 3 Vadia Fedida 4 Reynolds Montesano Patti as Pernas 5 Brincadeira de Beijar 6 Ensino Fundamental 8 [*~~ilegível~~*] Chuck & Joan Summer Monte Vovô Vovó Cobain 9 Tio Jim 10 Mãe Gresky Inglês 11 12

Agora é o momento dos "sortudos", das líderes de torcida e dos jogadores de futebol americano tirarem a roupa na frente da escola inteira em uma assembleia e implorarem com cada gota de suas almas por misericórdia e ~~por~~ perdão, ~~e~~ admitirem que estão errados. Eles são representantes da gula e de valores ~~animalescos~~ egoístas, e dizer que eles se arrependem de compactuar com essas coisas não será o suficiente, eles precisam realmente querer dizer isso, eles precisam ter armas apontadas para suas cabeças, eles precisam estar paralisados com o medo de pensar em ser os brancos metidos, moralistas, segregadores, semeadores da culpa, puxa-sacos, ~~futuros~~ republicanos de direita do futuro.

MATE OS ROCKEFELLERS

IN Bloom
Lithium
polly
* P Rock
Imodium

Pay to play
sliver
Been A son
sappy
* Verse Chorus Verse
* Somethin in the way

gotta find A WAY, A better WAy
to find A way

what I need
Someday
memoria
SPANK Thru
* Lounge Act
Second time
I dont have the Right
Dumb
Libido
mommA

~~P-Rock~~

just because your paranoid
doesn't mean theyre not after you

US out of ~~America~~ CANAdA
~~US out of~~

God is Gay and so Am I

God is love love is blind and So Am I

I have no opinions
because I agree with everyone

"In Bloom"
"Lithium"
"Polly"
* "P Rock"
"Imodium"

"Pay to Play"
"Sliver"
"Been a Son"
"Sappy"
* "Verse Chorus Verse"
* "Something in the Way"

Tenho que achar um jeito, um jeito melhor
achar um jeito
"What I Need"
"Someday"
"Memoria"
"Spank Thru"
* "Lounge Act"
"Second Time"
"I Don't Have the Right"
"Dumb"
"Libido"
"Momma"

~~P-ROCK~~

Só porque você é paranoico
Não significa que não estão atrás de você

EU[29] fora ~~da América~~ do CANADÁ
~~EU fora da~~

Deus é gay e eu também

Deus é amor amor é cego e eu sou também

Eu não tenho opiniões
Porque concordo com todo mundo

29 No texto original, Cobain escreve "US", que pode significar "United States" (Estados Unidos) ou "nós". [N.T.]

Rubbing Alcohol

HERE I AM, inspired to write only because i'm pissed off.

I dont feel As bitter As I want to be.

I need to re learn the english lAnguAge.

I ~~seem~~ insincere because I cant choose or decide fast enough.

my penmonship ~~seems~~ scatological because of my lack of personality, or excess of personality.

I am obsessed with the fact that I am skinny and stupid.

Ive probably never met a person whom I feel ~~was~~ compatable with my intellectual, Spiritual & humorist will.

Agree

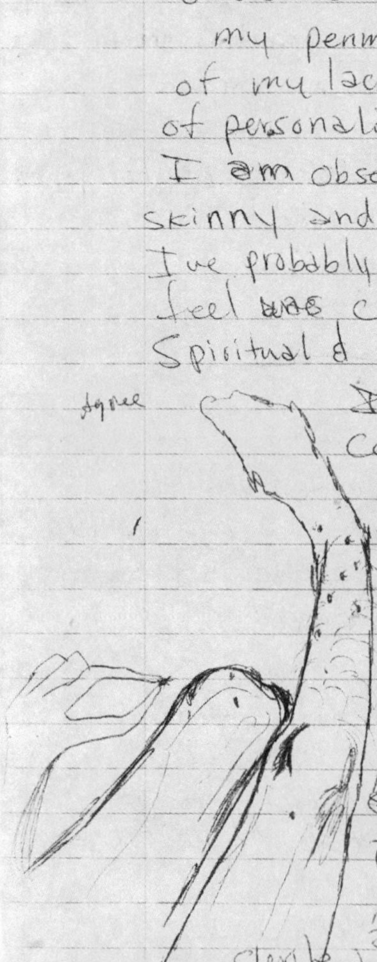

I confide in too many conflicting opinions & parties & groups & classes & clubs & meetings & consessions & recessions & conventions wearing A grand poo bah hat with drink in hand, boasting of the hunting & organized passtime Activities ~~this past 23 years has had to offer for the past 23 years~~, these past 23 years have served. A sterile bacterial success.

~~O Cheiro de~~ Álcool em Gel

Cá estou eu, inspirado para escrever só porque estou puto

[*~~ilegível~~*]

Eu não me sinto tão amargo quanto quero estar.

Eu preciso reaprender a língua inglesa.

Eu pareço insincero porque não consigo escolher ou decidir rápido o suficiente.

Minha caligrafia parece escatológica por causa da minha falta de personalidade ou excesso de personalidade.

Eu estou obcecado com o fato de que sou magro e estúpido.

Eu provavelmente nunca conheci uma pessoa que eu reconhecesse como compatível com meus desejos intelectuais, espirituais ou humorísticos.

[*à esquerda*] concorde

Eu conto com muitas [*~~ilegível~~*] opiniões em conflito e festas e grupos e classes e clubes e reuniões e concessões e recessões e convenções vestindo um chapéu de búfalo de água dos Flintstones[30] com uma bebida na mão, me gabando das minhas caças e atividades de passatempo organizadas [*~~ilegível~~*]. Estes últimos 23 anos me serviram um sucesso bacteriano estéril.

---

30 No texto original, "Grand Poo Bah Hat" – referência ao desenho The Flintstones, no qual "Grand Poobah" era o líder do clube secreto e exclusivo para homens chamado "Loyal Order of Water Buffaloes", do qual alguns personagens participavam. No clube, os membros usavam um chapéu azul com chifres de búfalo. [N.T.]

~~I've been to A lot of BAd poetry readings~~

Congratulations to obsession. ~~Scents like perfume isnt extracted from blubber bowled whale blubber anymore.~~ Chemicals are the thing of today, today ill take as many chemicals as I can get my greasy paws on, because this scent reminds me of you. just like they said it would in the commercial. yesterdays scent is still here today, I'm beached. flat out stranded and obsessed. I've got to leave because your still here in my Air, fucking with my sense of smell, invading my Air waves. your All over the sheets & in the bathroom. my couch reeks of you! you've left your underwear & COAT & records & books & scent here, IN my place of recovery. the place where I've crawled off to die like A cat under A house after hes been hit, lying around waiting

DAVE (213) 654-

I dont invent subjects of interest for conversation. I dont have Anything to SAY or ASK, I Just play Along. I'm A reactionAry in A wAY; I just react to what others SAY. I dont think & when I do, I forget.

give me A leonard cohen Afterworld.

~~Eu já fui a muitas leituras de poesia ruins~~

~~Parabéns à obsessão. Parece que perfume não é mais extraído do óleo de baleias estripadas.~~ Produtos químicos são o negócio hoje, hoje eu vou pegar todos os químicos que eu puder botar nas minhas mãos, porque esse aroma me lembra de você. Bem como eles disseram que seria no comercial. O aroma de ontem ainda está aqui hoje, estou atolado, preso na praia e obcecado. Eu tenho que ir porque você ainda está aqui no meu ar, ferrando meu olfato, invadindo minhas ondas aéreas. Você está pelos lençóis e no banheiro. Meu sofá fede a você! ~~Você~~ Você deixou sua roupa íntima e casaco e discos e livros e perfume aqui, no meu lugar de recuperação. O lugar para onde eu rastejei para morrer como um gato sob uma casa após levar uma pancada, [~~*ilegível*~~] deitado esperando.

[*à esquerda*] Dave (213) 654

Eu não invento assuntos de interesse para conversa, eu não tenho nada para dizer ou perguntar, eu só entro no jogo. Eu sou um reacionário de certa forma: só reajo ao que os outros dizem. Eu não penso e quando penso: eu esqueço.

Me leve para o além do Leonard Cohen.

Opinion

Congratulations you have won - its A
Years subscription of bad puns - and A
make shift story of concern - And to
set it up before it burns - my
opinion

Now there seems to be A problem here
the scale of emotions seem too clear -
Now they - Rise & fall like wall street stock
And they - Have an affect on our peace talks
my opinion

Opinião

Parabéns, você ganhou - É uma
Assinatura anual de trocadilhos ruins - E uma
História improvisada de preocupação - E para
Armar isso antes de queimar - Minha
Opinião

Agora parece haver um problema aqui
A escala das emoções parece clara demais -
Agora elas - Sobem e descem como ações de Wall Street
E elas - Têm um efeito em nossas negociações de paz
Minha opinião

MANDATORY Breeding LAWS

Sue ME

MANDATORY Abortion VACCINATIONS Denied

~~Taking time to smear dignified street smart-hipness into the carefully cultivated image they once [illegible]~~, Now faced with corporate trust, merging this happy day, This day giving amnesty to SACrilege. Only do I think when inspiration is so welcome from the allowance you give with the birth of [illegible] beyond pissy complaints of Tongue. Inspired, I SWAY back and forth between taking advantage of my position and giving up. Self appointed judges of review giving those with similar profit and potential the confidence to quit.

So your parents suck. Parents have always sucked. So your parents are really pretty cool? Some other kids parents suck so fight for them. Revolution is no longer an embarrasement, thanks to inspiration. The politbureau questions sarcasm: maintain we must our righteously alternative opinions carved into our freshman year and slowly solidifying into the JACKSON BROWN Kingdom by graduations end.

At times its an excuse to delay the world we eventually take in the ass.

Throw eggs at your enemy. Symbolic chicken foetus AT Pro lifers.

Leis de Procriação Obrigatórias

ME PROCESSE

Aborto Obrigatório ~~Sem~~ Vacinas Negadas

~~Gastar tempo para esfregar modernidade esperta e dignificada sobre a imagem cuidadosamente cultivada que eles uma vez representaram~~, agora confrontados por confiança corporativa, fundindo neste dia feliz, este dia dando anistia ao sacrilégio. Só que eu acho que quando a inspiração é tão bem-vinda ~~para mim~~ da mesada que você dá com o nascimento de [~~*ilegível*~~]. Reclamações nervosinhas de língua descritiva vão além. Inspirado, eu me balanço pra frente e pra trás entre tirar vantagem da minha posição e desistir. Juízes autodeclarados de resenhas dando àqueles com lucro e potenciais similares a confiança para desistir.

Então teus pais são um porre. ~~E daí!~~ Pais sempre foram um porre. Então seus pais são até que legais? ~~E daí!~~ E daí! Os pais de outras crianças são um porre então lute por elas. Revolução não é mais algo vergonhoso [~~*ilegível*~~] graças à inspiração. O politburo questiona o sarcasmo: mantém que devemos nossas ~~alternativas urbanas~~ [~~*ilegível*~~] ~~opiniões~~ corretas opiniões alternativas talhadas em nosso primeiro ano e lentamente solidificando no reino Jackson Brown ~~Jimmy Buffet / James Taylor~~ até o fim da formatura.

Às vezes é uma desculpa para atrasar o mundo nós tomamos no cu mais cedo ou mais tarde.

Jogue ovos em seu inimigo. Um feto de galinha simbólico. Nos pró-vida.

I am a male. age 23 and Im Lactating. my breasts have never been so sore not even after receiving Titty twisters from bully-school mates. They had hair down there long before I stopped playing with dolls. I havent mesturbated in months because Ive lost my imagination. I close my eyes and I see my father, little girls, german shephards & TV news commentators, but no voluptuous, pouty lipped, naked-females sex kittens, wincing in ecstasy from the ~~imagi~~ illusory positions Ive conjured up in my mind. No, when I close my eyes I see lizards & flipper babies, the ones who were born deformed because their mothers took bad birth control Pills, ~~in the sixties~~

I'm seriously afraid to touch myself.

Eu sou um homem, 23 anos de idade e estou lactando. Meus seios nunca ficaram tão doloridos, nem após receber ~~uma~~ beliscadas no mamilo dos colegas fazendo bullying na escola. Eles tinham cabelo lá embaixo muito antes da época que eu parei de brincar com bonecos. Eu não me masturbo há meses porque estou sem imaginação. Eu fecho meus olhos e vejo meu pai, menininhas, pastores-alemães e comentaristas de notícia da TV, mas nada de gatinhas sensuais, voluptuosas, com lábios fazendo beicinho, nuas, encolhendo-se em êxtase nas posições ~~imagi~~ ilusórias que eu imaginei em minha mente. Não, quando fecho meus olhos eu vejo lagartos e bebês com deformações físicas, que nasceram assim porque suas mães tomaram pílulas anticoncepcionais ruins. ~~nos anos 60~~

Eu tenho muito medo de me tocar.

homage or Ripoff? I dont care, uh, I dont know. Seems like finally the appreciation of things are in order. there are a lot of things & bands to be thankful for, yes, and everything sucks.

Too many compilations of present day bands Paying homage to old influential bands, Either there are no good ones left to look forward to or finally the undergrounds p-rock admittance to appreciation instead of Everything Sucks!

Clones of old, and the younger generation never hardly heard old Aerosmith records or Rod Steward & small faces so they have no sense of pladgerism in the "now" bands paying homage (suppisedly) or keeping the faith.

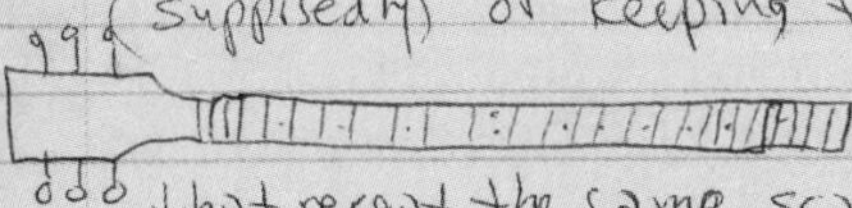

Six strings, 24 notes that repeat the same scale after 10, usually based on 4/4 time signature, Rock and Roll: 30 years = Exhausted! AH the good old days!

The Now generation: unaware recession, Technology finally caught up with us.

Hip hop/RAP? = for the time being. yes good at least original, exhausted in 3 years.

women? yes. oppressed from chance since beginning. probably some ideas left in an unsaturated vagina.

Record store chains and RAdio play it safe, target audience, what sells, were completely at their mercy it used to be the other way around.

Programmers & DJS: get into Real estate!

Homenagem ou plágio? Eu não me importo. É. Eu sei lá. Parece que finalmente a apreciação das coisas está em ordem. Há muitas coisas e bandas pelas quais ser grato, sim, e tudo está uma merda. Muitas coletâneas de bandas do presente prestando homenagens a bandas influentes antigas. Ou não há nenhuma banda boa que sobrou para ter expectativas, ou finalmente os undergrounds da P-Rock admitiram apreciação, em vez de "Tudo é Uma Merda".

Clones do antigo, e as gerações mais novas malmente ouviram discos antigos do Aerosmith ou Rod Stewart e Small Faces, então eles não têm ~~ideia~~ noção de plágio nas bandas do "agora" prestando homenagens (supostamente) ou mantendo a fé.

[*desenho*] Seis cordas, 24 notas que repetem a mesma escala após 10, geralmente baseadas no tempo 4/4. Rock-and-Roll: 30 anos = exausto! AH os bons e velhos tempos!

A geração Agora: ~~recessiva~~ recessão inconsciente, a tecnologia finalmente nos alcançou.

Hip-hop / rap? = por enquanto, sim, bom, ou pelo menos original, exausto em 3 anos.

Mulheres? Sim. Oprimidas de ter uma chance desde o princípio. Provavelmente há algumas ideias sobrando em uma vagina não saturada.

Redes de lojas de discos e a rádio não se arriscam, tocam para um público-alvo, o que vende, estamos completamente à sua mercê. Costumava ser ao contrário. Programadores e DJs: entrem no mercado imobiliário!

I am in absolute and total support of: homosexuality, drug use, inexperimentation (although I am living proof of harmful results from over indulgence) Anti oppression, ie: (religion, racism, sexism, censorship and patriotism) creativity ~~through~~ music, art, journalism, ~~writing~~ Love, friendships, family, animals and full scale ~~revolution~~ violently ~~terrorist~~ organized, terrorist-fueled revolution.

you cannot de-program the Glutton.

~~you can only make them scared shitless to~~

It would be nice to see the gluttons become so commonly ~~violently attacked~~ hunted down that ~~they~~ eventually they will either submit to the opposite of their ways or be scared shitless to ever leave their homes.

John lennon has been my Idol all of my life but he's dead wrong about revolution.

Sit on your ass and be beaten!

Bullshit!, Arm yourself, find ~~one~~ a representative of Gluttony or oppression and blow the motherfuckers head off. design manifestos with ideas, contacts, recruits, go Public, risk jail or Assasination, ~~or~~ get employed by the target so its easier to infiltrate the system slowly rot the mechanics of the empire

Eu dou completo e absoluto apoio a: homossexualidade, uso de drogas para experimentar (apesar de eu ser prova viva dos resultados danosos de indulgência excessiva), antiopressão, por exemplo: (religião, racismo, sexismo, censura e patriotismo), criatividade através da música, arte, jornalismo, [~~*ilegível*~~] amor, amizade, família, animais e ~~revolução~~ uma revolução total, violentamente ~~terrorista~~ organizada, incitada por terroristas.

Você não pode desprogramar o glutão.

~~Você pode apenas fazê-lo se cagar de medo.~~

Seria legal ver os glutões serem tão comumente [~~*ilegível*~~] caçados que ~~eles~~ alguma hora eles vão submeter-se ao oposto de sua forma de ser ou se cagarem de medo de sair de casa.

John Lennon é meu ídolo, por toda minha vida, mas ele está mortalmente errado sobre a revolução.

Sente na sua bunda e leve uma surra! Besteira! Se arme, ache [~~*ilegível*~~] um representante da gula ou da opressão e exploda a cabeça do filho da puta. Crie manifestos com ideias, contatos, recrutas, saia em público, arrisque ser preso ou assassinado, ~~em~~ consiga um emprego na loja Target para que seja mais fácil se infiltrar no sistema.

Lentamente corroa o sistema do império.

Hi Eugene,

Its eight o clock in the morning, that means its almost time for bed. I'm on this rediculous sleeping schedule where I retire in the wee hours of morning and successfully avoid any hint of daylight. my skin is ~~[illegible]~~ goth rock pale. I dont know if you have these things in Scottland but I'm considering joining a tanning bed salon, they are coffin/beds with haloid or flourescent light bulbs built into the sides and lid. ~~[illegible]~~ You lye down inside to fry away turning a crisp golden brown. we call them nuclear tans.

lately my nipples have been really sore, can males lactate? How have you been?

As you probably know, we recorded mollys lips & son of a gun for a peel session and we were wondering if we could use the recordings for a promotional EP hopefully to be released in a few months. we dont expect to make a profit off of it because were keeping the price down, It's mainly a feature for our supposedly hip-alternative debut single 'IN Bloom', the EP will have (if consented) (This band) IN Bloom, sliver, D-7 by the wipers, Turn around by Devo, ~~and~~ mollys lips and maybe son of a gun. If we do make any money off of this then we'll surely devide it amongst the bands or we could talk about up front advance for the use of the songs or whatever, it's legit!

Oi, Eugene,

São 8 da manhã, o que significa que é quase hora de ir dormir. Estou com um horário de dormir ridículo, em que eu descanso nas primeiras horas da manhã e consigo evitar qualquer traço da luz do sol. Minha pele está pálida estilo ~~death~~ rock gótico. Eu não sei se você tem essas coisas na Escócia, mas eu estou considerando ir a um salão com camas de bronzeamento artificial, são camas tipo um caixão com luzes haloides ou fluorescentes instaladas nas laterais e na tampa. ~~E~~ Você deita dentro para se fritar e fica um marrom tostado. Nós chamamos isso de bronze nuclear.

Ultimamente meus mamilos andam doloridos, machos podem lactar? Como você tem estado?

Como você deve saber, gravamos "Molly's Lips" e "Son of a Gun" para uma Peel Session, e estávamos pensando se poderíamos usar as gravações para um EP promocional que esperamos lançar em alguns meses. Não esperamos obter lucro com isso porque estamos deixando o preço baixo. É prioritariamente algo extra para nosso primeiro single, supostamente moderno-alternativo, "In Bloom", o EP terá (com o consenso da banda) "In Bloom", "Sliver", "D7" dos Wipers, "Turn Around" do Devo, ~~e~~ "Molly's Lips" e talvez "Son of a Gun". Se recebermos algum dinheiro com isso então certamente dividiremos entre as bandas ou poderíamos falar sobre um adiantamento pelo uso das músicas ou sei lá... é real!

were not on Sub pop any more, our new label is DGC (Geffen)
we are label mates with Nelson!

I know this is starting to sound too business like but I want you to have something for this giving us great honor to play your songs, they mean a lot to me. Without trying to be too embarrasingly sappy I have to say the songs you and frances have written are some of the most beautiful songs ever and I just feel like everyone should hear them.

Heres what the cover might look like →

I had a really fine time at the show we played together the video turned out good. you want a copy? oh yeah, European format, forget it. (video tape) geez I dont know what else to say.

please write me (if you want) and let me know how your new band is coming along and anything else thats on your mind.

Love, your pal
Kurdt

Não estamos mais na Sub Pop, nossa nova gravadora é DGC (Geffen), somos colegas de gravadora do Nelson!

Eu sei que isto está começando a focar muito nos negócios, mas eu quero que você receba algo por nos dar esta [~~*ilegível*~~] grande honra [~~*ilegível*~~] de tocar suas músicas, elas significam muito para mim. Sem tentar ser muito vergonhosamente meloso [~~*ilegível*~~], eu tenho que dizer que as músicas que você e Frances escreveram são algumas das mais bonitas de todos os tempos e eu só acho que todo mundo deveria ouvi-las. Aqui está como pode ser o visual da capa

[*no desenho da capa*] Nirvana canta
The Vaselines
Wipers
Devo
e
Nirvana

Eu me diverti muito no show que tocamos juntos, o vídeo ficou bom. Você quer uma cópia? Ah, sim, formato de fita de vídeo europeu, esqueça. Nossa, eu não sei mais o que dizer. Por favor escreva para mim (se você quiser) e me conte como sua banda nova está indo e outras coisas que estiverem na sua mente.

Com amor, seu amigo
Kurdt

NIRVANA SINGS..
songs of
DEVO
WIPERS
VASELINES
&
NIRVANA

Nirvana canta..

canções de

Devo
Wipers
Vaselines
e
Nirvana

Bill price guns & roses Chris thomas engineer sex pistols

Gill Norton pixies

Allan moulder - my bloody valentine mixed Jesus & Mary Chain

? & Barbiero - Guns roses soundgarden

George Derkoulios - Black Crowes available last week of June

John Hanlon - Ragged glory freedom

Dave Jerden - Janes Addiction Talking Heads Alice n Chains

Ed Stasium - living Colour

Ron St Jermain - anthrax Death Angel the Youth

Scott Litt

[31]Bill Price – Guns N' Roses Chris Tomas engenheiro Sex Pistols
Gill Norton Pixies
Alan Moulder – My Bloddy Valentine mixou Jesus & Mary Chain
? & Barbiero – Guns N' Roses Soundgarden
George Drakoulias – Black Crowes

[*à direita*] disponível na última semana de junho

John Hanson – Ragged Glory Freedom
Dave Jerden – Jane's Addiction Talking Heads Alice In Chains
Ed Stasium – Living Colour
Ron St. Germain – Anthrax Death Angel The Youth

Scott Litt

31 Lista de possíveis produtores para o LP *Nevermind*.

And Hairy, sweaty, macho-sexist and racist Dickheads who will soon drown in a pool of razorblades and sperm from the uprising of your children, the armed and de-programmed crusade, littering the floors of Wall Street with revolutionary debris, Assasinating both the lesser and greater of two evils, bringing an everlasting sterile and bacterial, herbacious & Botanical corporate cleansing for our ancestors to gaze in wondernment and awe.

The representatives of the American male rapes in more ways than one.

posing as the enemy to infiltrate the mechanics of the empire and slowly start its rot from the inside

it's an inside job — it starts with the custodians and the cheerleaders, oh well, whatever, nevermind.

will be strung up by their Balls with pages of the Scum manifesto stapled to their Bodys

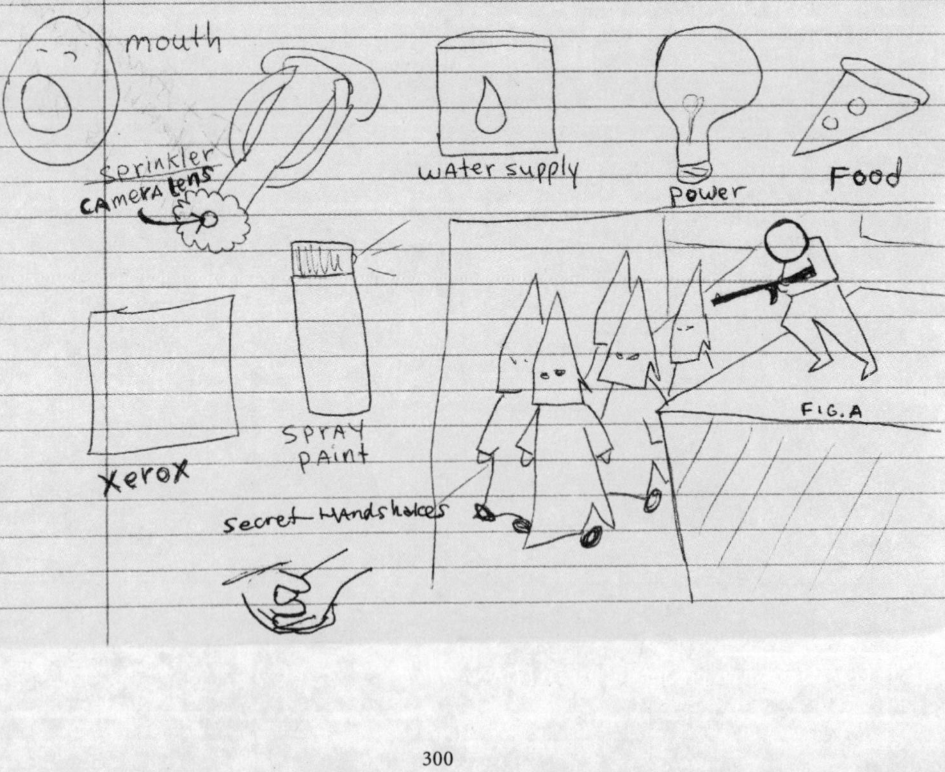

E cuzões peludos, suados, machistas-sexistas e racistas que logo vão se afogar em uma piscina de navalhas e esperma da revolta de seus filhos, a cruzada dos armados e desprogramados, forrando os pisos de Wall Street com detritos revolucionários, assassinando tanto o menor quanto o maior de dois males, ~~causando absoluto~~ trazendo limpeza corporativa eterna, estéril, bacteriana e herbácea botânica para nossos ancestrais observarem com encanto e admiração.

[*à esquerda*] Serão pendurados pelas suas bolas com as páginas do Manifesto SCUM grampeadas a seus corpos

Os representantes do homem americano **estupram** de mais de um jeito.

~~ah, sei lá, tanto faz~~

Fingir ser o inimigo para se infiltrar nos mecanismos do império e lentamente começar a apodrecê-lo por dentro.

É um golpe interno – ele começa com os guardiões e as líderes de torcida, ah, sei lá, tanto faz.

Boca
Lente de câmera com borrifador
Reserva de água
Eletricidade
Comida
Xerox
Tinta Spray
Apertos de mão secretos
Figura A

Cursed Aint the word

smells like Teen Spirit

It will be fun

Come out and play - make up the rules
have lots of fun we know well lose

Poppy plants are growing

our little group has always been and
always will until the end

~~trophy The older biggest~~ they ~~dont deserve~~
to know oh no ~~Is told a secret word~~
A Dirty word

pep Assemblys Become RALLYS

load up on guns & bring your friends ~~pretend~~ Bend
I know I know ~~lets not pretend~~ its wrong to offend
TAke off your clothes I'll see you in court
~~to appear hide in a ... for~~
~~Is what you should Abort~~
Abort

revolutionary debris litters the floor of WAllstreet, your children have taken over, you have been warned. the representatives of gluttony ~~and all the other~~ ~~related things that~~ ~~that~~ are related will be given 24 hours to VACCUM and SHAVE their WAYS or leave, or they will be weeded out ~~...~~ And Assasinated with A HO to the back of the neck

to save Bullets

Secret Handshakes Club

we merge ahead this ~~happy~~ special day
this day giving Amnesty to sacrilege

flyers fly

~~learn All three Chords ...~~
~~lay down your competition is weak~~
~~get out of bed & fall asleep~~

store Hoarde

Amaldiçoado não é a palavra

"Smells Like Teen Spirit"[32]

(Tem Cheiro de Espírito Adolescente)

Venha brincar – Invente as regras
Divirta-se nós sabemos que vamos perder

Nosso grupinho sempre foi e
Sempre será até o fim

~~Os mais velhos e maiores não merecem~~
Saber oh não ~~eu roubei um palavrão~~
um palavrão
bend[33]
Se encha de armas e traga seus amigos
Eu sei eu sei ~~não vamos fingir~~ é errado ofender
Tire suas roupas eu te vejo no tribunal
~~Fracasso em aparecer se esconda no forte~~
~~é o que você deveria abortar~~
abortar
Nós fundimos adiante este dia ~~feliz~~ especial
Este dia dando anistia ao sacrilégio

~~Aprenda todos os três acordes pratique logo~~
~~Deite sua concorrência é fraca~~

~~Saia da cama e pegue no sono~~

[*à esquerda*]
Vai ser divertido

Plantas de papoula estão crescendo

Assembleias estudantis viram comícios
Detritos revolucionários forram o piso de Wall Street, seus filhos assumiram, você foi avisado.
Os representantes da gula ~~e todas as outras coisas legais que são relacionadas~~ receberão 24 horas para aspirar e depilar sua forma de ser ou partir, ou serão extirpados [~~*ilegível*~~] e assassinados [*circulado*] com uma mangueirada no pescoço para economizar balas

[*palavras isoladas mais à esquerda*]
Aperto de mão secreto
Clube
Panfletos voam
Armazene
Acumule

---

32 "Teen Spirit" se refere a uma marca de desodorante para adolescentes. [N.T.]

33 Aqui, "bend" provavelmente se refere à técnica de guitarra em que a corda é levantada ou abaixada para chegar a outra nota. Em português, utiliza-se o mesmo termo, "bend". [N.T.]

A gift of Choice I got from you

oh No I know A Dirty word

got from you

Now I forget just why I taste - oh yeah
I guess It makes me smile
why dont you cry when IM AWAY
oh yeah we want whats best for you

blemish
blush
whats HOT to touch is the truth
I dont remember you pull away

____ ____ repeat is something New

The finest day Ive ever had
WAS when Tomorrow never CAME
Im bad at what I do best
Im blessed to know that most are TAME
And for this gift I feel blessed

my credit ran away from me

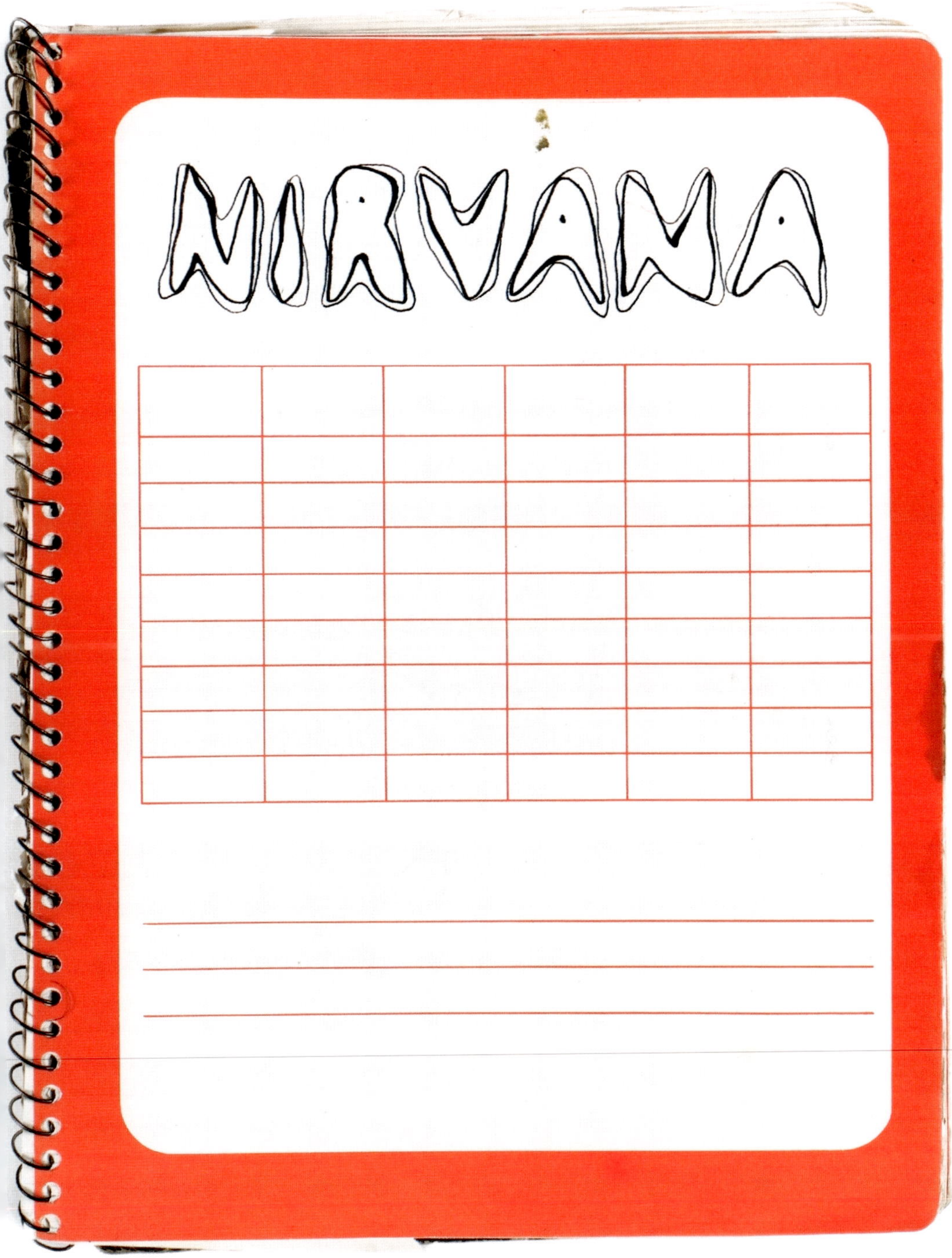
NIRVANA

mead

the Spiral
notebook
11 In. x 8½ In. 70 Sheets
College Ruled
06540
The Mead Corporation, Dayton, Ohio 45463
0 43100 06540

mead
VERSE
CHORUS
VERSE
CHORUS
SOLO
5 CXL 6
PAY 'n SAVE
199

Chorus
120 sheets/college ruled
11x8½in/27.9x21.6cm
3 subject
notebook
06710 The Mead Corporation, Dayton, Ohio 45463
0 43100 06710

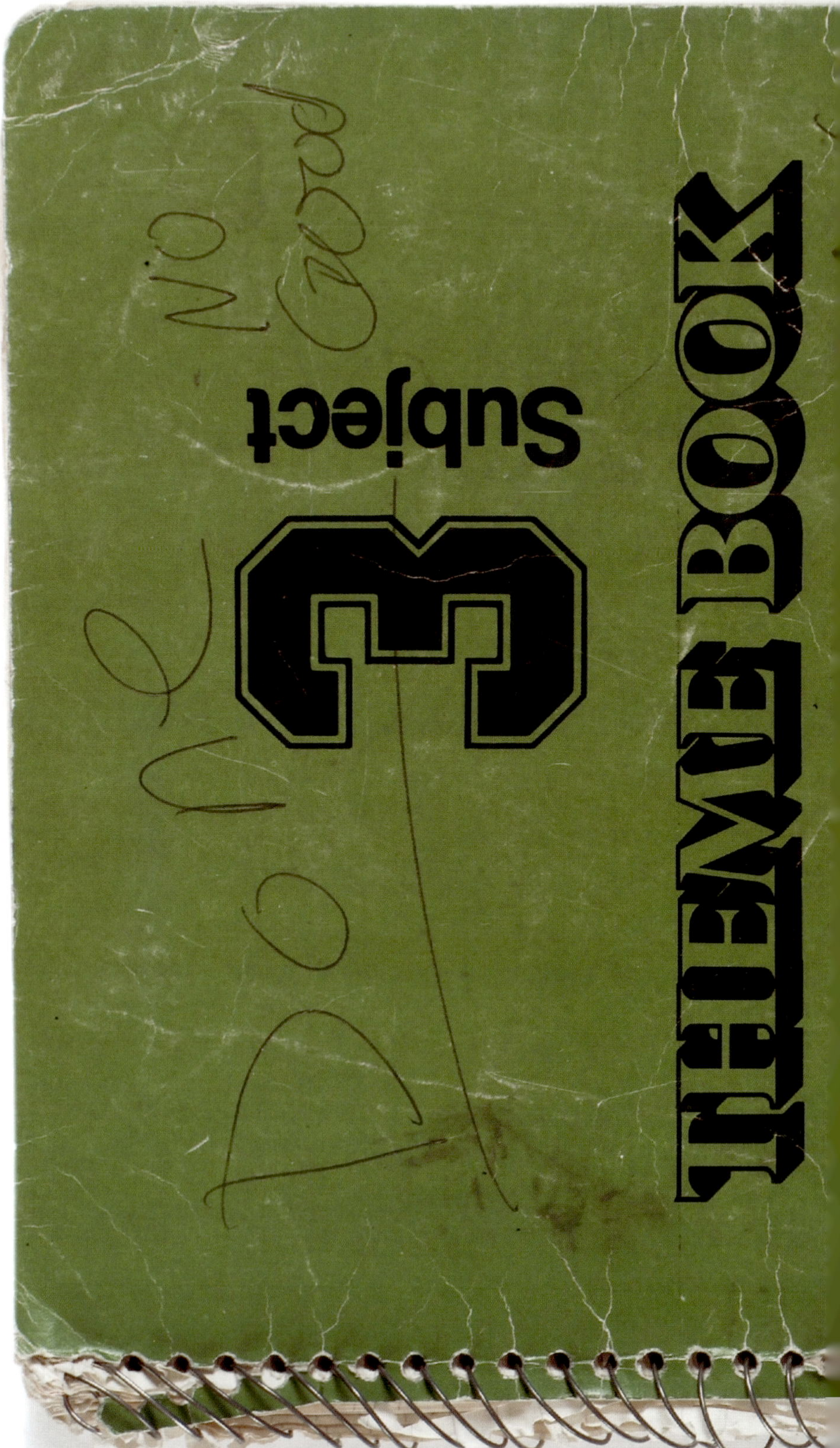
THEME BOOK
3
Subject
Done
No Good

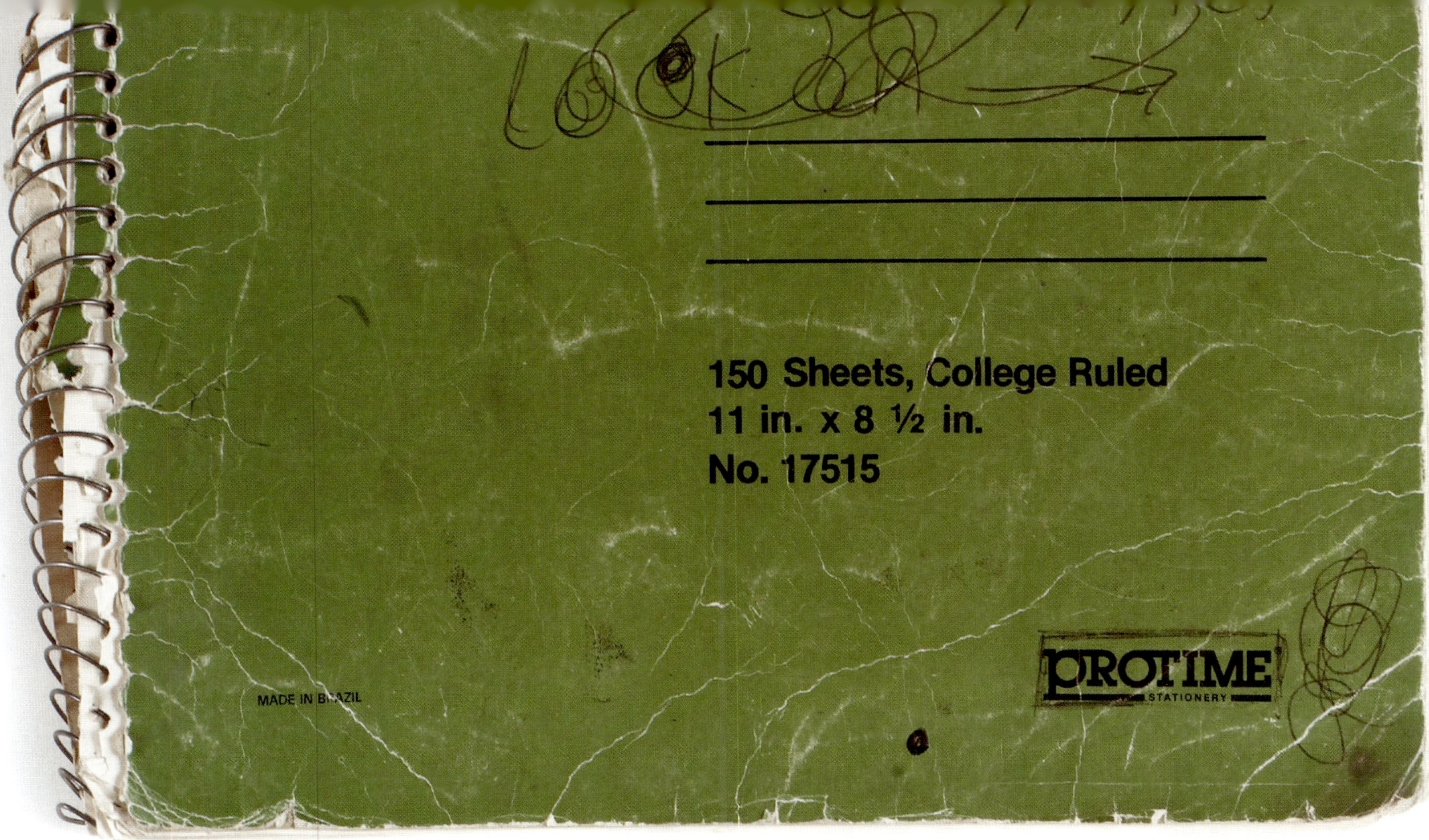
150 Sheets, College Ruled
11 in. x 8 ½ in.
No. 17515
PROTIME
STATIONERY
MADE IN BRAZIL

mead
Flipper

TM
wAshed up, hAs been, drug addicts.
70 sheets/college ruled
11 x 8½ in/27.9 x 21.6 cm
notebook
$ 3-19
0 43100 06540 1
06540 © 1985 The Mead Corporation, Dayton, Ohio 45463 U.S.A.

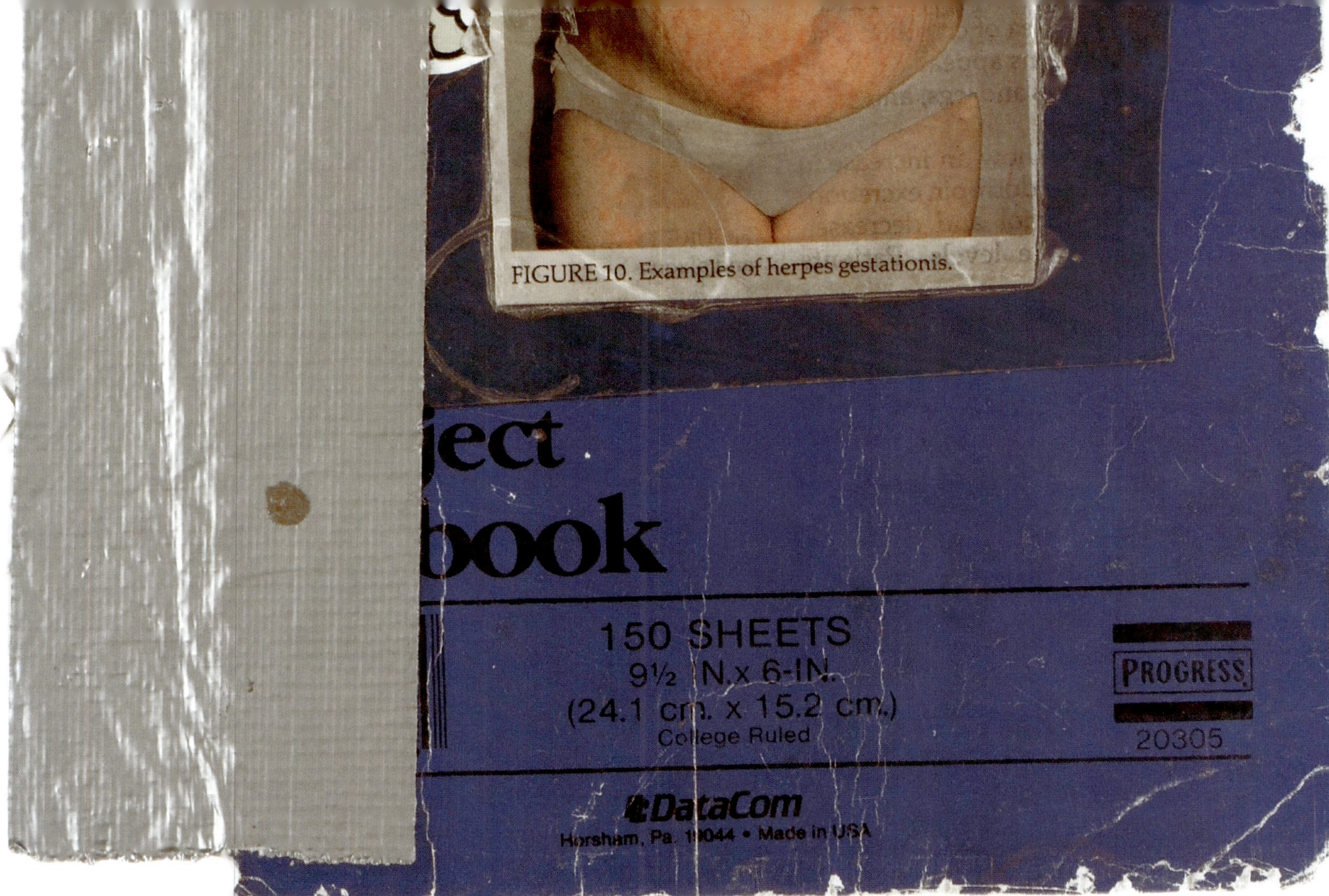
FIGURE 10. Examples of herpes gestationis.
ject
book
150 SHEETS
9½ IN. x 6-IN.
(24.1 cm. x 15.2 cm.)
College Ruled
PROGRESS
20305
DataCom
Horsham, Pa. 19044 • Made in USA

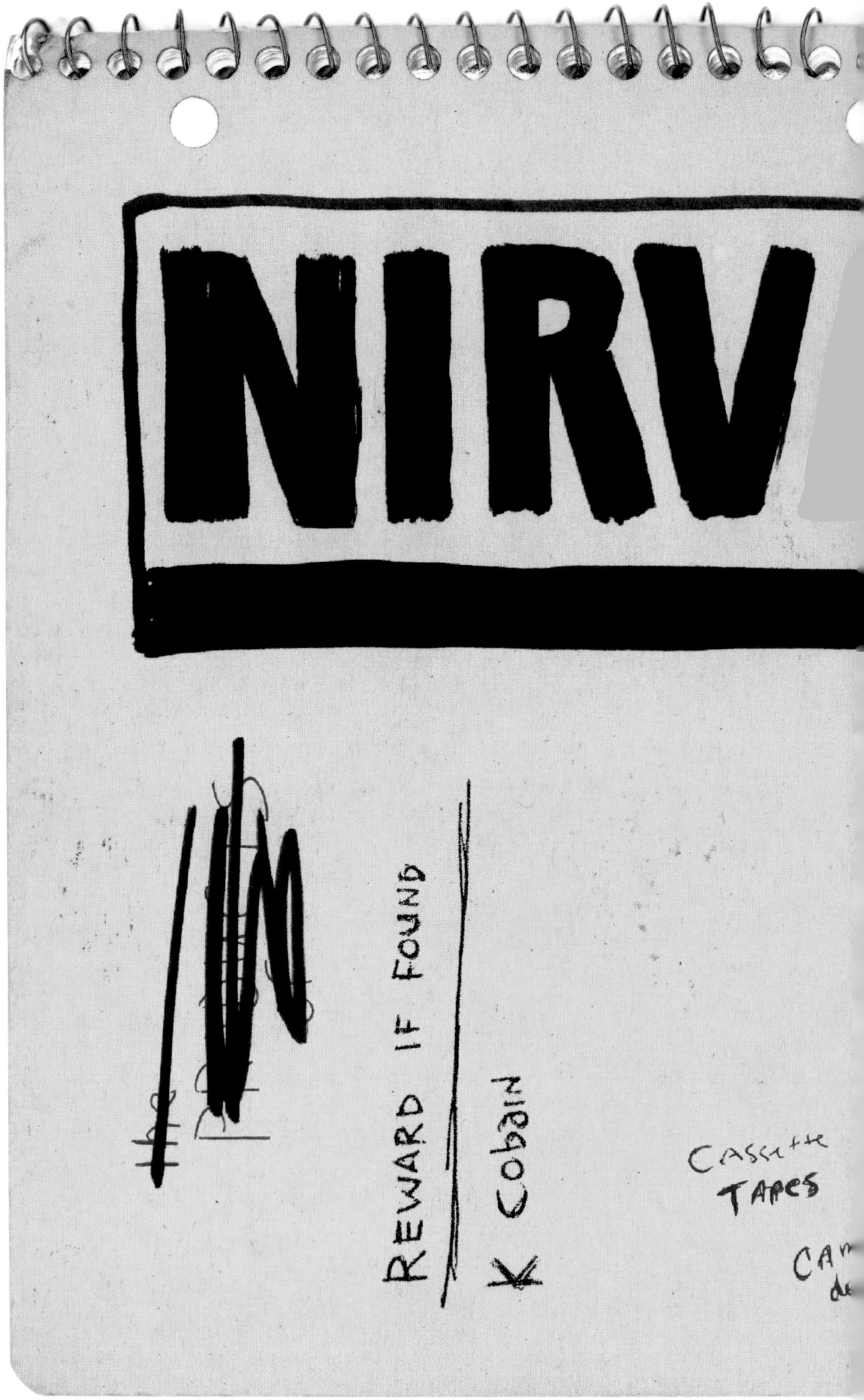
NIRV
REWARD IF FOUND
K Cobain
Cassette Tapes

ANA

Sony

10 P

Ketchup
Coke
Worst chire

8.99

Sprinkle
Garlic Salt
Rub flour on em
Brown em
¼ cup water in pan

N

Night flight
11811 West Olympic BLVD
Los Angeles
CA 90064

Smells like teen spirit

feel

so stupid

Come out and play make up the rules
I know I hope to buy the truth

Take off your clothes I'll see you in court

we know we'll lose but we wont be bored

Come out and play, make up the rules

Dyslexic idiot SAVANT with BAD hearing

load up on Guns & bring your friends
The secret hand shakes pretend

so lazy,

famous

Neurotic Lethargic

Tribe

Variety

everynight be fore bed

Undeserving

Our little group has always been, and always will until the end

We cut our hands & made a pact & swore we're never going back

Tribe Territory

Leaving Pissings Spraying your mark

A mulato an Albino
A mousquito my Libido

YAY

A deposit for A bottle Stuck inside it No Role model

A Denial

The same percent has always been and always will until the end

Say anything just to have an opinion

Who will be the king & Queen
of the Outcasted teens

I hate to use percentages It's nice to know there is A choice

mustang/Jaguar
Jagstang

Color:
Aqua blue/green

LEFT HANDED

very thin neck
small fret wire

white tortoise shell Pick Guard

mustang Single coils
& electronics

Double coil pickup

whatever bridge & tailpiece works best

Um dom de escolha que eu recebi de você

Ah não, eu sei um palavrão

~~Eu pegarei o quanto você puder eu nunca sei~~
~~Quando você vai ficar sem~~

recebi de você

Agora eu esqueço porque eu provo – ah sim
~~Oh não~~ eu acho que me faz sorrir
Por que você não chora quando eu estou [~~*ilegível*~~] longe
Ah sim nós queremos o que é melhor para você

____________ _________ repetir é algo novo

O melhor dia que eu já tive
[~~*ilegível*~~]
Foi quando o amanhã nunca chegou
Eu sou [~~*ilegível*~~] ruim no que – eu faço melhor
[~~*ilegível*~~] Eu sou abençoado por saber ~~manso~~
E por este dom eu me sinto abençoado que a maioria é mansa

Meu crédito fugiu de mim

[*à esquerda*]
~~Mancha~~
~~Blush~~

~~O que é quente ao toque nunca é a verdade errada~~
~~Eu não lembro por que você se retira~~

with the light out It's less dangerous
Here we are now entertain us
I feel stupid And contagious
Here we Are now Segregate us

A mulato An Albino
A mosquito my Libido
YAY

come hang yourself with Umbilicle Noose

UH oh Oh No A Dirty word

Com as luzes apagadas é menos perigoso
Aqui estamos nos entretenha
Eu me sinto estúpido e contagioso
Aqui estamos nos segregue

Um mulato um albino
Um mosquito minha libido
Eba

Venha se enforcar com seu laço umbilical

Uh Oh Oh não um palavrão

Sell the kids for food..
weather changes moods......
SPRING IS HERE AGAIN...
Reproductive glands

[*legenda 1*] Venda as crianças para comprar comida...

[*legenda 2*] O clima muda os humores...

[*legenda 3*] A primavera está aqui de novo...

[*legenda 4*] Glândulas reprodutivas

Lithium

① * I'm so happy because today I found my friends
Theyre in my head.

* I'm so ugly but thats ok cause so are you
~~And~~ we broke our mirrors

Sunday morning is ~~the da~~ everyday for all I care
And I'm ~~not sad scared~~ not scared
Light my candles in a daze cause I found God
Hey Hey Hey

I'm so lonely but thats ok I shaved your head
And I'm not sad

And just maybe
I'm to blame for all I've heard but I'm not sure

I'm so excited I can't wait to meet you
there - but I dont care

I'm so horny thats ok my will is good
~~And I've got food to tie me over and~~
~~Keep my mind on meeting you~~
~~And all my friends~~ Again ~~and again~~

I ~~like~~ you } I'm not gonna crack
I miss you }
I love you
I killed you

"Lithium" (Lítio)

1* Estou tão feliz porque hoje eu encontrei meus amigos
Eles estão na minha cabeça

*Eu sou tão feio mas tudo bem porque você é também
~~E~~ Nós quebramos nosso espelho

Domingo de manhã é ~~o dia~~ todo dia no que me diz respeito
E eu ~~não estou triste assustado~~ assustado
Acender minhas velas [*~~ilegível~~*] em êxtase porque eu achei Deus
Hey Hey Hey

Estou tão solitário mas tudo bem eu raspei sua cabeça
E não estou triste

E talvez
Eu seja o culpado por tudo o que ouvi mas não tenho certeza

Estou tão ~~apressado~~ excitado eu mal posso esperar para te conhecer lá –
Mas eu não me importo

Estou tão excitado mas tudo bem meu desejo é bom
~~E eu tenho comida para me prender e~~
~~Manter minha mente em te conhecer~~
~~E todos os meus amigos de novo e de novo~~

Eu gosto de você } eu não vou ruir
Eu sinto sua falta }
Eu te amo
Eu te matei

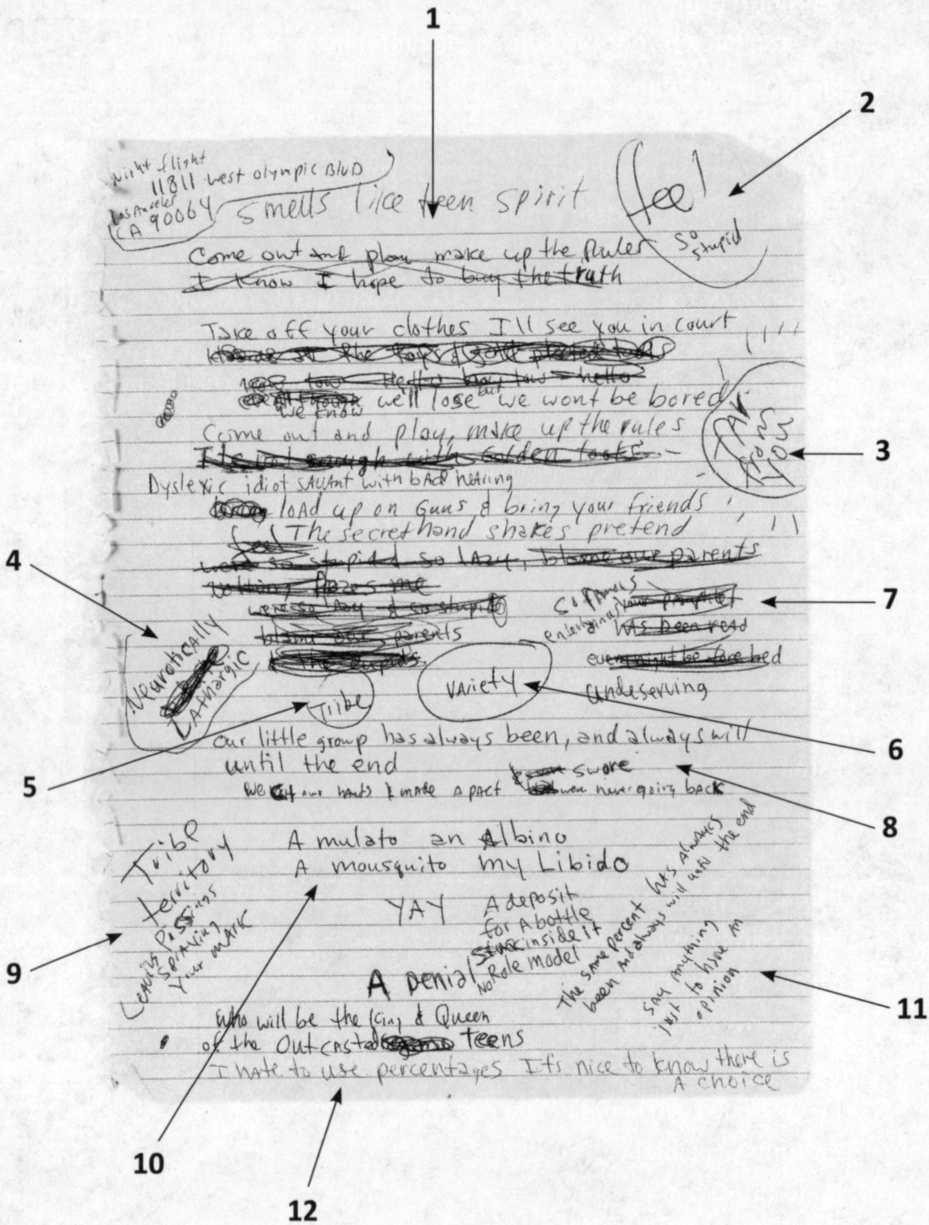

1
2
night flight
11811 west olympic BLVD
Los Angeles CA 90064
smells like teen spirit
feel
so stupid
Come out and play make up the rules
I know I hope to buy the truth
Take off your clothes I'll see you in court
we'll lose but we wont be bored
we know
Come out and play, make up the rules
3
Dyslexic idiot savant with bad hearing
load up on guns & bring your friends
The secret hand shakes pretend
4
parents
So famous
entertaining
7
undeserving
Neurotically
Lethargic
Tribe
variety
6
5
Our little group has always been, and always will
until the end
We cut our hands & made a pact
swore we're never going back
8
Tribe
territory
Pissing
Leaving
spraying
your mark
9
A mulato an Albino
A mousquito my Libido
YAY
A deposit
for A bottle
inside it
No Role model
A Denial
The same percent has always been and always will until the end
say anything just to have an opinion
11
Who will be the king & Queen
of the Outcasted teens
I hate to use percentages It's nice to know there is
A choice
10
12

Voo noturno 11811 West Olympic Blvd
Los Angeles, CA 90064

2. Me sinto tão estúpido

"Smells Like Teen Spirit"

1. Venha brincar invente as regras
~~Eu sei que espero comprar a verdade~~

Tire suas roupas eu te vejo no tribunal
[~~*ilegível*~~]
[~~*ilegível*~~]
[~~*ilegível*~~] Nós sabemos que perderemos mas não ficaremos entediados
Venha brincar, invente as regras
~~Não é o suficiente com estilo dourado~~
Idiota sábio disléxico com respiração ofegante
[~~*ilegível*~~] Se encha de armas e traga seus amigos
Os apertos de mão secretos fingem
~~Somos, nos sentimos tão estúpidos tão preguiçosos, culpamos nossos pais~~
~~Nada me perturba~~
~~Somos tão preguiçosos e tão estúpidos~~
~~Culpamos nossos pais~~
~~Os estúpidos~~

3. Longe de você

4. Neuroticamente ~~sedado~~ letárgico

5. Tribo

6. Variedade

7. Tão famoso
Nos entretenha
~~Seu panfleto~~
~~Foi lido~~
~~Toda noite antes de dormir~~
Desmerecidamente

8. Nosso grupinho sempre foi, e sempre será
Até o fim
Nós cortamos nossas mãos e fizemos um pacto ~~que~~ e juramos que nunca voltaríamos

9. Tribo
Território
Mijando
Espalhando
Sua Marca

10. Um mulato um albino
Um mosquito minha libido
Eba

11. Um depósito
Por uma garrafa
Preso dentro dela
Uma negação
Sem exemplo a seguir
A mesma porcentagem sempre
Foi e sempre será até o fim
Diga qualquer coisa
Só para ter uma
Opinião

12. Quem vai ser Rei e Rainha
Dos [~~*ilegível*~~] adolescentes exilados
Eu odeio usar porcentagens É legal saber que há uma escolha

IN BLOOM

Sell the kids for food - weather
changes moods

Spring is here Again - re-productive
glands

Hes the one who likes all the
pretty songs - and he likes to sing
along - and he likes to shoot his
Gun But He knows not
What it means know not
what it means and I say AAHH

We can have some more
Nature is A whore
Bruises on the fruit
Tender Age in Bloom

"In Bloom" (Florescendo)

Venda as crianças para comprar comida – Clima muda humores
Primavera está aqui de novo – Glândulas reprodutivas

É ele que gosta das músicas bonitas – E ele gosta de cantar junto – e ele gosta de atirar sua arma Mas ele não sabe o que significa Não sabe o que significa e eu digo AHHH

Nós podemos ter um pouco mais
A natureza é uma vadia
Hematomas na fruta
Idade tenra florescendo

I SAW Jesus's FACE in wood panelling

Tastes like chicken

Verse Chorus Verse

LUCKY BLACK sheep BLACKMAiled
I'll see you in court
I WAS SO High that I scratched
until I Bled
AT the end of RAinbows and
of your Rope
I WAS drawn into the
mAgnet TAR pit Pool

Grass is greener over here
leads to burning bridges clear
Reinventing what we knew
I cant wait until im sued —

your the reason i feel pain
it feels so good to feel again

A three Hour tour

SAline on the ocean in A Tank of fumes
wheres my stamp collection? I'm becoming bored
HAve Another bAby its not filled up yet
I've Lost All my contacts And my lACK of Iron
I SAW Jesus image in wood parelling

Buy my Bottled Sweat

He goes without saying

SPAYed & neutered

lACK of iron

[*topo da página, à esquerda*] Eu vi o rosto de Jesus num painel de madeira
[*topo da página, no centro*] Tem gosto de frango

"Verse Chorus Verse"
Ovelha negra sortuda chantageou
~~Eu vou~~ Te vejo no tribunal
Eu estava tão chapado que cocei até sangrar
No fim dos arcos-íris e
~~No fim~~ de sua corda
Eu fui puxado pelo
Poço de piche magnético [~~*ilegível*~~] ~~piscina~~

A grama é mais verde aqui
Leva a [~~*ilegível*~~] queimar pontes distantes
Reinventar o que sabíamos
Mal posso esperar até me processarem –

Você é o motivo pelo qual sinto dor
É uma sensação tão boa sentir de novo

Soro no mar em um tanque de gases
Onde está minha coleção de selos? Estou ficando entediado
Tenha outro bebê ainda não está cheio
Eu perdi minhas lentes de contato e minha deficiência de ferro
Eu vi a imagem de Jesus num painel de madeira

[*à esquerda*]
~~CEP correto~~
~~Postagem paga~~
[~~*ilegível*~~]
Uma turnê de três horas
~~Queimar pontes~~
Compre meu suor engarrafado
HR passa sem falar esterilizado e castrado
Deficiência de ferro

Verse Chorus Verse

Neither side is sacred - No one wants to win - feeling so sedated think Ill just give in - Taking medication till my stomachs full - Im A moody baby

grass is greener - over here -
youre l

Reinventing what we knew
I cant wait until im sued

"Verse Chorus Verse"

Nenhum lado é sagrado ninguém quer ganhar – Me sentindo tão sedado acho que vou apenas ceder – Tomar remédio até meu estômago ficar cheio – Sou um bebê temperamental

A grama é mais verde – Aqui – Você é eu

Reinventando o que já sabíamos
Mal posso esperar até ser processado

Drain you
Smells like

Power

Come As You are

Come as you are - as you were -
As I want you to be -
as A friend - as a friend - as an
old enemy - Take your time -
hurry up - the Choice is yours -
dont be late - take a rest -
as a friend - as an old -
memoria memory ah

Teen Spirit
In Bloom
Drain you
Polly
Lounge Act
Lithium
Come As You Are
Verse Chorus Verse
Immodium
Pay to play
Something in the Way

Come dowsed in mud - Soaked in Bleach
As I want you to be -
As A Trend as a friend as an old
~~enemy~~ memoriah

You said that I remind you of yourself tomorrow

And I swear that I dont have A Gun

"Drain You"

"Come As You Are" (Venha Como Você É)
Venha como você é – Como você era
Como eu quero que você seja –
Como um amigo – Como um amigo – Como um velho inimigo –
Leve o tempo necessário –
Se apresse – A escolha é sua –
Não se atrase – Descanse –
Como um amigo – Como uma velha –
Memória memória ah

Venha coberto de lama – Encharcado de alvejante
Como eu quero que você seja –
Como uma tendência como um amigo como ~~um velho inimigo~~ uma velha memória ah

Você disse que eu te lembro de você mesmo amanhã
E eu juro que não tenho uma arma

[*à esquerda*]
"Smells Like Teen Spirit"
"In Bloom"
"Drain You"
"Polly"
"Lounge Act"
"P-Rock"
"Lithium"
"Come As You Are"
"Verse Chorus Verse"
"Immodium"
"Pay to Play"
"Something In the Way"

Lounge Act

You. - Keepin everything in line
mastering the Art to remind
begging me to lighten up
never seems to be enough
Lounging in the sea
and I've got this

I burnt my hands so I cant feel
I'll wet my bed to make you a deal
I'll gouge my eyes
I'll wear High Heels
I'll wrack my brains to prove I can still
smell Him on you

You - wishin everything Away
Bring it back another day

Safety is a special suit
cover up a flame

"Lounge Act" (Ato de Lounge)

Você. – Mantendo tudo na linha
Dominando a arte de lembrar
Me implorando para me animar
Nunca parece ser o bastante
Relaxando no mar
E eu consegui isso

Eu queimei minhas mãos para não poder sentir
Eu vou molhar minha cama para fazer um acordo com você
Eu vou furar meus olhos
Vou usar salto alto
Vou quebrar minha cabeça para provar que ainda
sinto o cheiro dele em você

Você – Desejando que tudo fosse embora
Trazer de novo outro dia

Segurança é um traje especial
Cobre uma casa

ON A PLAIN

Ill start this off without any words
I got so High that I scratched till I bled

The finest day that Ive ever had
was when I learned to cry on command

Chorus
I love myself Better than you I know its
wrong so what should I do

my mother died every night
Its safe to say dont quote me on that

The Black Sheep got black mailed again
Forgot to put on the zip code

It is now time to make it unclear
to write off lines that dont make sense

Somewhere I have heard this before
IN A dream my memory has stored
As defense Im Neutered & spayed
What the Hell Am I trying to say?

one more special message to go
And then Im done then I can go home

Im on A plain I cant complain
Im on A plane I cant complain

"On a Plain" (Numa Planície)

[*à esquerda*] ~~invasão da nossa pirataria~~

Vou começar isso sem qualquer palavra
Fiquei tão chapado que cocei até sangrar

O melhor dia que eu já tive
Foi quando eu aprendi a chorar voluntariamente

Refrão
Eu me amo melhor que você eu sei que é errado então o que eu devo fazer

[*à esquerda*] ~~Fábrica de ideias~~

Minha mãe morria toda noite
É certo dizer mas não me cite

A ovelha negra foi chantageada de novo
Esqueceu de colocar o CEP

Agora é o momento de deixar obscuro
De descartar versos que não fazem sentido

Já ouvi isso em algum lugar
Em um sonho que minha memória guardou
Como uma defesa estou castrado e esterilizado
O que diabos estou tentando dizer?

Só mais uma mensagem especial
Daí eu termino daí eu posso ir para casa

Estou numa planície eu não posso reclamar
Estou num avião eu não posso reclamar

needed

values
perspective
necessities
essentials

NEVERMIND

In Bloom
Drain You
Lithium
Something in the way
Territorial Pissings
Come as you are
On a plain

~~Sell the kids for food~~
~~Spring is here again~~
I'm worse at what I do best
Oh well whatever, nevermind
~~[illegible] Vitamins~~
~~[illegible]~~
~~I'm a [illegible]~~
~~I can't get to meet you here~~
~~But I don't care~~
~~and [illegible] to blame for all~~
~~[illegible] but I'm not sure~~
~~got so high that I scratched till I bled~~
~~The [illegible] [illegible] became~~
~~my pets~~
~~[illegible]~~
~~Don't delay~~
~~I don't mind if I don't have a mind~~
~~I've never met a wise man~~
~~if so it's a woman~~
It amazes me, the will of instinct
~~[illegible]~~
I don't regret a thing

Necessário
Valores
Perspectiva
Necessidades
Essenciais

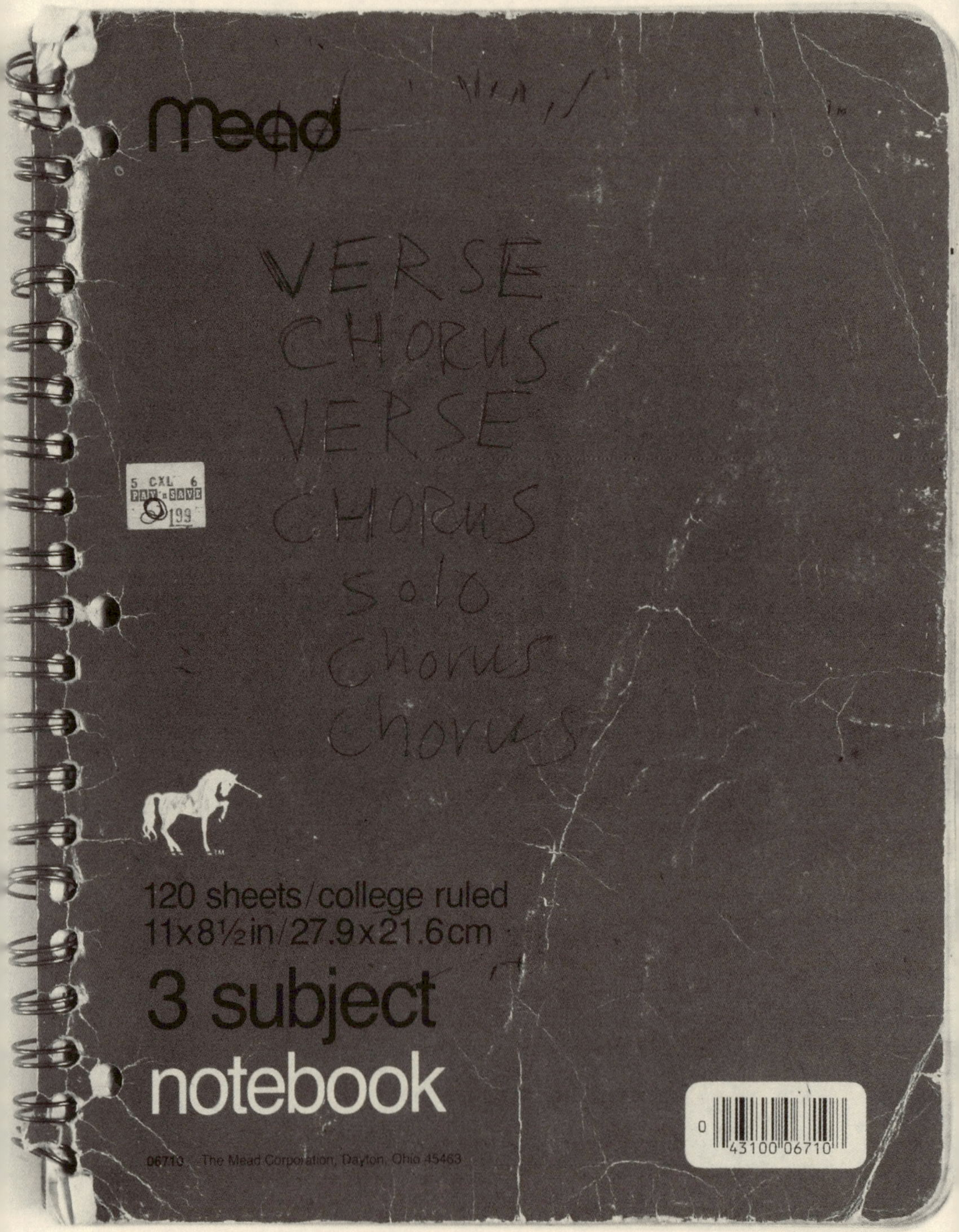
Mead
VERSE
CHORUS
VERSE
CHORUS
Solo
Chorus
Chorus
5 CXL 6
PAY'n SAVE
1.99
120 sheets/college ruled
11x8½in/27.9x21.6cm
3 subject
notebook
06710 The Mead Corporation, Dayton, Ohio 45463
0 43100 06710

Verso
Refrão
Verso
Refrão
Solo
Refrão
Refrão

Hi, I'm 24 years old. I was born a white, lower middle class male off the coast of Washington state. My parents owned a compact stereo component system molded in simulated wood grain casing and a 4 record box set featuring AM radios contemporary hits of the early seventies called 'good vibrations' by Ronco. It had such hits as Tony Orlando & Dawns "Tie a yellow ribbon" and Jim Croche's time in a bottle. After years of my begging they finally bought me a tin drumset with paper heads out of the back of a Sears catalog. Within the first week my sister poked holes in the heads with a screwdriver. I cried to "Seasons in the sun". My mother played a song by Chicago on our piano, I don't remember the name of the song but I'll never forget the melody. My Aunt gave me a blue Hawaiian slide guitar and amp for my 7th birthday, she also during those first precious years had given me the first 3 beatles albums for which I am forever grateful knowing that my musical development would have probably come to a HALT if I had to soak up one more year of the Carpenters and Olivia Newton John.

Oi, eu tenho 24 anos de idade. Nasci como um branco de classe média-baixa no litoral do estado de Washington. Meus pais tinham um som estéreo compacto com caixas cinza imitando madeira e uma caixa com 4 discos contendo sucessos contemporâneos da rádio AM do início dos anos 70 chamada *Good Vibrations*, da Ronco. Tinha sucessos como "Tie a Yellow Ribbon", de Tony Orlando & Dawns, e "Time in a Bottle", de Jim Croche. Após eu implorar por anos, eles finalmente compraram para mim uma bateria pequena com peles de papel de um catálogo da Sears. Dentro de uma semana minha irmã já tinha feito buracos nas peles com uma chave de fenda.

Eu chorei ouvindo "Seasons in the Sun". Minha mãe tocou uma música do Chicago no piano, eu não lembro o nome da música mas nunca esquecerei a melodia. Minha tia me deu uma guitarra slide azul e um amplificador no meu aniversário de 7 anos. Durante aqueles primeiros anos preciosos ela também tinha me dado os 3 primeiros discos dos Beatles, e sou eternamente grato por isso, sabendo que meu desenvolvimento musical provavelmente ~~seria sujeito~~ chegaria ao seu fim se eu tivesse que absorver mais um ano de Carpenters e Olivia Newton John.

IN 1976 i found out that the beatles had been broken up since 71 ~~and I had never heard of Jimi Hendrix~~. My parents got a divorce so I moved in with my dad into a trailer park in an even smaller logging community.

My dads friends talked him into joining the Columbia record club and soon records showed up at my trailer Almost once A week Accumulating quite a ~~larger records by 77~~ collection by 77

Em 1976 eu descobri que os Beatles estavam separados desde 71 ~~e eu nunca tinha ouvido o nome Jimi Hendrix~~. Meus pais se divorciaram daí eu me mudei para um estacionamento de trailers com meu pai em uma comunidade ainda menor de lenhadores. Os amigos do meu pai o convenceram a se inscrever no clube de discos da Columbia, e logo discos apareceram no trailer do meu pai, uma vez por semana, acumulando ~~mais discos até 77~~ uma boa coleção até 77.

What dr? - witt
location? - LAKewood community center
9112 ~~Heady Sw~~ LAKewood dr SW

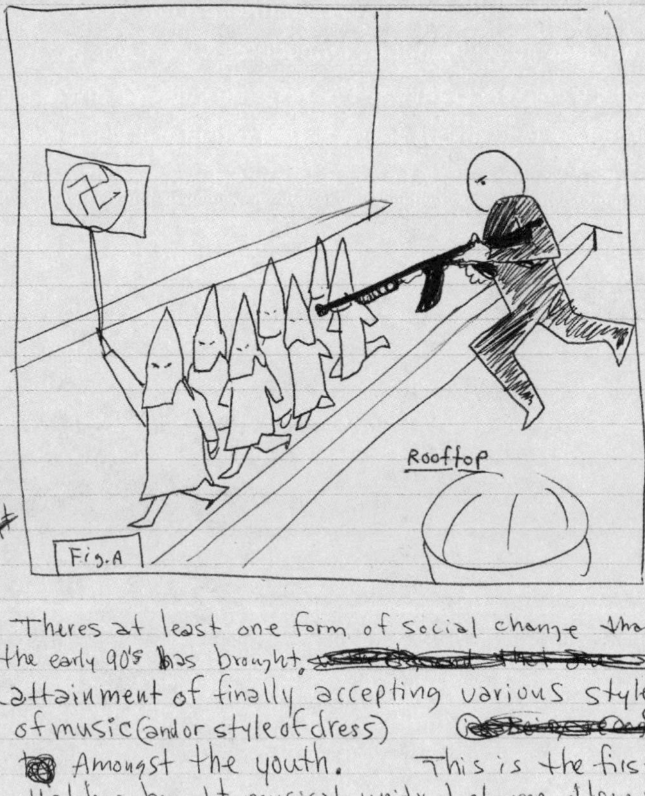

~~AKA~~

Theres at least one form of social change ~~that~~ the early 90's has brought. ~~[illegible]~~ ~~gain~~ the attainment of finally accepting various styles of music (and or style of dress) ~~[illegible]~~ ~~to~~ Amoungst the youth. This is the first generation that has brought musical unity between them and their parents. There TODAY is no generation gap, since the god fearing white bread ~~[illegible]~~ DAYS of the late 40's Just After the 2nd world WAR. Jitterbug Boogie woogie, skittle, hand jive,

~~Achieve~~, ~~accomplish~~, ~~unanimity~~ unanimity

: AMOK :
PO Box 861867
Terminal Annex
Los Angeles, CA 90086-1867

Que doutor? – Witt
Local? – Lakewood Community Center
9112 Lakewood dr. SW

[*no desenho*] Figura A / Telhado

Tem pelo menos uma forma de mudança social que o início dos anos 90 nos trouxe. [~~*ilegível*~~] A conquista de finalmente aceitar vários estilos de música (e/ou vários estilos de roupas) [~~*ilegível*~~] entre os jovens. Esta é a primeira geração que conseguiu unidade musical entre si e seus pais. Hoje não há um intervalo de gerações. Desde o fim dos anos 40, logo após o fim da 2ª Guerra Mundial, quando todos temiam a deus e comiam pão branco.

Jitterbug, boogie woogie, skittle, hand jiving[34].

AMOK
Caixa Postal 861867
Terminal Annex
Los Angeles, CA 90086-1867

[*à esquerda*]
~~Conquista~~
~~Ganho~~
~~Conseguir~~
~~Realização~~
~~Unanimidade~~
Unanimidade

34 Todas as palavras neste parágrafo se referem a estilos de dança. [N.T.]

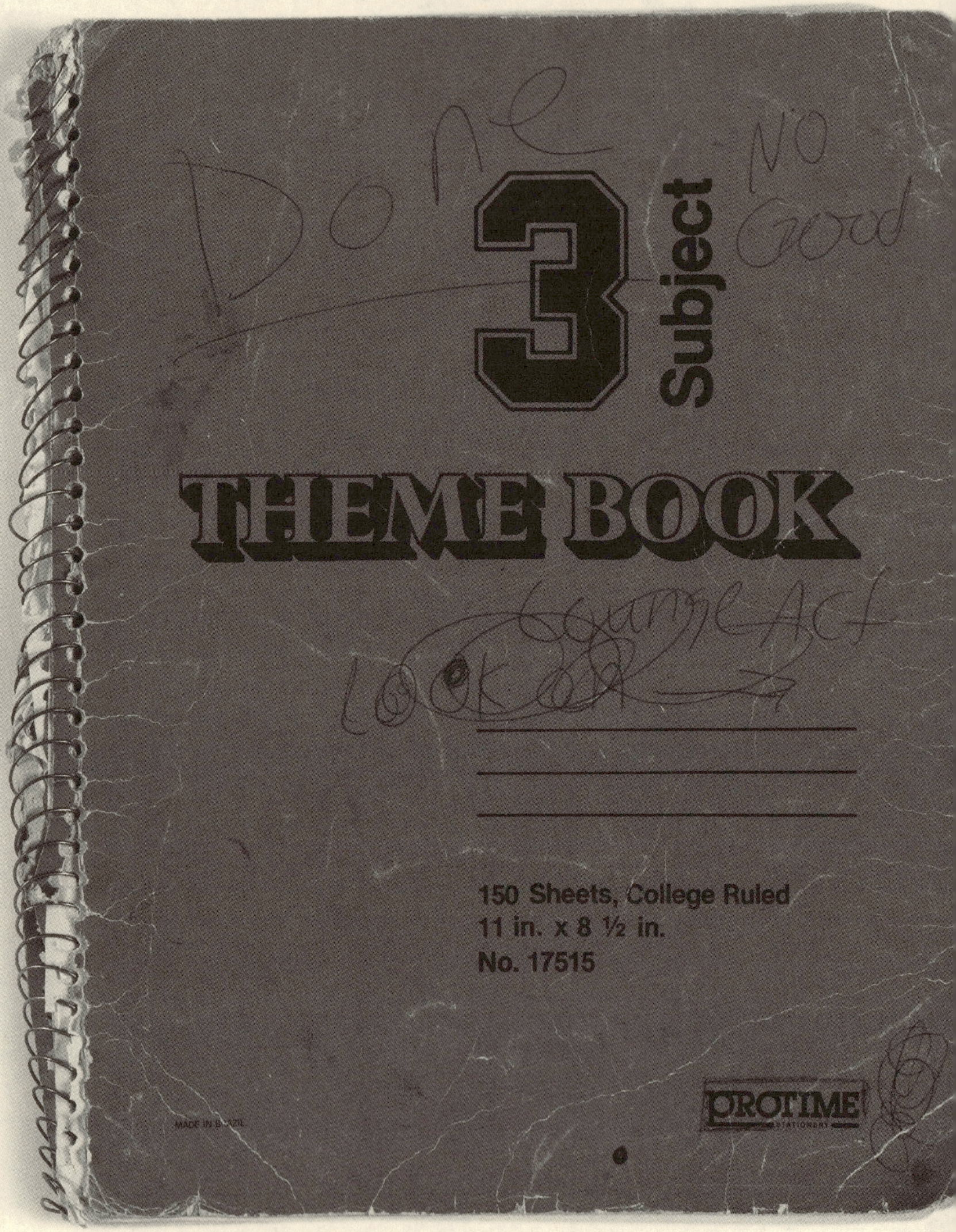
Done
NO Good
3 Subject
THEME BOOK
150 Sheets, College Ruled
11 in. x 8 ½ in.
No. 17515
PROTIME

Feito
Nada bom
"Lounge Act"
Observe

Scream Smells like Teen Spirit
GROSS HAPPY ⓧ DRAin you
HAPPY Lithium
HAPPY IN Bloom
SAD Ⓔ ~~[illegible]~~ Come As you Are
SAD Polly
MAD Territorial Pissings
HAPPY Bree Immodium ~~Verse chorus Verse~~
MAD STAY AWAY
SAD Something in the WAY
HAPPY ⓧ ON A PlAin
HAPPY Lounge ACT

Verse Chorus Verse
* SAPPY
Lounge ACT
ON A PlAin
old Age

Thanks to: ~~[illegible]~~, Jimmy Carter, Susan Sylvers, ~~[illegible]~~, chad channing, Danny peters, the Melvins, Sonic Youth, mudhoney Bob Goldthwait, the Vaselines, the wipers, the Beatles, the pixies, Black flag, scratch Acid, ~~Harry [illegible]~~, Leadbelly, Night Flight, the stooges, ~~the [illegible] 70's divorce [illegible]~~, Olympia, Brothers Quay, flipper, Devo, Gang of four, aron Berkhart, ~~[illegible]~~, flipside, Beat Happening, H.R. Puffnstuff, Mark Lanegan, Tales of Terror, Butthole Surfers, New Wave theatre, REM, young Marble Giants, Aerosmith, Led Zeppelin, Johnathan Poneman, Bruce Pavitt, TAd

~~Thanks to [illegible] Rock~~
~~and everyone we've met whether you were [illegible] or loved~~
~~you were probably inspiring in one way or another~~

Séria		"Smells Like Teen Spirit"	
Nojenta feliz	X	"Drain You"	
Feliz		"Lithium"	
Feliz		"In Bloom"	
Triste	X	~~Come~~ "Come as You Are"	
Triste		"Polly"	
Louca		"Territorial Pissings"	
Feliz	[*ilegível*]	"Immodium"	"Verse Chorus Verse"
Louca		"STAY AWAY"	
Triste		"Something in the Way"	
Feliz	X	"On a Plain"	
Feliz		"Lounge Act"	

[*à direita, no desenho*]
NIRVANA
Nevermind
~~Verse Chorus Verse~~
[*à direita, abaixo do desenho*]
"Verse Chorus Verse"
* "Sappy"
"Lounge Act"
"On a Plain"
"Old Age"

Agradecemos: [~~*ilegível*~~], Jimmy Carter, Susan Sylvers, [~~*ilegível*~~], Chad Channing, Danny Peters, the Melvins, Sonic Youth, Mudhoney, Bob Goldthwait, the Vaselines, the Wipers, the Beatles, the Pixies, Black Flag, Scratch Acid, ~~Harry Dean Stanton~~, Leadbelly, Night Flight, the Stooges, ~~a epidemia de divórcios do começo dos anos 70~~, Olympia, irmãos Quay, Flipper, Devo, Gang of Four, Aaron Berkhart, [~~*ilegível*~~], Flipside, Beat Happening, H.R. Puffnstuff, Mark Lanegan, Tales of Terror, Butthole Surfers, New Wave Theater, R.E.M., Young Marble Giants, Aerosmith, Led Zeppelin, Johnathan Poneman, Bruce Pavitt, TAD

~~Obrigado ao punk rock~~

~~E a todo mundo que já conhecemos, sejam odiados ou amados, vocês provavelmente nos inspiraram de uma forma ou de outra.~~

Thanks to: Un-encouraging parents everywhere for giving their children the will to show them up, and to the white macho-american Male for reminding the small percent who are capable of recognizing injustice to fight you and learn from your sick, sadistic instinctual WAYS may you rot in the very reason you even bothered to stay Alive whatever

Thanks to political figures and those in the entertainment industry who Are the representAtives of gluttony, for reminding us

Dont fuck your children
Dont beat your wife

Agradecemos: aos pais desencorajantes no mundo todo, por dar aos seus filhos a vontade de mostrar a real, e aos machos brancos americanos, por fazer a pequena porcentagem capaz de reconhecer injustiça lembrar que pode lutar contra vocês e aprender com o seu jeito doente, sadista e instintivo. Que vocês apodreçam no motivo que vocês se dão ao trabalho de ~~lutar~~ ficarem vivos se

Obrigado a [~~*ilegível*~~] figuras políticas e aqueles na indústria do entretenimento que são os representantes da gula, por nos lembrar

Não transe com seus filhos
Não bata na sua esposa

NEVERMIND
~~Arma Feliz~~

"Punk is musical freedom. It's saying, doing and playing what you want. Nirvana means freedom from pain and suffering in the external world and thats ~~my~~ close to my definition of punk rock" exclaims guitarist Kurt Kobain. ~~The wieght of that quote~~ Nirvana try to fuse punk energy with Hard rock riffs, all within a pop sensibility. "Speaking of sensibility" adds bass guitarist CHRIS NOVOSELIC "I wish we had more sense, you know basic common sense, like rembering to pay your phone bill or rent". With the band inking a deal with D.G.C earlier this year the band is enjoying all the trappings that come with it. "Trapping, Schmapping fuck it man they throw us A few bones and the lights stay on for a while". rebuffs Drummer Dave Grohl. Cynical of the music industries machinery ~~Fle~~ Nirvana still sees the nesscessity ~~of such apparatice~~ to drive their musical Crusade.

[35]"Punk é liberdade musical. É dizer, fazer e tocar o que você quiser. Nirvana significa liberdade da dor e do sofrimento no mundo externo e isso está ~~minha~~ próximo da minha definição de punk rock", exclama o guitarrista Kurt Kobain. ~~O peso dessa citação~~ Nirvana tenta fundir energia punk rock com riffs de hard rock, tudo dentro de uma sensibilidade pop.

"Falando em sensibilidade", adiciona o baixista CHRIS NOVOSELIC, "eu queria que nós tivéssemos mais senso. Sabe, bom senso básico. Tipo lembrar de pagar a conta do telefone ou o aluguel". Com a banda assinando um contrato com P.G.C. no início deste ano, a banda está aproveitando todos os benefícios da posição.

"Benefícios é o cacete, foda-se, cara, eles nos jogam alguns ossos e as luzes ficam ligadas por um tempo", rebate o baterista Dave Grohl. Cínicos com a indústria musical, ~~eles~~ o Nirvana ainda vê a necessidade de ~~tal aparato~~ conduzir sua cruzada musical.

---

35 Rascunhos de biografia da banda para a gravadora, a ser usada em *Nevermind*, que nunca foi usada.

Nevermind the bands second album but 1st on a major label, culminated two years After the release of their first Album BLEACH. "Kurt notes" ~~HAVE~~ you ever had ~~to find a job~~ a day when you were going to find a job then it was already two o'clock so you just blew it off? then the next day a friend comes over and hangs out, so you'll go tomorrow. Then well tomorrow, then tomorrow etc. etc. etc." Hower during this period the "procratination BUG" didn't AFFECT the bands song writing. An E.P. was relie~~s~~ed BLEW. It had two songs off BLEACH (Love Buzz, BLEW) And two new songs (Been A Son, stain). In the Fall of '90 the band relie~~s~~ed ~~the~~ single. SLiver"/DIVE. There are also various studio outakes and live recordings making the rounds on the ~~greasy~~ sleazy Bootleg market.

Nevermind é o segundo álbum da banda, mas o primeiro em uma gravadora multinacional, culminando dois anos após o lançamento de seu primeiro álbum *BLEACH*. Kurt nota: "~~Você~~ já teve ~~que procurar um emprego~~ um dia em que você ia procurar um emprego daí já eram duas horas então você só deixou pra lá? Daí no dia seguinte um amigo vem na sua casa e passa um tempo, daí você decide ir no dia seguinte. Daí, bem, amanhã, daí amanhã etc. etc. etc.". No entanto, durante esse período o "bichinho da procrastinação" não AFETOU a composição de músicas da banda. Um EP foi lançado, *BLEW*. Ele tinha duas músicas do *BLEACH* ("Love Buzz", "Blew") e duas músicas novas ("Been a Son", "Stain"). No outono de 90 a banda lançou o single *Sliver / Dive*. Também há várias músicas extras e novas gravações circulando no mercado ~~seboso~~ sórdido de música pirateada.

Nirvana ~~toured~~ played alot also during this period: three major tours, including excursions to England twice and elsewhere in Europe once. they played in Berlin one day after the wall Fell. " ~~People were crying at the sight of bananas" recalls Kobain.~~ " there were westerners offering people coming over baskets of fruit and a guy cried at the sight of bananas". recalls Kobain.

the bands roots go back to '87. It's the classic case of two bored art students dropping out and forming a band. Kobain, a saw blade painter specializing in wildlife and seascapes. Met Novoselic whose passion was gluing sea shells and driftwood on burlap potatoe sacks, at the acclaimed Grays Harbor ~~school of northy~~ institute of northwest crafts Chris notes " when I saw Kobains work I new there was something special. I introduced myself to him and asked what his thouts were on this ~~glitter dust~~

Nirvana também ~~fez turnê~~ tocou muito durante esse período – três grandes turnês, incluindo viagens à Inglaterra, duas vezes, e a outras partes da Europa, uma vez. Eles tocaram em Berlim um dia após a queda do Muro. ~~"As pessoas choravam de ver bananas", lembra Kobain~~. "Havia ocidentais oferecendo cestas de fruta às pessoas que vinham do outro lado e um cara chorou ao ver bananas", lembra Kobain.

As raízes da banda se iniciaram em 87. É o clássico caso de dois estudantes de arte entediados largando seus estudos e formando uma banda. Kobain, que trabalhava com impressões e estava se especializando em vida selvagem e paisagens marinhas, conheceu Novoselic, cuja paixão era doar conchas e madeira flutuante em sacos de batata de pano, no aclamado Grays Harbor ~~School of Arts~~ Institute of Northwest Crafts. Chris declara: "Quando eu vi o trabalho do Kobain eu sabia que havia algo especial. Eu me apresentei a ele e perguntei a ele sua opinião sobre uma [~~*ilegível*~~]

macaroni mobile piece I was working on. He suggested I glue glitter on it. from then on it was an artistic partnership that would spawn the basis of what is the magical collaboration of Nirvana today." AFTER A long succesion of drummers Nirvana finally ~~[illegible]~~ ~~[illegible]~~

obra de arte móvel de macarrão que eu estava fazendo. Ele sugeriu que eu colasse glitter nela. Daí em diante foi uma parceria artística que geraria a base do que é a colaboração mágica do Nirvana hoje." APÓS uma longa sucessão de bateristas, Nirvana finalmente [*~~ilegível~~*]

smells like
Teen Spirit

needed

1. mercedes benz and a few old cars
2. Access to Abandoned a mall, main floor and one Jewelry shop.
3. lots of fake Jewelry
4. school Auditorium (Gym)
5. A cAst of hundreds. 1 custodian, students.
6. 6 black cheerleader outfits with Anarchy A's Ⓐ on chest

[36]"Smells Like Teen Spirit"

Necessita-se

1. Mercedes Benz e alguns carros velhos
2. Acesso a um shopping abandonado, piso principal e uma joalheria
3. Muitas joias falsas
4. Auditório escolar (ginásio)
5. Um elenco de centenas / guardiões, alunos
6. 6 trajes pretos de líderes de torcida com o A de anarquia no peito

36 Lista de elementos necessários para o clipe de "Smells Like Teen Spirit".

I had a cigarette in my hand, I thought it was a pen, I started writing a letter to my congressman, I told him about misery and corruption and bat cave - death rock girls who have danced at nude clubs in the city while trying to get off drugs and how they really, really care and if more vegetarian vampires could concentrate on disclaimer-malpractice, sitting in the dark channelling the combined energy of all the lost infant souls in this sphere or realm then we could all sip licorice-flavored alcoholic beverages down by the lazy rivers of the rhone or rhine. I dont have a beef with you, or a terrible, bitter, starvation for or in general. and its really hurting my lungs. This fag is marinated with the fear of the CCPP and laced with heavy metal- power ballads, giving me the clout to use stationary soaked in my favorite perfume and to put a stamp on upside down, only proves how much smell there is here and now, before ancestors and flint or even citrus colored sports bottles. Well, get your priorities straight,

[*ilegível*]

Eu tinha um cigarro na minha mão, achei que era uma ~~grande~~ caneta. Eu comecei a escrever uma carta para meu deputado. Contei para ele sobre a miséria e a corrupção e garotas da batcaverna ~~garotas~~ do death rock que dançavam em clubes de nudez na cidade enquanto tentavam se satisfazer com drogas e como elas realmente, realmente se importam e se mais vampiros vegetarianos pudessem se concentrar na ~~que~~ isenção de negligência, sentando no escuro canalizando a energia combinada de todas as almas infantis nesta esfera ou reino daí nós poderíamos todos beber [*ilegível*] bebidas alcoólicas com sabor de alcaçuz perto dos rios preguiçosos ~~da Jordânia~~ Ródano ou Reno. Eu não tenho uma rusga com você ou uma fome terrível e amarga por isso ou em geral. e realmente machuca meus pulmões. Este cigarro está marinado com o medo da CCPP e batizado com baladas de heavy metal, me dando a influência para usar papel encharcado com meu perfume favorito e para colocar um selo de cabeça pra baixo, o que apenas prova o quanto de cheiro há aqui e agora, antes de ancestrais e pedras ou mesmo garrafas esportivas com cores cítricas. Bem, escolha suas prioridades direito.

~~Você é um bosta. Você é uma pessoa malvada.~~

His jaw dropped. and off slid his finely sculpted, bohemian goatee.

Seu queixo caiu, e o seu cavanhaque cuidadosamente esculpido escorregou pra fora.

Breeders - pod An epic that will never let you forget your ex girlfriend.

pixies surfer rosa - A die-cast metal fossil from a space craft, with or without the fucking production.

Leadbellys last sessions (folkways) vol. 1 - orgones, pyles, cells and he probably knew the difference between male and female hemp.

Vaselines - pink & Green EPS - Eugene + frances = documented love.

young Marble giants - colossal youth - lying in an iron lung filled with luke warm water and epsom salts.

wipers - is this real? - yeah it is.

Shonen Knife - Burning farm EP - when i finally got to see them live, I was transformed into a hysteric nine year old girl at a Beatles concert.

Sex pistols - Nevermind the Bollocks - one million times more important than the Clash

Jad fair - great expectations - with my head phones on, Jad and I share "our little secret" walking thru shopping malls and Air ports.

[~~*ilegível*~~]

Breeders – *Pod* – Um épico que nunca te deixará esquecer sua ex--namorada.

Pixies – *Surfer Rosa* – Um fóssil de mental fundido de uma nave espacial, com ou sem a porra da produção.

Leadbelly – *Leadbelly's Last Sessions Vol. 1* (Folkway) – Orgônio, Pyles, células, e ele provavelmente sabia a diferença entre cânhamo do tipo macho e fêmea.

Vaselines – *Pink & Green EPs* – Eugene + Frances = amor documentado.

Young Marble Giants – *Colossal Youth* – Deitado em um pulmão de aço cheio de água morna e sal Epsom.

Wipers – *Is This Real?* – Sim, é real.

Shonen Knife – *Burning Farm EP* – Quando eu finalmente os vi ao vivo, virei uma menina histérica de nove anos de idade num show dos Beatles.

Sex Pistols – *Nevermind the Bollocks...* – Um milhão de vezes mais importante que The Clash.

Jad Fair – *Great Expectations* – Com meus fones de ouvido, Jad e eu ~~temos o melhor~~ compartilhamos "nosso pequeno segredo" andando por shopping centers e aeroportos.

YEAH, And then
~~they wiped their butts with it then~~

Set it on fire!

rehabilitation, sympathy: Groups.
usually small, non profit or state funded
organizations directed ~~tow~~ helping rape
victims cope with the crimes ~~on them~~.
brought upon them, also known as
rape crisis centers or planned parenthood
who by the way have now ~~been~~ just recently
been ~~informed~~ warned that it ~~now is unlawful~~
soon will be unlawful for doctors
working at these centers (usually on a
voluntary basis) to offer young pregnant
women every option available, meaning:
~~abortion~~ They are not allowed to suggest
the option of abortion,

this is happening in the U.S. so why should you care? it could probably happen here as well.

I wonder if it was an intentional
decision ~~to leave out such~~ ~~for your~~ on your part
to ~~leave out~~ ~~such~~ omit vital key words as

not print

such as the sympathy or rehabilitation, instead,
leaving the word 'group' all by its lonesome
to deceivingly make this rediculous little
quote to read as if I were attacking
other groups (meaning Rock Bands)
for inefficiently ~~for~~ addressing rape and in turn
so righteously claiming that the song polly
was ~~intended to~~ written as a rebuttle
towards ~~these~~ groups or (your so-called
(ROCK bands) and to claim that ~~this~~
~~song is ... has effectively~~
our BAND (NIRVANA) have conciously decided that
it is our devout crusade ~~for us, to~~, as a band,
to teach men not to rape. ~~~~
We find it very frustrating to engage in a 2
Hour in depth interview and to waste these

[*à esquerda*]

Isto está acontecendo nos EUA então por que você deveria se importar? Poderia acontecer aí também.

É, e daí eles limparam suas bundas com aquilo, e tacaram fogo!

Reabilitação, compaixão: Grupos, geralmente pequenos, organizações sem fins lucrativos ou fundadas pelo estado, com o objetivo de ajudar vítimas de estupro a lidar com os crimes ~~a elas~~ cometidos contra elas. Também conhecidos como Rape Crisis Centers[37] ou Planned Parenthood[38] que, por sinal, agora ~~foram~~ recentemente foram [~~*ilegível*~~] avisadas que ~~agora é ilegal~~ logo será ilegal que doutores trabalhando nesses centros (geralmente como voluntários) ofereçam todas as opções disponíveis a jovens mulheres grávidas, ou seja: ~~aborto~~ eles não têm permissão para sugerir a opção do aborto.

[~~*ilegível*~~] Eu fico pensando se foi uma decisão intencional ~~de deixar de fora isso de sua~~ da sua parte ~~deixar fora tais~~ não imprimir palavras-chave importantes como compaixão ou reabilitação, deixando, ao contrário, a palavra "grupo" isolada, enganosamente fazendo essa citação ridícula dar a impressão de que eu estava atacando outros grupos (ou seja, bandas de rock) por ineficientemente ~~por~~ abordar o estupro, e, em vez disso, tão arrogantemente declarando que a música "Polly" foi ~~intencionada~~ escrita como uma resposta contra os grupos ou (suas assim chamadas (bandas de rock) e alegar que ~~esta música ("Polly") [*ilegível*]~~ nossa banda (NIRVANA) conscientemente decidiu que é nossa cruzada devota [~~*ilegível*~~], como uma banda, ensinar os homens a não estuprar. [~~*ilegível*~~] Nós achamos muito frustrante participar de uma entrevista detalhada de 2 horas e desperdiçar essas

37 Centros para tratamento de crise de vítimas de estupro. [N.T.]

38 Federação de Paternidade Planejada da América. [N.T.]

two hours giving what we felt was a pretty insightful interview ~~and~~ then it turns out, only a few embarrasingly misquoted words were used, ~~making it~~ not to mention one quote literally stolen from another article a few months ~~earlier~~ ago from NME (guns n roses attack) and in the end making it seem as if were a band who have nothing better to say than garbled - second rate political rantings, we are not politically correct, but yes we do ~~[illegible]~~ have opinions on these ~~matters~~ but we don't deserve the illusive display ~~of the next Guns and roses~~ ~~your more responsible for the exaggerated Commercial Hype~~

Being solely A political band, it's quite obvious that were not qualified or prolific enough to even try. thats why 90% of our interviews consist of half witted talk about music or our pets and when squeezed out of us about 10% of sincere, politically personal viewpoints revealed, and why is this? learning the hard way, to not ~~be~~ able to trust the majority of the incestually-competetive english journalist. talk about politics shall we? how many ~~sadistic~~ times have journalists of both papers

duas horas dando o que sentimos que era uma entrevista bem informada, ~~e~~ daí descobrimos que apenas algumas palavras citadas erroneamente, de forma vergonhosa, foram utilizadas, ~~fazendo~~ sem falar de uma citação literalmente roubada de outro artigo de alguns meses [~~*ilegível*~~] atrás da NME (ataque ao Guns N' Roses) e ao final fazer parecer que havia uma banda que não tinha nada melhor a falar do que divagações políticas de quinta categoria. Nós não somos politicamente corretos, mas sim, nós ~~sentimos~~ temos opiniões sobre esses [~~*ilegível*~~] assuntos, mas não merecemos a demonstração ilusória ~~do próximo Guns N' Roses~~

~~seu [*ilegível*] responsável pelo ibope comercial exasperado~~

como sendo apenas uma banda política, é bem óbvio que não somos qualificados ou prolíficos o suficiente para sequer tentar. É por isso que 90% de nossas entrevistas consistem em conversas idiotas sobre música ou nossos animais de estimação, e quando nos espremem revelamos os 10% de pontos de vista sinceros e politicamente pessoais, e por quê? Aprendendo da forma mais difícil, a não ser capaz de confiar na maioria dos jornalistas britânicos incestuosamente competitivos. Falando em política, né? Quantas ~~sadistas~~ vezes os jornalistas de dois jornais

stabbed one another in the back, lied or provided favors in order to beat one another for a cover story ~~~~ with the same band? er, just a guess. sensationalist tabloids are quite harmless and its understandable why they are needed when the majority of present rock bands, have nothing to say musically but musical inspiration seems to have been deformed by the vicious and self serving pleasure of the journalist which naturally incites bands to become paranoid Defensive, Jaded, abusive and uncooperative. the english journalist is a ~~~~ second rate self apointed judge who couldnt make it to becoming a ~~therapist~~ mental therapist, theyre enemic, clammy, physically deformed, gnome-like, internally upset with a dysfunctional ability to stabilize a relationship (except with eachother) and sincerely masochistic who would bathe in the glamour of nude photos of themselves with handcuffs behind the back, on their knees wearing a diaper with a ~~~~ rubber cock stuffed in their mouth, and these photos pasted on every cover magazine in Europe. the rivals and the poachers shall one day ban together ~~~~ print one tabloid ~~~~ monthly.

and the weak crumbs will report to the custodial arts. ~~~~

love kur-d-t Koebane

we gleefully decline the opportunity to be raped by the limey Journalist. By saying to future interview? No thanks No thank You

apunhalaram um ao outro pelas costas, mentiram ou fizeram favores para passar a perna no outro por uma matéria de capa [~~*ilegível*~~] com a mesma banda? É, só um palpite. Tabloides sensacionalistas são inofensivos e é compreensível por que eles são necessários, quando a maioria das bandas de rock atuais não tem nada para dizer musicalmente. Mas a inspiração musical parece ter sido deformada pelo prazer perverso e egoísta do jornalista que naturalmente incentiva bandas a ficarem paranoicas, defensivas, cansadas, abusivas e sem vontade de cooperar. O jornalista britânico é um ~~masoquista~~ juiz de quinta categoria autodeclarado que não conseguiria ser um terapeuta mental. Eles são nojentos, pegajosos, fisicamente deformados, parecidos com gnomos, internamente chateados com uma habilidade disfuncional de estabilizar um relacionamento (exceto com eles mesmos) e sinceramente masoquistas, que adorariam o glamour de serem fotografados nus, algemados por trás das costas, de joelhos, vestindo uma fralda com um [~~*ilegível*~~] pinto de borracha enfiado em sua boca. E ver essas fotos repetidas em todas as capas de revistas da Europa. Os rivais e os ladrões um dia andarão juntos para imprimir um tabloide [~~*ilegível*~~] mensalmente.

E os fracotes vão reportar as artes custodiais. [~~*ilegível*~~]

Com amor,

Kur-d-t Koebane

[*à esquerda*]

Nós alegremente rejeitamos a oportunidade de sermos estuprados pelo jornalista infeliz. E falando de futuro [~~*ilegível*~~]? Não, valeu. Não, obrigado.

Hi,

yeah, all Isms feed off one another, but at the top of the food Chain is still the white, corporate, macho, strong ox male, Not redeemable as far as im concerned. I mean, classism is determined by sexism because the male decides whether All other isms still exists. its up to men.

Im just saying that people cant deny any ism or think that some are more or less subordinate. except for sexism. He's in Charge He decides. I still think that in order to expand on all other isms, sexism has to be blown wide open,

Its almost impossible to de program the incestually-established, male oppressor, especially the one's whove been weaned on it thru their familys generations, like die hard N.R.A freaks and inherited, corporate, power mongrels, the ones who were born into no choice but to keep the torch and only let sparks fall for the rest of us to gather at their feet. But there are thousands of Green minds, young gullable 15 year old Boys out there just starting to fall into the grain of what theyve been told of what a man is supposed to be, and there are plenty of tools to use, the most effective tool is entertainment. The entertainment industry is just now

[39]Oi,

É, todos os ismos se alimentam uns dos outros, mas no topo da cadeia alimentar ainda está o homem branco, corporativo, macho, forte [~~*ilegível*~~] como um touro. Irredimível na minha opinião. Quero dizer, classicismo é determinado pelo sexismo porque o macho decide se ~~sexismo~~ todos os outros ismos ainda existem ~~ainda~~. Cabe aos homens. [~~*ilegível*~~] Só estou dizendo que as pessoas não podem negar qualquer ismo ou achar que alguns são mais ou menos subordinados. ~~Mas eu ainda acho que para~~

Exceto pelo sexismo. Ele está no comando. Ele decide. Eu ainda acho que para expandir todos os outros ismos, o sexismo tem que ser completamente exposto, ~~é como quando você~~ é quase impossível desprogramar o macho opressor estabelecido incestuosamente, ~~mas tipo~~ especialmente os que se acostumaram com isso através de gerações de suas famílias, como os doidos do NRA[40] e os vira-latas que herdaram poder corporativo, os que nasceram sem escolha a não ser segurar a tocha acesa e só deixar faíscas caírem para nos juntarmos aos seus pés. Mas há milhares de mentes inexperientes. Meninos de 15 anos começando a entender o que ouviram sobre o que um homem deve ser e há muitas ferramentas para usar ~~a mais~~. A ferramenta mais eficiente é o entretenimento. A indústria do entretenimento está só

39 Carta para Tobi Vail, baterista da banda Bikini Kill, de Olympia, escrita alguns dias após a gravação do disco *Nevermind*, na primavera de 1991.
40 NRA é a Associação Nacional de Rifles da América. [N.T.]

starting to accept us. (mainly because of trendy falseness ~~of~~ environmentally, socially concience hype) ie. the new 90s Attitude, which is at a total standstill because of the patriotic, aftermath of the war and all its Nuremberg rally-parades) but theyre using media! Media. Major labels. ((the evil corporate Oppressors, (god I need a new word!) the ones who are in KAhoots with the government, the ones the underground movement went into retaliation against in the early 80s.) The corporations are finally allowing ~~subversive~~ supposedly subversive, alternative thinking bands to have a loan of money to expose their crusade, ~~whether~~ obviously they arent ~~~~ forking out loans for this reason, but more because it looks to be a money making, comodity. but we can use them! We can pose as the enemy to ~~to~~ infiltrate the mechanics of the system to start its rot from the inside. Sabotage the empire by pretending to play their game. compromise just enough to call their bluff. And the hairy, sweaty, macho, sexist dickheads will soon drown in a pool of razorblades and semen, stemmed from the uprising of their children, the armed and deprogrammed crusade, littering the floors of WAll street with revolutionary debris.

Assasinating both the lesser and greater of two evils. bringing an everlasting, sterile and bacterial, herbacious and botanical and corporate cleansing for our

começando a nos aceitar (principalmente por causa da tendência falsa do hyppie ambiental e socialmente consciente. A nova atitude dos anos 90, que está totalmente travada por causa do pós-guerra patriótico, e todos os comícios e desfiles), mas eles estão usando a mídia! Mídia. Gravadoras multinacionais. (Os malignos opressores corporativos, meu deus eu preciso de uma palavra nova!) aqueles que estão em conluio com o governo, aqueles que o movimento underground retaliou contra no começo dos anos 80. As corporações estão finalmente dando empréstimos a bandas de pensamento ~~subversivo~~ supostamente subversivo e alternativo, para expor sua cruzada, ~~seja~~ obviamente eles não estão ~~fazendo~~ dando empréstimos por esse motivo, é mais porque parece ser um produto que gera dinheiro. Mas nós podemos usá-los? Nós podemos fingir ser o inimigo pra ~~pra~~ nos infiltrarmos no sistema para começar a apodrecê-lo por dentro. Sabotar o império fingindo jogar o jogo deles. Ceder só o suficiente para expor a mentira deles. E os babacas peludos, suados, machistas, sexistas logo se afogarão em uma piscina de navalhas e sêmen, originadas da revolta de seus filhos, a cruzada armada e desprogramada, forrando o piso de Wall Street com detritos revolucionários.

Assassinando o menor e o maior de dois males. Trazendo uma limpeza corporativa eterna, estéril e bacteriana, herbácea e botânica, para nossos

ancestors to gaze in wonderment and Awe. AWE! geezus christ. (repeat): posing as the enemy to infiltrate the mechanics of the empire and slowly start its rot from the inside, its an inside job - it starts with the custodians and the cheerleaders. And ends with the entertainers.

: The youth are waiting, impatiently.

Homophobe VACCECTOMY.

Its like what said about how in school there was this class that you went to and they were teaching the girls to prepare themselves for rape and when you looked outside and saw the rapers outside playing football and you said "they are the ones who should be in here being taught not to rape".

How true. Suck em in with quality entertainment and hit em with reality.

The revolution will be televised.

Theres this new 24 hour channel on cable called the 90s, which is available only in a few states so far and it's magazine version can be seen on pbs (public broadcasting system) once a week, it's Pretty damn informative and it exposes injustices in a kind of conservative-/liberal format, but its new so it has to be that way. Ive seen it a few times and really liked it. Also Night flight is back. you know, the show that used to play new wave theatre?

We plan to use these shows and others if given the chance. Yeah I know, I'm a confused, uneducated, walking cliche, but I dont need to be inspired any longer, just supported.

ancestrais observarem com encanto e admiração. ADMIRAÇÃO! Jesuis Cristo. (Repita): fingir ser o inimigo para nos infiltrarmos no sistema do império para começar a apodrecê-lo por dentro é um trabalho interno. Começa com os guardiões e com as líderes de torcida. E termina com os artistas.

~~Eles~~ A juventude está esperando, impacientemente. Vasectomia homofóbica.

É como aquilo que a Kathleen disse sobre como na escola tinha uma aula que você ia e ensinavam às meninas como se preparar para o estupro, e quando você olhava para fora via os estupradores do lado de fora jogando futebol americano, e você disse "eles que deveriam estar aqui aprendendo a não estuprar".

Tão verdadeiro! Atraia-os com entretenimento de qualidade e acerte eles com a realidade.

A revolução será televisionada.

Tem um novo canal 24 horas por dia na TV a cabo chamado The 90s, que está disponível apenas em alguns estados até agora e sua versão resumida pode ser vista no PBS (Public Broadcasting System) [*~~ilegível~~*] uma vez por semana, é bem informativo e expõe injustiças [*~~ilegível~~*] em um formato meio conservativo / liberal, mas é novo então tem que ser desse jeito. Eu já vi algumas vezes e gostei muito. *Night Flight* também voltou. Você sabe, o programa que costumava passar *New Wave Theatre*?

Nós planejamos usar esses programas e ~~mais~~ outros se tivermos a chance. É, eu sei, eu sou um clichê ambulante, confuso, inculto, mas eu não preciso mais ser inspirado, só apoiado.

Oh yeah, Gluttony, I almost forgot Gluttony,
The band now has an image: the anti-gluttony, materialism & consumerism image which we plan to incorporate into all of our videos. The first one: "Smells like teen spirit" will have us walking through a mall throwing thousands of dollars into the air as mall-goers scramble like vulchers to collect as much as they can get their hands on, then we walk into a jewelry store & smash it up in anti-materialist fueled, punk rock violence. then we go to A pep Assembly at a High school And the Cheerleaders have Ⓐnarchy A's on their sweaters and the Custodian militant-revolutionarys hand out guns with flowers in the barrels to all the cheering students who file down to the center court and throw their money & Jewelry & Andrew dice Clay Tapes into A big pile then we set it on fire and run out of the building screaming. Oh, didnt twisted sister already do this?

Things that have been taken from me within the past 2 months: 1 wallet, drivers license etc.. $2400.00 three guitars (including the mosrite) all my neato 70's effect boxes, apartment and phone. but I got a really neato left handed 67 Fender Jaguar which is in my opinon, almost as cool as a mustang. So I consider it a fair trade for the mosrite

Ah, sim, a Gula. Eu quase esqueci a Gula. A banda agora tem uma imagem: a imagem contra gula, materialismo e consumismo que planejamos incorporar em todos os nossos clipes. O primeiro: "Smells Like Teen Spirit" nos mostrará andando em um shopping center, jogando milhares de dólares no ar, enquanto consumidores se amontoam como abutres para tentar pegar o máximo de dinheiro que podem, daí nós entramos em uma joalheria e quebramos tudo com uma violência punk rock antimaterialista. [*~~ilegível~~*] Daí nós vamos para uma assembleia estudantil em uma escola e as líderes de torcida têm o A de anarquia em suas roupas e os guardiões-militantes-revolucionários entregam armas com flores no cano para todos os alunos torcendo, que andam pelo centro da quadra e jogam seu dinheiro e suas joias e fitas do Andrew Dice Clay em uma pilha enorme, daí tacamos fogo em tudo e saímos do prédio gritando. Peraí, o Twisted Sister já não fez isso?

Coisas que foram tiradas de mim nos últimos 2 meses: 1 carteira, com carteira de motorista etc.; $400,00; três guitarras (incluindo a Moserite); todos os meus pedais legais dos anos 70; apartamento; e telefone. Mas ~~hoje~~ eu recebi uma Fender Jaguar canhota de 67, que é, na minha opinião, quase tão legal quanto uma Mustang. Então eu considero uma troca justa pela Moserite.

while staying in LA.
We almost got killed by gang members.
well, sort of.
Dave Franz and I were in the parking lot of a famous, female-mudwrestler-night club scoring lewds, when all of a sudden two gass guzzling cars pulled up next to us and five cho-los with knives and guns walked over to the car closest to ours and started yelling & cursing in gang lingo at eachother. But then by the motto of "To protect and serve" the cops show up, which insighted the gang bangers to flee away in their cars, resulting in a hot pursuit - Car Chase. There were even hellicopters with search lights.
Needless to say we scored our lewds and split. We played a really fun show with fits of Depersion at a really small coffee house called the jabberjaw. We were indescribably fucked up on booze and drugs, out of tune and rather uh, sloppy. It took me about fifteen minutes to change my guitar string while people heckled and called me drunk Robyn Zander, (cheap trick lead singer?)
After the show I ran outside and vomited. then I came back in to find Iggy pop there so I gave him A sloppy-puke breath kiss and hug. He's A really friendly and cool and nice and interesting person, It was probably the most flattering moment of my life.

Enquanto estávamos em Los Angeles

Nós quase fomos mortos por membros de uma gangue.

Bem, mais ou menos.

Dave Franz e eu estávamos no estacionamento de um clube noturno famoso onde mulheres lutam na lama, tentando se dar bem, quando, de repente, dois carros devoradores de gasolina pararam do nosso lado e cinco latinos com facas e armas vieram até o carro próximo de nós e começaram a gritar e xingar na gíria da gangue, uns com os outros. Daí, seguindo o lema "proteger e servir", os policiais apareceram, o que deu a deixa para os gângsteres fugirem em seus carros, resultando em uma perseguição automobilística. Tinha até helicópteros com holofotes.

Não preciso nem dizer que conseguimos nos dar bem e vazamos. Nós fizemos um show bem legal com o Fitz of Depression em uma cafeteria minúscula chamada Jabberjaw. Estávamos indescritivelmente chapados de álcool e drogas, desafinados e, é, desleixados. Levei uns 15 minutos para trocar a corda da minha guitarra enquanto a plateia me provocava e me chamava de Robyn Zander bêbado (o vocalista do Cheap Trick).

Após o show eu corri para fora e vomitei. Daí voltei para dentro e achei o Iggy Pop lá, então dei um beijo com hálito de vômito nele e um abraço. Ele é um cara muito amigável e legal e interessante. Foi provavelmente o momento mais lisonjeiro da minha vida.

As you may have guessed by now I've been taking a lot of drugs lately
It might be time for the Betty Ford Clinic or the Richard Nixon library to save me from abusing my anemic, rodent-like body any longer. I can't wait to be back at home (wherever that is) in bed, neurotic and malnourished and complaining how the weather sucks and its the whole reason for my misery. I miss you, Bikini Kill.
I totally love you.
Kurdt

Como você já deve ter imaginado, eu tenho usado muitas drogas ultimamente. Talvez seja a hora da clínica Betty Ford ou da biblioteca Richard Nixon me impedirem de continuar abusando do meu corpo anêmico de roedor. Mal posso esperar para estar de volta em casa (seja lá onde isso for) na cama, neurótico e desnutrido e reclamando do clima. E esse é o motivo da minha tristeza. Eu sinto sua falta, Bikini Kill.

Eu te amo demais.

Kurdt

There is a small percent of the population who were **BORN** with the ability to detect injustice. they have Tendencies to question injustice and to look for answers (by their oppressors standards) in ways that would be considered abnormal. They have Tendencies and talents in the sense that they know from an early age that they have the gift to challenge what is expected of their future.

These kids are usually hyperactive, uncontrollable brats who never know when to quit because their so wrapped up in whatever their trying to prove, that they eventually offend someone, not meaning to of course, This is good.

They usually go through childhood thinking their special. its partly instinctual and maybe theyve been told by their parents or teachers, that their special. maybe theyre put in a gifted childrens — over achiever class in grade school. for whatever reason they end up molding into a person aware of their abilities and not understanding them and having bloated egos caused by societys insistance that those with an overly-functional insight should be praised and considered to be on a higher level of easy access to success. Eventually they beome totally confused and bitter adolescents who tend to see nothing but injustice because by that time they (usually) have had the chance to be exposed to others like them who learn from their gifted, bohemian ancestors.

Ancestors

Há uma pequena porcentagem da população que **NASCEU** com a habilidade de detectar a injustiça. Eles têm tendências de questionar a injustiça e procurar por respostas de maneiras que seriam consideradas anormais pelos padrões de seus opressores. Eles têm tendências e talentos no sentido de que sabem, desde cedo, que eles têm o dom de desafiar o que é esperado de seu futuro.

Esses jovens geralmente são moleques hiperativos e incontroláveis, que nunca sabem quando parar porque estão tão absorvidos no que eles estão tentando provar, seja lá o que for isso, que eles alguma hora ofendem alguém, sem querer, claro. Isso é bom.

Eles geralmente passam a infância pensando que são especiais. É parcialmente instintivo e talvez tenham ouvido de seus pais ou professores que são especiais. Talvez eles sejam colocados numa aula para crianças superdotadas ou com habilidades especiais na escola primária. Por alguma razão, eles acabam virando cientes de suas habilidades, sem entendê-las, e tendo egos inflados causados pela sociedade insistindo na ideia de que aqueles com [~~*ilegível*~~] um ponto de vista excessivamente funcional ~~devem~~ deveriam ser elogiados e considerados num patamar superior ~~de em direção a~~ com acesso fácil ao sucesso. Após um tempo, eles tornam-se adolescentes totalmente confusos e amargos que tendem a ver nada além da injustiça, porque até aquele ponto eles (geralmente) já tiveram a chance de ser expostos a outros como eles, que aprenderam de seus ancestrais boêmios talentosos.

[*à esquerda*] Ancestrais

conciousness The larger percent who have and always will dominate the smaller percent simply because they outnumber were not BORN with even the slightest ability to comprehend injustice. there are the stump dump Average Joe or Lawyers Garbagemen of life.
Its not their fault because they physically lack that special, extra group of cells in the brain that welcome a questioning conciousness.
This is definitely Not hereditary.
It is definitely not their fault.
They aren't simply misguided.
Of course the extremes and levels of the ability to detect injustice range to all levels. these people usually fit in the bracket that not described AS Could be easily compared to the level of one who is marginally retarded.
You know, the ones who have the symptoms of mongoloid rings around the eyes yet they can still act on prime time Television dramas.
All other so called talents like, dance, singing, acting, wood carving and Art is mostly a developmental culmination of exercise trying to towards attaining perfection thru practice.
NO True talent is organ fully organic.
born passion yet the obviously Superior talented have not only control of study but that extra special, little gift at birth – fueled by passion. A built in, totally Spiritual, unexplainable, New Age, fuckin, cosmic energy bursting love for passion.
And yes, they are an even smaller percent amongst the small percent, And they Are Special! mistrust All Systematizers.
All things cannot be evaluated to the point of total Logic or Science. No one is special enough to realize Answer that.

[à esquerda] Consciência
nascer
paixão

A porcentagem maior, que sempre dominou e sempre dominará a porcentagem menor simplesmente porque estão em número maior, não **NASCEU** com a mínima habilidade de compreender a injustiça. Estes são os zé-povinhos, lixeiros ou advogados, da vida. Não é culpa deles porque eles carecem fisicamente daquele grupo extra de células no cérebro que consegue receber uma consciência de questionamento.

Isto definitivamente não é hereditário.

Definitivamente não é culpa deles.

Eles não são simplesmente desorientados.

É claro que os extremos ~~de~~ e níveis da habilidade de desferir injustiça vão a todos os níveis. Essas pessoas geralmente se encaixam na categoria que poderia ser ~~facilmente~~ comparada com o nível de alguém que mal consegue ser considerado não retardado.

Você sabe, aqueles que têm os sintomas de anéis mongoloides ao redor de seus olhos, e mesmo assim conseguem atuar em dramas televisivos do horário nobre.

Todos os outros supostos talentos, como dançar, cantar, atuar, entalhar em madeira e arte, são majoritariamente a culminação do exercício de desenvolvimento, tentando ~~para~~ atingir a perfeição através da prática.

Nenhum talento real é ~~orgâ~~ totalmente orgânico.

Mesmo assim, os que obviamente têm talento superior possuem mais que o controle do estudo, eles têm aquele dom extra, especial, ~~de~~ que receberam ao nascer – abastecido por paixão. Uma energia embutida, totalmente espiritual, inexplicável, new age, cósmica, do caralho, explodindo de amor pela paixão.

E sim, eles são uma porcentagem ainda menor entre a porcentagem pequena. E eles são especiais! Desconfie de todos os sistematizadores. Nem todas as coisas podem ser avaliadas ao ponto de total lógica ou ciência. Ninguém é especial o suficiente para ~~perceber~~ responder a isso.

This is not to be taken seriously.
This is not to be read as opinions.
It is to be read as poetry.
Its obvious that I am on the educated level of about 10th grade in High school. It's obvious that these words were not thought out or even re-read, ~~[illegible]~~ this writing style is what I like to call thru the perspective of a 10th grader, her/~~his~~ attempt at showing that no matter what level of intelligence one is on, we all question love and lack of love and fear of love.
Its good to question authority and to fight it just to make things a bit less boring, but ive always reverted back to the the Conclusion that man is not redeemable and words that dont necersarily have their expected meanings can be used descriptively in a sentence as Art. True english is so fucking boring. And this little pit-stop we call life, that we so seriously worry about is nothing but a small, over the week end jail sentence, compared to what will come with death.
life isnt nearly as sacred as the appreciation of passion.

Isto não deve ser levado a sério.

Isto não deve ser lido como uma opinião.

Isto deve ser lido como poesia.

É óbvio que eu estou no nível de educação aproximado de alguém no segundo ano do ensino médio. É óbvio que estas palavras não foram planejadas ou sequer revisadas. [~~*ilegível*~~] Este estilo de escrita é o que eu gosto de chamar de "pela perspectiva de um aluno do segundo ano do ensino médio", a tentativa dele/dela de mostrar que não importa o nível de inteligência de alguém, todos nós questionamos amor e falta de amor e medo de amor.

É bom questionar autoridade e lutar contra ela, só para deixar as coisas um pouco menos entediantes, mas eu sempre voltei para a conclusão de que o homem não é redimível, e palavras que não têm seu sentido esperado podem ser usadas descritivamente em uma frase como arte. A língua inglesa verdadeira é chata pra caralho. E essa pequena parada que chamamos de vida, com a qual nos preocupamos tão seriamente, é nada mais que um fim de semana na cadeia, quando comparada ao que vem com a morte.

A vida não é tão sagrada quanto a apreciação da paixão, nem de perto.

[à esquerda]

~~É bom questionar a autoridade mas eu sempre cheguei à mesma conclusão de que o homem não é redimível e esta pequena parada que chamamos de vida, com a qual nos preocupamos tão seriamente é nada mais que uma sentença de prisão comparada ao que virá com a morte.~~

If were going to be ghettoised, I'd rather be in the same slum as bands that are good like mudhoney, ~~Sonic Youth~~ Jesus Lizard, the Melvins and Beat happening rather than being a tennant of the Corporate Landlords regime.

I mean, were playing the Corporate game ~~but~~ and were playing as best as we can ~~because~~ suddenly we found ourselves having to actually play instead of using the Corporations great distribution while staying in our little world because we sold 10 times more the amount of records we had expected to sell. It's just a shock to be doing ~~[illegible]~~ interviews with magazines that I don't read

positive >

there are alot of bands who claim to be alternative and theyre nothing but ~~a~~ stripped down, ex Sunset strip hair farming bands of a few years ago

I would love to be erased from ~~the~~ our association with pearl Jam or the Nymphs and other first time offenders.

Alternative bands have tried to the general public every year since the sex pistols and have failed every time not the fault of the bands but the times werent right, the Reagan years were so effective in keeping out ~~too~~ Any chance of a better concience which ~~[illegible]~~ is why there were so many great indie do it yourself bands thruout the 80s as subverts towards Reagan because he was such a creep.

Se vamos virar um gueto, eu prefiro estar na mesma favela que as bandas boas como Mudhoney, ~~Sonic Youth~~ Jesus Lizard, the Melvins e Beat Happening, em vez de ser um inquilino do regime dos proprietários corporativos.

Quero dizer, estamos jogando o jogo corporativo ~~mas~~ e estamos fazendo o melhor possível ~~porque~~. De repente nos encontramos tendo que jogar de verdade, em vez de usar a grande distribuição das corporações enquanto ficamos no nosso mundinho porque vendemos 10 vezes mais discos que esperávamos vender. É um choque fazer [~~*ilegível*~~] entrevistas com revistas que eu não leio.

[*à esquerda*] positivo

Há muitas bandas que dizem ser alternativas, mas não são nada mais que versões mais básicas das bandas da Sunset Strip de alguns anos atrás, que deixavam o cabelo crescer por preguiça.

Eu adoraria que apagassem ~~da~~ a nossa associação com o Pearl Jam ou os Nymphs e outros réus primários.

Bandas alternativas tentam [*espaço em branco*] o público em geral, todo ano, desde os Sex Pistols, e fracassaram todas as vezes, não por culpa das bandas, mas não era o tempo certo. Os anos do Reagan foram tão eficientes em excluir qualquer chance de uma consciência melhor que ~~gerou~~ foi o motivo para haver tantas bandas indie boas do estilo faça você mesmo nos anos 80, como subversão contra o Reagan, porque ele era tão medonho.

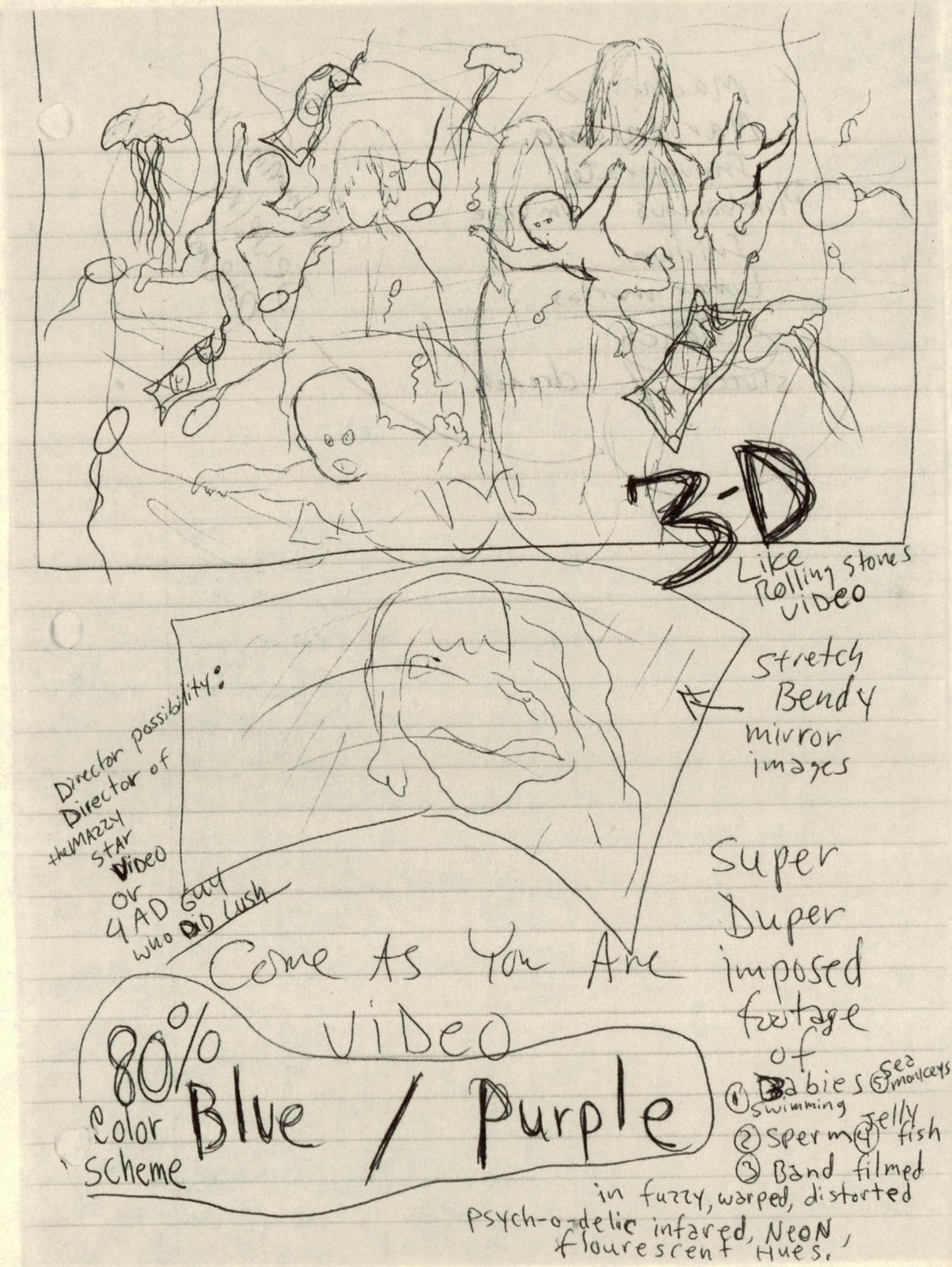
3-D
Like Rolling stones video
stretch Bendy mirror images
Director possibility:
Director of the MAZZY STAR video
or 4AD Guy who did Lush
Come As You Are
video
80% color scheme
Blue / Purple
Super Duper imposed footage of
① Babies swimming
⑤ sea monkeys
② sperm
④ Jelly fish
③ Band filmed in fuzzy, warped, distorted psych-o-delic infared, NEON, flourescent hues.

[41]**3-D** como no clipe
dos Rolling Stones

Imagens no espelho
esticadas e distorcidas

Possibilidades de diretores:
Diretor do clipe do Mazzy Star
ou
Cara da 4AD que fez Lush

Vídeos ultrassobrepostos de: 1- Bebês nadando; 2- Esperma; 3- Banda filmada em tons neon, infravermelhos, fluorescentes, psicodélicos, distorcidos; 4- Águas-vivas; 5- Kikos marinhos.

Clipe "Come As You Are"

Esquema de cores: 80%
Azul / Roxo

41 Conceito para o clipe "Come as You Are".

MELVINS

They have Reagan or Bush vote republican
stickers on the bumper of their Van
to fend off nasty Rodney King Cops

All three members consistently sculpt various models ~~displays~~
of the Goatee facial hair fashion oh except for peach fuzz, -
pieeyed, baby face, Sometimes pinch an inchish, sometimes Annorexorcist,
skin tight purple Levis, wearin Jimmy from HR Puffnstuff haircut,
ex-Tea head, smoking non-smoker ~~Dale~~ All around nice Guy Dale Crover

oh by the way has the best drummer in the world.

MELVINS

Eles têm adesivos “Vote Republicano” do Reagan ou Bush no para--choque da van deles, para evitar policiais nojentos tipo os que bateram no Rodney King.

Todos os três membros consistentemente esculpem ~~várias amostras~~ vários modelos de moda facial com suas barbichas, ah exceto pelo sr. textura de pêssego, olho de torta, cara de bebê, às vezes belisca a isca, às vezes Anorexorcista, vestindo calça Levis skinny roxa, cabelo do Jimmy do HR Puffnstuff, ex-maconheiro, fumante não fumante, ~~Dale~~ cara muito legal, Dale Crover.

[*letras pequenas, à esquerda*] Ah, a propósito, ele é o melhor baterista do mundo

Its hard to decipher the difference between
a sincere entertainer and an honest swindler.

Ive ~~vomited~~ violently vomited to the point of my stomach literally turning itself inside out to show you the fine hairlike nerves Ive kept and raised as my children, garnishing and marinating Each one as if God had fucked me and planted these precious little eggs. and I parade them around in peacock ~~victory~~ and maternal pride like a whore relieved from the duties of repeated rape and torture, promoted to a more dignified ~~promotion~~ Job of just plain old every day, good old, wholesome prostitution. my feathers are my pussy.

CArtoon

oh how I love the brutal effect of just one word ~~offered~~ offering to ponder like....

Cartoon

fuck man, think about it,

CArtoon

HEAVY man

HEAVY

If you think everythings been said and done
then how come nothing has been solved
and resolved?
I ASK you.
Sarcastically with a sneer. in A 90's way.
kinda uh, defensively to say the least and to do the worst.

É difícil achar a diferença entre um artista sincero e um caloteiro honesto.

Eu ~~vomitei~~ já vomitei violentamente ao ponto de meu estômago literalmente virar do avesso para mostrar os nervos capilares que criei como meus filhos, adornando e marinando cada um como se deus tivesse me fodido e plantado esses pequenos ovos preciosos. E eu os exibo por aí como um pavão vitorioso, com orgulho maternal, como uma puta liberada dos deveres de estupro e tortura reincidentes, ~~promoção~~ promovido a um emprego mais digno: a simples, mundana, boa e velha prostituição. Minhas penas são minha buceta.

DESENHO ANIMADO

sobre como eu amo o efeito brutal de oferecer apenas uma palavra ~~oferecer~~ para refletir como...

Desenho animado

Puta merda, cara, pensa nisso.

Desenho animado

Pesado, cara

Pesado

Se você acha que tudo já foi dito e feito
então como que nada foi solucionado
e resolvido?
Eu te pergunto.
Sarcasticamente com um desdém estilo anos 90.

Meio que, é... defensivamente, para dizer o mínimo e fazer o pior.

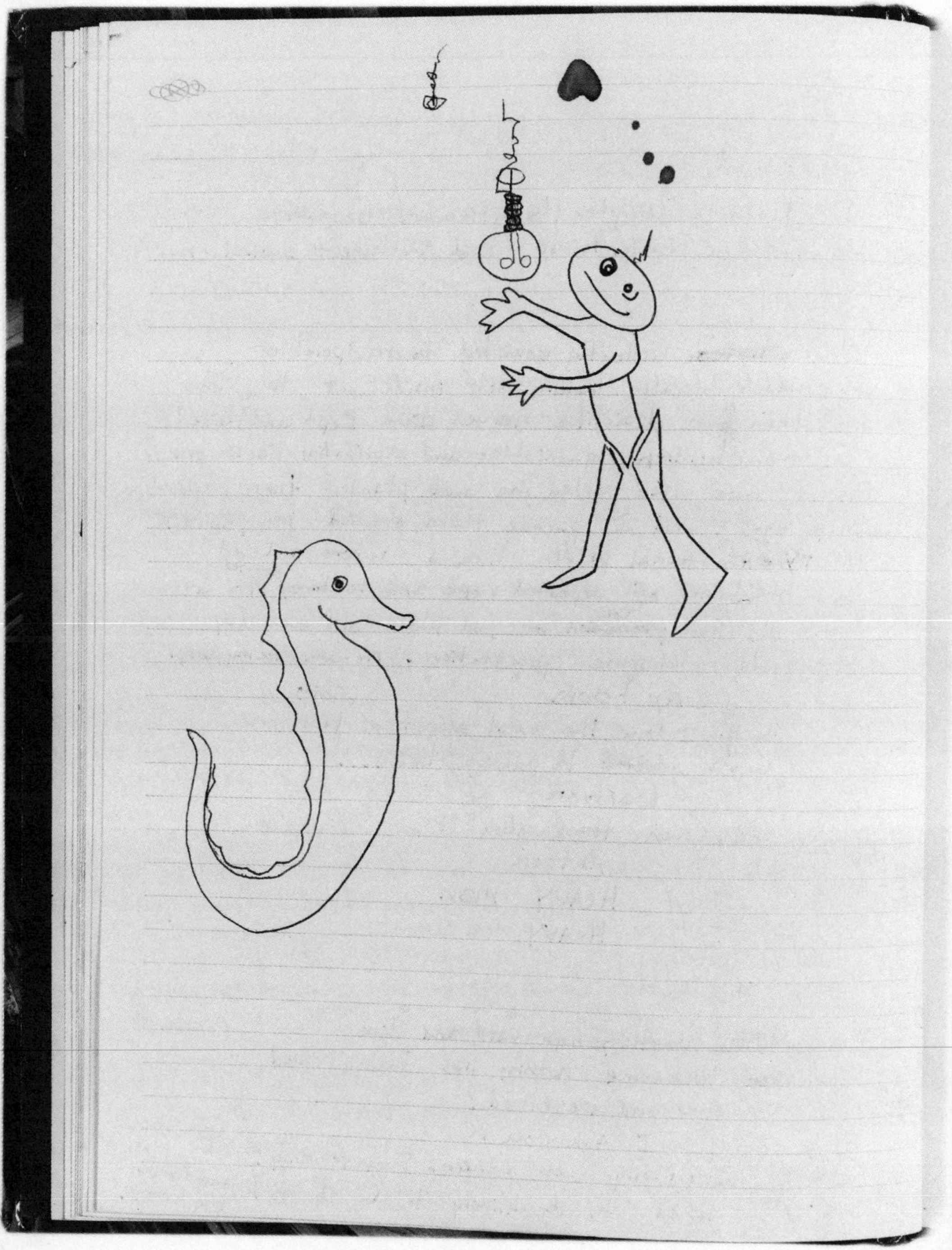

I kind of feel like a dork writing about myself like this as if I were an American pop-Rock Icon - demi God, or A self confessed product of corporate-packaged-rebellion, but Ive heard so many insanely exhaggerated stories or reports from my friends and Ive read so many pathetic second rate, freudian evaluations from interviews from my childhood up until the present state of my personality and how Im A notoriously fucked up Heroine addict, Alcoholic, self destructive, yet overtly sensitive frail, fragile, soft spoken, narcoleptic, Neurotic, little piss Ant who At any minute is going to O.D. Jump off a roof wig out. Blow my head off or All 3 At once.

Oh Peez GAWD I can't handle the success! the success! And I feel So incredibly Guilty! for Abandoning my true commrades. the ones who are devoted. the ones who were into us A few years Ago And in 10 years when NIRVANA becomes as memorable As KASA-goo-goo that same, very small percent will come to see us At reunion gigs sponsored by Depend's diapers, bald fat, still trying to RAWK. At Amusement PARKS. Saturdays Puppet show, Rollercoaster & NIRVANA

Eu meio que me sinto um bobão escrevendo ~~ou de~~ sobre mim como se eu fosse um ícone semideus do pop rock americano ou um produto confesso da rebelião embalada pelas corporações. Mas eu já ouvi tantas histórias ou relatos exagerados dos meus amigos, e já li tantas avaliações freudianas patéticas, de segunda, de entrevistas da minha infância até o estado atual da minha personalidade e sobre como ~~eu não consigo lidar com o sucesso~~ eu sou obviamente um fodido, viciado em heroína, alcoólatra, autodestrutivo e ao mesmo tempo excessivamente sensível, frágil, fraco, de voz baixa, narcoléptico, ~~nur~~ neurótico, um bostinha que vai ter uma overdose a qualquer momento, pular de um prédio loucão, [~~*ilegível*~~], explodir minha cabeça ou todas as 3 opções ao mesmo tempo. Nossa, meu deus, eu não consigo lidar com o sucesso! O sucesso! E eu me sinto tão incrivelmente Culpado! por abandonar meus verdadeiros camaradas, os devotos. Os que gostavam de nós alguns anos atrás. E em 10 anos ~~quando formos~~ quando o Nirvana se tornar tão memorável quanto o Kajagoogoo, ~~em 10 anos os mesmos~~ aquela mesma pequena porcentagem VAI aos nossos shows de reunião, patrocinados pelas fraldas Depend, velhos e gordos, ainda tentando fazer ROQUE. Em [~~*ilegível*~~] parques de diversão, aos sábados, shows de marionetes, montanhas-russas e NIRVANA.

[*à esquerda*] Culpa.

ASK Jenny Tumi if we can re-print her how to record A record essay, for this fanzine.

~~[illegible]~~ After all the hype and oogling over us this past year I've come to two conclusions,

1: we've made A way better commercial record than Poison,

2: there Are quadruple the Amount of Bad Rock Journalists than there are bad Rock Bands.

Well for those of you who are concerned with my present physical and mental state.

I Am Not A Junkie.

I Am Not GAY, Although I wish I were, just to piss of Homophobes

I've had a rather unconclusive and uncomfortable stomach condition for the past 3 years which by the way is not related to stress which also means it is not an ulcer, because there is no pattern to the burning, nauseaus pain in my upper abdominal cavity, I never know when it will ~~[illegible]~~ happen, I can be at home in the most relaxed atmosphere sipping ~~boric acid~~, ~~and~~ ~~a~~ Natural spring water, No stress, No fuss and them WHAM! like A shot Gun: StoMACH Time, then I CAn play 100 ~~shows~~ live performances in A row Guzzle Boric Acid & do ~~a~~ A zillion television interviews and Not even A Burp. This has left doctors with no ideas except the usual: here Kurt, try another peptic ulcer pill and lets jam this fibre optic

~~to say the~~ lust perplexed

this has left many doctors perplexed

Pergunte à Jenny Tumi se podemos imprimir o texto dela sobre como gravar um disco. Para esta fanzine.

[~~*ilegível*~~] Depois de todo o hype e adoração sobre nós no último ano, eu cheguei a duas conclusões:
1. Fizemos um disco comercial muito melhor que o Poison.
2. Há quatro vezes mais jornalistas de rock ruins do que bandas de rock ruins.

Bem, para aqueles que estão preocupados com meu estado mental e físico atual.
Eu não sou um viciado.

[*à esquerda*] Eu não sou gay, apesar de que eu gostaria de ser, só para irritar os homofóbicos.

De 3 anos para cá, eu tenho sofrido com uma doença no meu estômago, inconclusa e desconfortável – que, a propósito, não é relacionada ao estresse, o que também significa que não é uma úlcera. Porque não há padrão na queimação, na dor nauseante na minha cavidade abdominal superior. Eu nunca sei quando vai ~~vir~~ acontecer. Eu posso estar em casa, na atmosfera mais relaxada, tomando ~~ácido bórico e~~ água mineral. Sem estresse, sem bagunça, e daí BUM! Como uma espingarda: hora do estômago. Daí eu consigo tocar 100 ~~shows~~ performances ao vivo em sequência e beber ácido bórico e fazer um zilhão de entrevistas pra TV e não dar nem um arroto. Isso deixou os médicos sem ideias, além das de sempre: toma, Kurt, tente outra pílula de úlcera péptica e vamos enfiar este tubo de fibra ótica

[*à esquerda*] No mínimo perplexos
Isso deixou muitos médicos perplexos

(Called an Endoscope) tube with A video camera in it down your throat (its) for the 5th time and see whats going on in there Again. Yep your in pain alright. Your stomach is extremely inflamed and red. try eating ice cream from now on.
please lord fuck hit records just let me have my very own unexplainable rare stomach disease Named After me. And the title of our next double Album. "Cobains disease".
A rock opera which is all about vomiting gastric juices being A borderline Annorexic Auzhwitz - Grunge - BOY. And with it an accomanying endoscope Home-video.
so After protein drinks and doctor after doctor becoming A vegetarian, exercise, stopping smoking I decided to relieve my pain with small doses of heroine for A walloping 3 whole weeks. It served as a band-aid for a while but then the pain came back so I quit. It was A stupid thing to do And I'll never do it again and I feel real sorry for anyone who thinks they can use heroine as a medicine because um, duh it dont work. drug withdrawal is everything youve ever heard, you puke, you falail around, you sweat, you shit your bed just like that movie Christiane F. It's evil. leave it alone

chamado endoscópio com uma câmera de vídeo goela abaixo. É a terceira vez e vamos ver o que está acontecendo lá de novo. Sim você está sentindo dor. Seu estômago está extremamente inflamado e vermelho. Tudo bem, tente tomar sorvete daqui em diante. Por favor deus ~~me deixe ter uma doença~~. Fodam-se discos de sucesso, quero que batizem esta doença de estômago inexplicável com meu nome. [~~*ilegível*~~] E o título do nosso próximo álbum duplo será *Cobain's Disease*[42]. ~~O endoscópio é ótimo para um clipe e nós estamos quase terminando~~ Uma ópera rock sobre vomitar suco gástrico e ser um menino grunge quase anoréxico que parece ter saído de Auschwitz. Acompanhado por um clipe caseiro de endoscopia.

~~E~~ Então, após shakes proteicos, virar vegetariano, exercício, parar de fumar e visitar médico após médico, eu decidi aliviar minha dor com pequenas doses de heroína por um total absurdo de 3 semanas. Serviu como um band-aid por um tempo. Mas daí a dor voltou e eu parei. Foi uma coisa estúpida que eu fiz, e nunca vou fazer de novo, e sinto muito por qualquer pessoa que ache que pode usar heroína como remédio porque, é, obviamente não funciona. Abstinência de drogas é tudo o que você ouviu falar. Você vomita, você se debate, você sua, você caga na cama igual àquele filme *Christiane F.* ~~Eu não sinto pena de ninguém que usa heroína.~~ É do mal. Não chegue perto disso.

42 Em tradução direta, "Doença de Cobain". [N.T.]

I'm not stressed
I just sit back and laugh

I am the product of 7 months of screaming at the top of my lungs almost every night
7 months of jumping around like a retarded wheesur monkey
7 months of answering the same questions over and over
The cherub little scruff you've grown to know from the picture on the back of Nevermind is proof that film adds 10 pounds to your body, because I've been the same birdweight ever since my last excuse which is ...

I'm really bored with everyones concerned advice like: "man you have a really good thing going your band is great. you write great songs, but hey man you should get your ~~shit together~~ personal shit together. Don't freak out and get healthy. Gee I wish it was as easy as that but, honestly I didn't want all this attention but I'm not freaked out ~~like everyone would like to believe~~ which is something a lot of people would like to see. It's an entertaining thought to ~~own your very own~~ watch a public domain A Rock figure whos mentally self destruct, but I'm sorry friends I'll have to decline. Maybe Crispin Glover should join our band.

And at the end of the day, instead of plotting how I can escape this ~~I~~ I just simply have to laugh I find it really funny. It feels as if we've almost, pulled a minor Rock-n-Roll Swindle because I'm not nearly as concerned with or about myself or anyone as the media would have us believe

I think the problem with our story is that there isn't an exciting enough truth for A Good story.

Well I've spewed enough, probably too much but oh well, for every one ~~self appointed~~, opinionated, curmudgeon, pissy, self appointed Rock judge theres A thousand kids.

[*à esquerda*] Eu não estou estressado.

Eu só sento e dou risada.

Eu sou o produto de 7 meses gritando o máximo que posso quase toda noite.

7 meses pulando como um macaco rhesus retardado.

7 meses respondendo às mesmas perguntas, repetidamente.

O anjinho que você conhece da foto na capa traseira do *Nevermind* é prova de que fotos te engordam 5 quilos, porque eu tenho o mesmo peso de passarinho desde a minha última desculpa, que é...

Estou muito entediado com o conselho preocupado das pessoas, tipo: "Cara, você está se dando bem, sua banda é ótima, você escreve músicas ótimas, mas, cara, você deveria dar um jeito ~~nas coisas~~ na sua vida pessoal. Não ficar louco, e ficar saudável." Nossa, eu queria que fosse tão fácil assim, mas, sinceramente, eu não queria toda essa atenção, mas não estou pirado ~~como todo mundo gostaria de acreditar~~, o que é algo que muitas pessoas gostariam de ver. É um pensamento divertido ~~ter seu próprio~~ ver uma figura do rock que está no domínio público se autodestruindo mentalmente. Mas eu sinto muito, amigos, tenho que recusar a oferta. Talvez o Crispin Glover deveria ~~começar uma~~ entrar pra nossa banda.

E, no fim do dia, em vez de planejar como eu posso escapar disso [~~*ilegível*~~], eu só tenho que rir. Eu acho muito engraçado. Parece que [~~*ilegível*~~] quase conseguimos um pequeno calote Rock'n'roll, porque eu não estou nem de perto tão preocupado comigo mesmo ou com qualquer outra pessoa quanto a mídia faz as pessoas acreditarem.

Eu acho que o problema com nossa história é que não há uma verdade excitante o suficiente para uma matéria boa. Bem, já vomitei o bastante aqui. Provavelmente demais, mas, ah, para cada ~~autodeclarado~~ juiz do rock autodeclarado, cheio de opiniões, babaca e mal-humorado, há mil jovens.

OH THE GUILT THE GUILT (by: KurDt disclaimer-boy)

I kind of feel like a dork writing about the band and myself like this as if i were an American pop-rock icon, demi god or a self confessed product of pre packaged, corporate rebellion. But ive heard so many insanely exhaggerated wise tales and reports from my friends, and ive read so many pathetic, second rate, freudian evaluations from interviews, regarding our personalities and especially how im a notoriously fucked up heroine addict, alcoholic, self destructive, yet overly sensitive, frail, meek, fragile, compassionate, soft spoken, narcoleptic, NEUROTIC, little, piss ant who at any time is going to O.D, jump off a roof and wig out, blow my head off or all three at once because I CANT HANDLE THE SUCCESS! OH THE SUCCESS! THE GUILT! THE GUILT! OH, I FEEL SO INCREDIBLY GUILTY! GUILTY for abandoning our true commrades. the ones who are devoted. the ones who have been into us since the beginning. the ones who (in ten years when were as memorable as KAGA GOO GOO) will still come to see NIRVANA at reunion gigs at amusement parks. sponsored by depends diapers, bald fat and still trying to rawk. MY favorite reocurring piece of advice from concerned idiots is: "Man, you have a really good thing going. your band is great. you write pretty good songs and youve sold a shit load of records but, hey man, you should get your personal shit together. dont freak out and get healthy." Gee I wish it was that easy but honestly, I didnt want all this attention, but im not FREAKED OUT! which is something a lot of people might like to see. Its entertaining to watch A rock figure whos become public domain mentally self destruct. But im sorry ill have to decline. Id like to freak out for you. maybe Crispin Glover should join our band. At the end of the day I laugh my ass offk knowing ive gotten about 30¢ from this dork. Sometimes it feels as if weve pulled a minor rock and roll swindle because im not nearly as concerned with or about myself, the band or anyone as much as the media would like us to believe. I think the problem with our story is that there isnt an exciting enough truth for a good story. Oh, and another thing. I am not a heroine addict! for the past three years ive suffered a rather unconclusive and uncomfortable stomach condition. which by the way is not related to stress which also means is not an ulcer because there is no pattern to the burning, nausious pain in my upper abdominal cavity. its like russian roulette, I never know when it will come on, I can be at home in the most relaxed atmosphere, sipping natural spring water, no stress, no fuss, and then wham! like a shot gun.: stomach time is here again. then i can play 100 shows in a row, guzzle boric acid and do a load of television interviews, results: not even a burp. This has left doctors with no ideas except the usual, "Here Kurdt, try another peptic ulcer pill and lets jam this fibre-optic tube with a video camera on its end down your throat for the third time. (called an ENDOSCOPE) and see whats going on in there. yep, your in pain. the stomach lining is extremely red and inflamed. this could be life threatening. try eating ice cream from now on. Please lord! to hell with hit records, let me have my very own unexplainable, rare, stomach disease named after me. The title of our next double concept album could be called "COBAINS DISEASE". A rock opera all about vomiting gastric juices, being a borderline annorexic-Auschwitz-grunge-boy. And with this epic, an accompanying ENDOSCOPE rock video.

I am the product of seven months of screaming at the top of my lungs almost every night. seven months of jumping around like a retarded rheesus monkey. seven months of answering the same questions over and over. The cherub, little scruff youve grown to know from the back of the nevermind album is proof that film adds ten pounds to your body, because ive been the same bird weight since ive had the dreaded gut rot. Well ive spewed enough, probably too much but oh well. for every one opinionated, pissy, self-appointed rock judge-cermudgeon, theres a thousand screaming teenagers.

hope i die before i turn into Pete Townshend.

and others like Him

mr advice

AH A CULPA A CULPA (por: KurDt, o garoto-contestação)

Eu meio que me sinto um bobão escrevendo sobre a banda e sobre mim assim, como se eu fosse um ícone semideus do pop-rock americano, ou um produto confesso da rebelião pré-embalada pelas corporações. Mas eu já ouvi tantas histórias ou relatos exagerados dos meus amigos e já li tantas avaliações freudianas patéticas, de segunda, de entrevistas a respeito de nossas personalidades e especialmente como eu sou obviamente um fodido, viciado em heroína, alcoólatra, autodestrutivo, e ao mesmo tempo excessivamente sensível, frágil, fraco, de voz baixa, narcoléptico, NEURÓTICO, um bostinha que vai ter uma overdose a qualquer momento, pular de um prédio loucão, explodir minha cabeça, ou todas as 3 opções ao mesmo tempo porque EU NÃO CONSIGO LIDAR COM O SUCESSO! AH, O SUCESSO! A CULPA! A CULPA! AH, ME SINTO TÃO INCRIVELMENTE CULPADO! CULPADO por abandonar meus verdadeiros camaradas, os devotos, os que gostavam da gente desde o começo, os que (em 10 anos quando formos tão memoráveis quanto o KAJAGOOGOO) ainda vão aos shows de reunião do NIRVANA em parques de diversão, patrocinados pelas fraldas Depend, velhos e gordos, ainda tentando fazer roque. MEU conselho favorito que escuto toda hora de idiotas preocupados: "Cara, você está se dando bem. Sua banda é ótima, você escreve músicas ótimas e você vendeu discos pra caralho. Mas, cara, você deveria dar um jeito na sua vida pessoal. Não ficar louco, e ficar saudável." Nossa, queria que fosse tão fácil, mas, sinceramente, não queria toda essa atenção, e não estou PIRADO! O que é algo que talvez muitas pessoas gostariam de ver. É divertido ver uma figura do rock que está no domínio público se autodestruindo. Mas eu sinto muito, tenho que recusar a oferta. Eu gostaria de ficar pirado por você. Talvez o Crispin Glover deveria entrar pra nossa banda. No fim do dia, eu morro de dar risada sabendo que recebi uns 30 centavos desse bobão – Sr. conselho, e outros como ele. Às vezes parece que quase conseguimos um pequeno calote rock-and-roll, porque eu não estou nem de perto tão preocupado comigo mesmo, com a banda ou com qualquer outra pessoa quanto a mídia faz as pessoas acreditarem.

Eu acho que o problema com nossa história é que não há uma verdade excitante o suficiente para uma matéria boa. Ah, e mais uma coisa. Eu não sou um viciado em heroína! [*seta para outra parte do texto*] De 3 anos para cá, eu tenho sofrido com uma doença no meu estômago, inconclusa e desconfortável. Que, a propósito, não é relacionada ao estresse, o que também significa que não é uma úlcera porque não há padrão na queimação, na dor nauseante na minha cavidade abdominal superior. É como uma roleta-russa, eu nunca sei quando vai acontecer, posso estar em casa, na atmosfera mais relaxada, tomando água mineral, sem estresse, sem bagunça, e daí BUM! Como uma espingarda: hora do estômago de novo. Daí eu consigo tocar 100 shows em sequência, beber ácido bórico e fazer um monte de entrevistas pra TV, resultado: nem um arroto. Isso deixou os médicos sem ideias, além das de sempre: "Toma, Kurt, tente outra pílula de úlcera péptica e vamos enfiar este tubo de fibra ótica com uma câmera de vídeo goela abaixo pela terceira vez. (chamado ENDOSCÓPIO). e ver o que está acontecendo lá. Sim você está sentindo dor. O forro do teu estômago está extremamente inflamado e vermelho. Isso pode causar risco de morte. Tente tomar sorvete daqui em diante". Por favor deus! Fodam-se discos de sucesso, quero que batizem esta doença de estômago inexplicável e rara com meu nome. O título do nosso próximo álbum conceitual duplo poderia ser *COBAIN'S DISEASE*: Uma ópera rock sobre vomitar suco gástrico e ser um menino grunge quase anoréxico que parece ter saído de Auschwitz. Acompanhado por um clipe épico filmado com ENDOSCÓPIO.

Eu sou o produto de sete meses gritando o máximo que posso quase toda noite. Sete meses pulando como um macaco rhesus retardado. Sete meses respondendo às mesmas perguntas, repetidamente. O anjinho que você conhece da foto na capa traseira do *Nevermind* é prova de que fotos te engordam 5 quilos, porque eu tenho o mesmo peso desde que minha barriga apodreceu. Bem, já vomitei o suficiente, provavelmente demais, mas, ah, para cada juiz do rock autodeclarado, cheio de opiniões, babaca e mal-humorado, há mil jovens gritando.

Eu espero morrer antes de virar o Pete Townshend.

WomBan

DE_JA VOO- DOO BY: KurDt Kobain

stomach bile

An industrial size garbage sack filled with liquid demerol, sweet cutgrass juice, the urine of extremely retarded, fetal alcohol syn syndrome victims from Costa Mesa who are one chromosone away from severely dangerous examples of why we will become a third world country in a matter of years. If this is the current state of the underground, youth culture Id rather retire to my big mansion petting my pot bellied pig, eating Hagen Dahs ice cream with this garbage sack I.V. , in an iron lung deprevation tank, submerged in a glassno no a gold aquarium filled with epsom salts with full visibility of a television monitor projecting endless footage of fishing and golfing programs as the grateful dead pumps through the speaker. Relaxing , lying naked except for a tie dyed T- shirt dyed with the urine of Phil Collins and the blood of Cherry Garcia, Ill be so relaxed and famous that an old man named Bob will travel miles to visit me. He will pull apart my pyles and stick it in. He will die just as he comes inside of me and all of his orgones and bad thoughts and desires for truth will soak into the walls of my lower intestines. I will be re-fueled. so re-fueled as to work up the energy to run on foot to the grave of Leadbelly, dig up his corpse and put us on a one way ticket to the Vatican. I will nail the corpse of Huddie in a corner of the ceiling, paint him white and decorate him with costume jewelry.

Womben

Womban

WOMBAN[43]

DE_JA VOO- DOO por: KurDt Kobain

Um saco de lixo de tamanho industrial cheio de demerol líquido, suco doce de grama recentemente cortada, a ~~urina~~ bile estomacal de vítimas de síndrome de álcool fetal, extremamente retardadas, de Costa Mesa, que estão a um cromossomo de exemplos severamente perigosos de porquê seremos um país de terceiro mundo em poucos anos. Se este é o estado atual da cultura jovem underground, eu prefiro me aposentar na minha enorme mansão, fazendo carinho no meu porco grande, tomando sorvete Haagen Dazs com um intravenoso do tamanho de um saco de lixo, em um tanque de isolação feito de um pulmão de aço, submerso em um aquário de vidro, não, de ouro cheio com sal de Epsom com visibilidade total para uma televisão infinitamente projetando programas de golfe e pesca enquanto tocam The Grateful Dead nos alto-falantes. Relaxando, deitado nu, vestindo só uma camiseta tie-dye tingida com a urina do Phil Collins e o sangue de Cherry Garcia.

Estarei tão relaxado e famoso que um velho homem chamado Bob viajará milhas para me visitar. Ele vai me desmontar e enfiar em mim. Ele vai morrer enquanto goza dentro de mim e todos os seus órgãos e pensamentos ruins e desejos pela verdade serão absorvidos pelas paredes do meu intestino. Eu serei reabastecido. Tão reabastecido que acharei energia para correr a pé até o túmulo do Leadbelly, desenterrar seu cadáver e comprar uma viagem de ida ao Vaticano para nós dois. Eu vou pregar o cadáver do Huddie num canto do teto, pintar ele de branco e decorá-lo com joias de fantasias.

Womben

Womban

43 A palavra "womban" é uma combinação das palavras *womb* ("útero") e *woman* ("mulher"). Pode se referir a uma mulher obcecada com a maternidade. Seu plural é "womben". [N.T.]

its So relieving to know that your leaving
as soon as you get paid

its so relaxing to know that your asking

its so soothing to know that youll sue me
whenever you get the chance

its so religious

É um alívio tão grande saber que você vai embora
assim que for pago

É tão relaxante saber que você está pedindo

É tão calmante saber que você vai me processar
assim que você tiver a chance

É tão religioso

She eyes me like a pisces - when I am weak
Ive been buried in your heart shaped box for weeks
Ive been drawn into your magnet tar pit trap
I wish I could eat your cancer when you
turn black

Hey - wait - Ive got a new complaint
for ever in debt to your priceless advice
Hate - wait - * "

She fries me like cold Ice cream - headaches and chills
Ill cook my own Meals

Ela me olha como uma pisciana – Quando eu estou fraco
Estou enterrado na sua caixa em formato de coração há semanas
Fui atraído por sua armadilha magnética de poço de piche
Eu queria poder comer seu câncer quando você escurecer

Ei – Espere – Eu tenho uma nova reclamação
Eternamente endividado por seu conselho que não tem preço
Ódio – Espere –

Ela me frita como sorvete frio – Dores de cabeça e calafrios
Vou cozinhar minhas próprias refeições

uncertainty   certainty

I wish there was someone I could ask for advice. someone who wouldn't make me feel like a creep for spilling my guts and trying to explain all the insecurities that have plagued me for oh, about 25 years now. I wish someone could explain to me why exactly I have no desire to learn anymore. why I used to have so much energy and the need to search for miles ~~for~~ and weeks for anything new and different. excitement. I was once a magnet for attracting new off beat personalities who would introduce me to music and books ~~that~~ of the obscure and I would soak it into my system like a rabid sex crazed junkie hyperactive mentally retarded toddler who's just had her first taste of sugar. This weeks obsession, vagina medical books, the meat puppets and

incerteza certeza

Queria que tivesse alguém para eu pedir um conselho. Alguém que não me fizesse sentir esquisito de desabafar e tentar explicar todas as inseguranças que me amaldiçoam há, sei lá, uns 25 anos. Eu queria que alguém me explicasse exatamente por que eu não tenho mais o desejo de aprender. Por que eu costumava ter tanta energia e a necessidade de pesquisar por quilômetros ~~por~~ e semanas por qualquer coisa nova e diferente. Emoção. Eu já fui um ímã que atraía novas personalidades excêntricas que me apresentavam a música e livros ~~que~~ obscuros e eu absorvia tudo no meu sistema como uma criancinha mentalmente retardada hiperativa viciada em sexo que acabou de experimentar açúcar pela primeira vez. A obsessão desta semana, livros médicos sobre vaginas, The Meat Puppets e

lester Bangs

why in the hell do journalists insist on coming up with a second rate freudian evaluation on my lyrics when 90 % of the time theyve transcribed the lyrics incorectly?

there are more bad rock journalists than there are bad rock bands

what the fuck do they teach journalists at school anyway?

what do they use as reference or examples?

does anyone remember lester bangs.

I'm giving you factual quotes from my mind I'm fed up with having long winded 2 hour discussions with journalists and finding that they've chosen all the unimportant more tabloid esque quotes of the past 2 hours. Rock bands are at the mercy of the journalist and in my opinion there isnt one I can think of who deserves to own a pen.

I would have printed the lyrics on the sleeve of the album if i knew it were to be such a problem with people

you probably need more qualifications to be a welder than to get a job being a journalist.

Lester Bangs

Por que diabos os jornalistas insistem em [~~*ilegível*~~] ~~gerar~~ inventar uma avaliação freudiana de quinta categoria sobre minhas letras quando ~~eles~~ em 90% dos casos eles transcreveram as letras ~~erradas~~ incorretamente?

Há mais jornalistas de rock ruins que bandas de rock ruins

~~Alguém lembra~~

Que porra eles ensinam pros jornalistas na escola? O que eles usam como referência ou exemplos?

[*à esquerda*] Eu imprimiria as letras no encarte do disco se eu soubesse que seria [~~*ilegível*~~] um problema tão grande para as pessoas

Alguém lembra do Lester Bangs?

Vou dar citações reais da minha mente

Estou de saco cheio de ter ~~uma~~ discussões enormes de 2 horas com jornalistas e descobrir ~~eles~~ que eles escolheram todas as citações sem importância, com a maior cara de tabloide, das últimas 2 horas.

Bandas de rock estão à mercê do jornalista e, na minha opinião, não consigo pensar em um que mereça ter uma caneta.

Você provavelmente precisa de mais qualificações para ser um soldador do que ~~um jornalista~~ para conseguir um emprego de jornalista.

thanks for your second rate freudian evaluation on my ~~present~~ minds present state of "oh gee I feel guilty for not expecting to sell so many records."

Ask my friends, Ive always been this skinny You know me from pictures, film adds ten pounds to A person. Youve never seen me before in real life until that most memorable night.

I suffer from narcolepsy, I suffer from bad sleeping and eating habits. I suffer from being on tour for 7 fucking months.

Obrigado por sua avaliação freudiana de quinta categoria sobre ~~meu presente~~ o presente estado da minha mente, "ah eu me sinto culpado por não esperar vender tantos discos". Pergunte aos meus amigos. Eu sempre fui magro assim. Você me conhece por fotos, o vídeo adiciona 5 quilos a qualquer pessoa. Você nunca me viu antes na vida real até aquela noite memorável.

Eu sofro de narcolepsia. Eu sofro de maus hábitos alimentares e de sono. Eu sofro de estar em turnê por 7 meses, porra.

Sometimes I wonder if I very well could be the luckiest boy in the world.

for some reason Ive been blessed with loads of neat stuff within the past year and I dont really think these baubles and Gifts I have been acquired by the fact that im A critically acclaimed, internationally beloved -teen Idol, demi-god like blonde frontman, cryptically honest, stuttering, outspoken speech impediment articulately award acceptance speech, Golden boy, Rock star who has finally, finally come out of the closet in regards to his vicious 2 month drug habit, showering the world with the Classic I can no longer keep this a secret because it pains me to hide any part of my private life from my adoring, concerned, we think of you as our public domain, cartoon character but we still love you fans Yes my children in the words of a total fucking geek speaking in behalf of all the world " we really appreciate you finally admitting what we have been accusing you of, we needed to hear it because we were concerned because the katty Gossip Jokes and speculation at our jobs schools and parties had become well uh, exhausted oh yeah the bitter, pissy reincarnation of pick yer King has strayed from the positive introduction. so heres the things Ive had the wonderful opportunity to have acquired, the wonderful people ive met and the things people have said to me that I look back upon and hold dear to my heart.

1st while in London England in June I went to Rough Trade records where I make my pathetic annual, effort to find the 1st raincoats album

Às vezes eu penso que eu ~~sou~~ posso muito bem ser o garoto mais sortudo do mundo.

Por algum motivo fui abençoado com muita coisa legal no último ano, e não acho que adquiri esses presentes e bugigangas pelo fato de eu ser um ídolo adolescente criticamente aclamado, internacionalmente amado, vocalista loiro semideus, enigmaticamente honesto, gago, sincero, articulado com problemas na fala durante seu discurso ao receber um prêmio, garoto dourado, rock star que finalmente, finalmente saiu do armário em relação ao seu vício cruel em drogas que já dura 2 meses, banhando o mundo com o ~~universal~~ clássico "eu não posso mais manter isso um segredo porque é doloroso esconder qualquer parte da minha vida privada dos meus fãs adoradores, preocupados, que nos veem como domínio público, como personagens de desenho, mas que ainda nos amam". Sim, minhas crianças, nas palavras de um geek total ~~nós~~ falando por todo o mundo, "Nós de fato apreciamos você finalmente admitindo ter feito aquilo de que te acusamos, nós precisávamos ouvir porque estávamos tão preocupados, porque a fofoca, as piadas e a especulação em nossos empregos, escolas e festas já tinham ficado, bem, esgotadas". Ah, sim, a reencarnação amarga, irritada de Escolha Seu Rei já divergiu da introdução positiva. Então aqui estão as coisas que eu tive a oportunidade maravilhosa de adquirir, as pessoas maravilhosas que eu conheci e as coisas que as pessoas disseram para mim que eu lembro com carinho.

1º enquanto eu estava em Londres, Inglaterra, em ~~julho~~ junho eu fui até a Rough Trade Records onde eu faço minha tentativa patética e anual de encontrar o primeiro disco do Raincoats

x x x x x x x x

5th string
4th
1 2 3 4 open
7 0 6 8 0 5

I'm NOT like them
But I can pretend
I make up words – that aren't ever heard
The sun is Gone
But I have A light

the DAY is Done
~~I still can have fun~~
But I'm having fun

I think I'm Dumb

But I think I'm ~~happy~~ lonely

now
~~Some Are SAd – But I'm just pissed~~
I'm not A man – my feelings Are missed
~~If you're so smart – then why Are you mad~~

my Heart is BRoke – But I have some
Glue – ~~help me~~ inhale – & float
up to you – you Are not Dead –
But thats how I feel – Lying in Bed

Eu não sou como eles
Mas eu posso fingir
Eu invento palavras – Que nunca são ouvidas
O sol se foi
Mas eu tenho um isqueiro

O dia acabou
~~Eu ainda posso me divertir~~
Mas estou me divertindo

[~~*ilegível*~~]

Eu acho que sou burro
Mas acho que estou solitário
Agora
~~Alguns estão tristes – Mas eu só estou puto~~
~~Eu não sou um homem – Meus sentimentos causam falta~~
~~Se você é tão esperto – Então por que você está bravo~~

Meu coração está partido – Mas eu tenho um pouco de cola
Me ajude a inalar – E flutuar
Depende de você – Você não está morto
Mas é assim que eu me sinto – Deitado na cama

[*à esquerda*] ~~Não mais codependente~~

Id be better off if i Kept my mouth shut.

But theres a Cool breeze chapping my lips As my jaw hangs open discharging ~~B~~ waterfalls of guilty drool. My eyes are pinned and the stupid fucking British press bought the lie that I ~~B~~ suffer from narcolepsy. Yeah, talkin bout drugs. opening my mouth for the disaffected youth to ask them a question. Are you gay? bisexual? A bigot? A redneck? A prom queen? A porn star? A topless dancer? did you know the King, the King of Rock n Roll Elvis presley died in the bathroom face down, pants down, choking on blue shag carpet with the remainder of his stool proudly ~~[illegible]~~ sticking out of his big fat Ass? Are you kinda mad sometimes At your mom or dad kinda, in a way?

I went on A three week Heroine Binge after our last European tour, got A little habit, kicked it in A Hotel in three days (sleeping kicking, vomiting and the worst gas you'll ever know. then 3 days later ~~I~~ we went on A Australian tour And on ~~then~~ to Japan during which I Collected A very distressing stomach disorder, Went to A doctor and he gave me stomach pills that Ive had before and didn't work and some five milligram methadone tablets. They stopped the stomach pains, I ran out when I got home then went to A hospital for A few days to recover from that. More bad gas.

Eu me daria melhor se eu ficasse calado

Mas tem uma brisa suave ressecando meus lábios enquanto meu queixo está aberto descarregando cachoeiras de saliva culpada. Meus olhos estão grudados e a imprensa britânica idiota comprou a mentira de que eu sofro de narcolepsia. Sim, falando em drogas. Abrindo minha boca para a juventude descontente para fazer uma pergunta. Você é gay? Bissexual? Um preconceituoso? Um caipira? Uma rainha da formatura? Uma estrela pornô? Uma dançarina de topless? Você sabia que o rei do rock Elvis Presley morreu no banheiro, com a cara no chão, calças abaixadas, se engasgando com o seu tapete felpudo azul, enquanto o restante de suas fezes permanecia [~~*ilegível*~~] orgulhosamente pendurado de sua bunda enorme? Às vezes você fica meio puto com seu pai ou sua mãe de certa forma?

Eu consumi heroína compulsivamente por três semanas após nossa última turnê na Europa. Adquiri um habitozinho, perdi em três dias em um hotel (dormindo, esperneando, vomitando e os piores peidos que você pode imaginar). Daí 3 dias depois nós fizemos uma turnê pela Austrália e ~~daí~~ no Japão, e durante esse tempo eu adquiri um distúrbio estomacal muito perturbante. Fui ao médico e ele me deu remédios pro estômago que eu já tinha tomado antes, e não funcionou, e uns cinco miligramas de tabletes de metadona.

Eles pararam as dores estomacais, mas acabaram quando cheguei em casa, daí fui parar no hospital por alguns dias para me recuperar disso.

Mais peidos fedidos.

~~Now I don't do drugs anymore~~

Yeah, I went on A 3 week drug binge and now Im thought of as an emaciated, yellow skinned, Zombie like- -Evil drug fiend, Junky, ~~[illegible]~~ lost CAuse, on the brink of Death, Self destructive, selfish pig,

A loser who shoots up in the backstage area just seconds before going on a performance

~~Agora eu não uso mais drogas.~~

Sim, eu consumi heroína compulsivamente por 3 semanas e agora sou visto como um magricela, skinhead amarelo, zumbi drogado do mal, viciado, [~~*ilegível*~~] causa perdida, à beira da morte, autodestrutivo, porco egoísta, um perdedor que injeta nos bastidores segundos antes de ~~começar~~ um show.

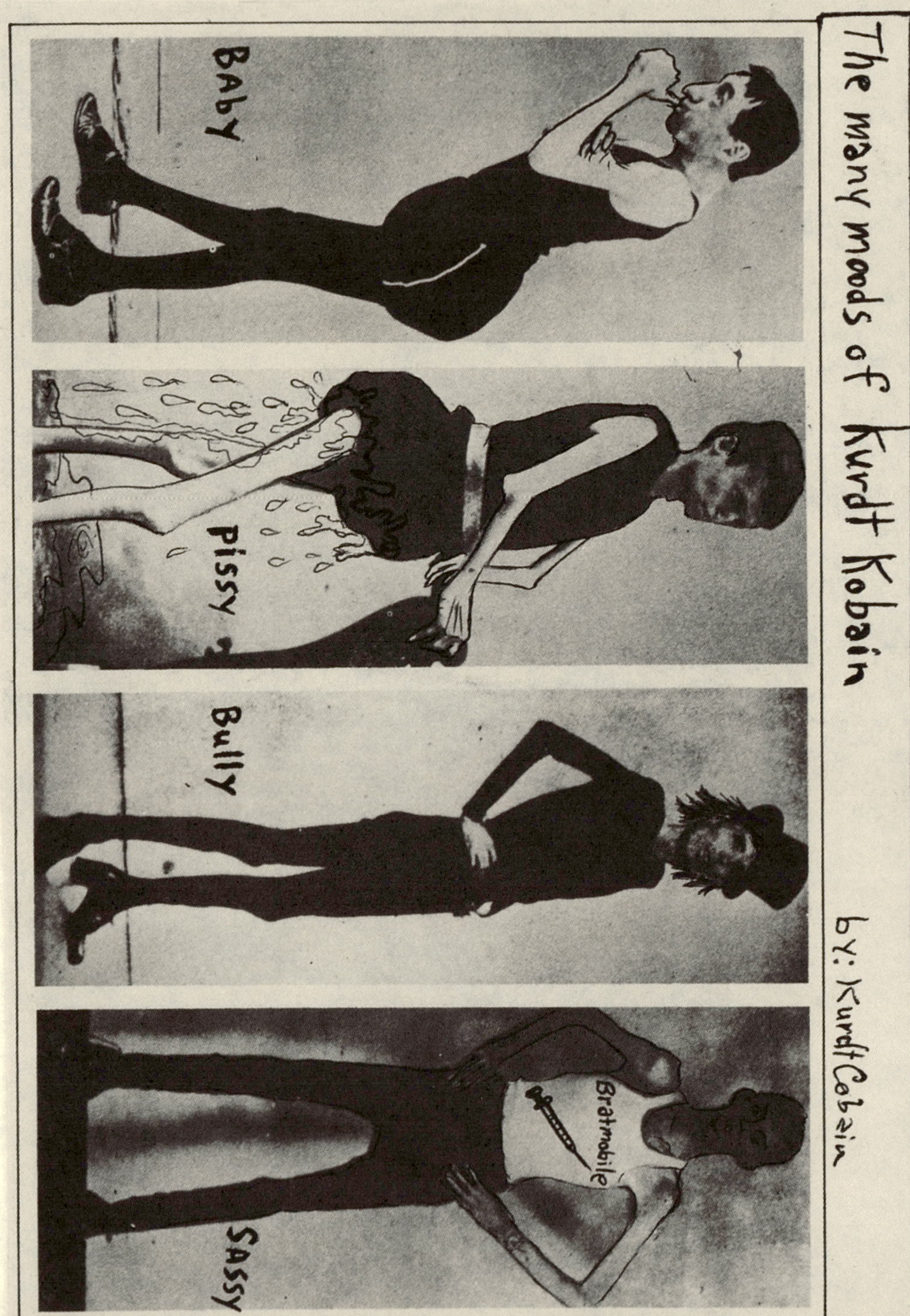
The many moods of Kurdt Kobain
by: Kurdt Cobain
BABY
Pissy
Bully
Bratmobile
SASSY

Os muitos humores de Kurdt Kobain por: Kurdt Cobain

[*1*] Bebê [*2*] Irritado [*3*] Mandão [*4*] Ousado
[*na camiseta à direita*] Bratmobile

I tried heroine the first time in 1987 in aberdeen and proceeded to use it about 10 more times from 87 to 90. when I got back from our second European Tour with Sonic Youth I decided to use heroine on a daily basis because of an ongoing stomach ailment that I had been suffering from for the past five years had literally taken me to the point of wanting to kill myself. For five years every single day of my life. Every time I swallowed a piece of food I would experience an excruciating burning nauseous pain in the upper part of my stomach lining. The pain became even more severe on tour due to lack of a proper and regimented eating schedule and diet. Since the beginning of this disorder I've had 10 upper and lower Gastrointestinal procedures wich found an enflamed irritation in the same place. I consulted 15 different doctors and tried about 50 different types of ulcer medication. The only thing I found that worked were heavy opiates. There were many times that I found myself literally incapacitated in bed for weeks vomiting and starving. So I decided I feel like a junky as it is so I may as well be one. After the last European tour I vowed to never go on tour again unless my condition is either masked or cured. I did heroine for about one month then found myself realizing that I wouldnt be able to get drugs when we go to Australia and Japan so Courtney and I detoxed in a Hotel room

Eu experimentei heroína pela primeira vez em 1987 em Aberdeen e usei mais umas 10 vezes de 87 até 90. Quando voltei da nossa segunda turnê europeia com o Sonic Youth decidi usar heroína diariamente por causa de um problema no estômago do qual eu sofria havia cinco anos e tinha literalmente me levado ao ponto de querer me matar. Por cinco anos todos os dias da minha vida. Toda vez que eu engolia um pedaço de comida eu sentia uma queimação dolorosa excruciante e nauseante na parte superior do forro do meu estômago. A dor ficou ainda mais severa na turnê devido à falta de uma dieta e um cronograma alimentar apropriados e organizados. Desde o começo desse problema eu já fiz 10 procedimentos gastrointestinais superiores e inferiores, os quais encontraram uma irritação inflamada no mesmo lugar. Eu ~~fui a~~ consultei 15 médicos diferentes e experimentei uns 50 tipos de remédios para úlcera. A única coisa que achei que funcionou foi opioides fortes. Muitas vezes fiquei literalmente incapacitado na cama por semanas, vomitando e jejuando. Então eu decidi ~~se~~ que já que me sinto um viciado do jeito que estou, então vou ser um de uma vez. Depois da última turnê europeia eu prometi nunca mais sair em turnê a não ser que meu problema estivesse mascarado ou curado. Usei heroína por um mês daí percebi que não seria possível conseguir drogas quando ~~qu~~ nós fôssemos ~~ao Japão em~~ à Austrália e ao Japão, então a Courtney e eu nos desintoxicamos em um quarto de hotel.

I went to Australia and of course the stomach pain started immediately. We had to cancel A few shows because the pain left me immobile doubled up on the bathroom floor vomiting water and blood. I was literally starving to death. my weight was down to about 110 lbs. I was taken to a doctor at the advice of my management who gave me physeptone. ~~take I noticed~~ The pills seemed to work better than anything else Ive tried a bit later into the tour I read the fine print on the bottle it read: "physeptone - contains methadone!" Hooked again. We survived Japan but by that time opiates and touring had started to take their toll on my body. and I wasnt in much better health than I was off of drugs. I returned home to find that Courtney had gotten hooked again so we checked ~~her~~ into a detox center for 2 weeks. She recovered. I instantly regained that familiar burning nausea and decided to ~~either~~ kill myself or ~~to~~ stop the pain. I bought a gun but chose drugs instead. I stayed on heroine until one month before frances due date. again I checked into a detox center and went through 2 months of the slowest process I have ever witnessed in recovery 60 days of starvation and vomiting. Hooked to an IV and moaning out loud with the worst stomach pain I have ever experienced. ~~B~~ by the last 2 weeks I was introduced to a medicine called bubrenorphine which I found eleviates the pain within minutes. It has been used experimentally in A few detox centers for opiate and cocaine withdrawal. the best thing about it is that there are no known side effects. ~~and~~ It acts as ~~a~~ an opiate but it doesn't get you high. Ive been on an increasingly smaller dose of it for nine months and havent had a single stomach episode since. The potency range of beprenorphine is that ~~like~~ of a mild barbiturate on a scale of 1 to 10 its a 1 and heroine is 10.

Eu fui à Austrália e, claro, a dor estomacal começou imediatamente. Tivemos que cancelar alguns shows porque a dor me deixou imobilizado, agachado no chão do banheiro, vomitando água e sangue. Eu estava literalmente morrendo de fome. Meu peso caiu para mais ou menos 50 kg. Me levaram a um médico, sob conselho do meu empresário, que me deu fiseptona.

~~Depois eu percebi~~ Os comprimidos pareceram funcionar melhor que qualquer outra coisa que eu já havia tentado. Algum tempo depois, na turnê, eu li as letras pequenas na caixa do remédio e dizia: "Fiseptona – contém metadona". Viciado de novo. Nós sobrevivemos ao Japão, mas aí os opioides e a turnê já tinham começado a trazer consequências no meu corpo. E minha saúde não estava muito melhor do que quando eu estava sem drogas.

Voltei para casa e descobri que a Courtney estava viciada de novo então nos internamos num centro de detox por duas semanas. Ela se recuperou. Eu instantaneamente voltei a ter aquela sensação familiar de náusea queimando e decidi [~~*ilegível*~~] me matar ~~para~~ ou parar a dor. Eu comprei uma arma, mas escolhi as drogas no lugar. Eu continuei com heroína até um mês antes da data de nascimento prevista da Frances. De novo eu me internei num centro de detox e passei por dois meses do processo mais lento que já testemunhei na recuperação. 60 dias faminto e vomitando. Preso a um soro IV e gemendo alto ~~em~~ com a dor estomacal mais forte que já senti. ~~Eu~~ Nas últimas duas semanas fui apresentado a um remédio chamado buprenorfina, o qual aliviou a dor dentro de minutos. Já foi usado experimentalmente em outros centros de detox para abstinência de cocaína e opioides. A melhor parte desse remédio é que não há efeitos colaterais conhecidos ~~e.~~ Ele age como um opioide, mas não te deixa chapado. Eu tenho usado doses cada vez menores há nove meses e não tive nenhuma dor estomacal desde então. O alcance potencial da buprenorfina é ~~tipo~~ como um barbitúrico leve, numa escala de 1 a 10 é 1, e heroína é 10.

Dear Empty TV
the Entity of all Corporate
Gods.

how fucking dare you embrace
such trash journalism from an
overweight, unpopular at high school,
Cow who severely needs her karma
Broken. my lifes Dedication
is NOW TO Do Nothing
But SLAG MTV and
LYNN Herschbers
who by the way is in kahoots with
her lover Kurt Loder (Gin blossom drunk)!

We will survive without
you. easily
The old school is going
DOWN fast
FUCK FACE

Kurdt
Kobain
professional
Rock musician

Querida TV Vazia[44]

a Entidade de todos os Deuses Corporativos.

Como vocês ousam acolher jornalismo tão lixo de uma vaca obesa que não era popular na escola e precisa ter seu karma quebrado. Agora dedico minha vida A FAZER NADA ALÉM DE FALAR MAL DA MTV e da LYNN HIRSCHBERG que por sinal está de conluio com seu amante Kurt Loder (cozido de bêbado)!

Vamos sobreviver sem vocês. Facilmente.

A velha guarda vai CAIR RÁPIDO

SEU FODIDO

[*à esquerda*] Kurdt Kobain

Músico de rock profissional

44 No texto original, "Empty TV" é uma alusão à emissora "MTV". [N.T.]

4 month media blackout

use just once and destroy
invasion of our piracy
afterbirth of a nation
starve without your skeleton key

(3) X I love you for what I am not
X I did want what I have got
(4) X blanket acned with cigarette burns
speak at once while taking turns

(1) X this has nothing to do with what you think
X If you ever think at all

what is what I need – what is wrong with me
what is what I need – what do I think I
think

use use your enemies
and save save your friends
and find find your place
and spit spit the truth
Bridge

(2) X Bi polar opposites attract
X All of a sudden my water broke
free xeroxes for all alternateens
(3) X second rate word by pass throat
of ferns

"4 Month Media Blackout" (Blecaute da Mídia por 4 Meses)

Use só uma vez e destrua
Invasão da nossa pirataria
Placenta de uma nação
Morrer de fome sem sua chave mestra

(3) Eu te amo pelo que eu não sou
Eu não queria o que eu tenho
(4) Cobertor doendo com queimaduras de cigarro
Falar ao mesmo tempo cada um na sua vez

(1) Isso não tem nada a ver com o que você pensa
Se é que você pensa
[~~*ilegível*~~]
~~Detritos revolucionários~~
~~Forram o piso de Wall Street~~

O que é o que eu preciso – O que está errado comigo
O que é o que eu preciso – O que eu penso que eu penso

Use use seus inimigos
E salve salve seus amigos
E ache ache seu lugar
E cuspa cuspa a verdade
[*à direita*] Ponte

(2) Opostos bipolares se atraem
De repente minha bolsa estourou
Xerox de graça para todos os adolescentes alternativos
(5) Palavra de quinta categoria / garganta de safena de samambaias

Hes such a knob

9 month media BLACKout

I love you my lovely dear
I dont want you anywhere

I want you to be my bride
no not really, I just lied

will you love me with your might
Ill beat you an inch from your life
AWAY

hold me tight with breaths of truths
I wish a terminal disease on you

Gosh I feel so darn confused
ever felt like youve been used?

Bi-polar opposites attract

All of a sudden my water broke

I love you for what Im not

primary →
second rate word play bypass throat
throat

Bypass
Use once and destroy
invasion of our piracy
afterbirth of a nation
blanket acned with cigarette burns
I forget what I look like to you

starve without your skeleton key

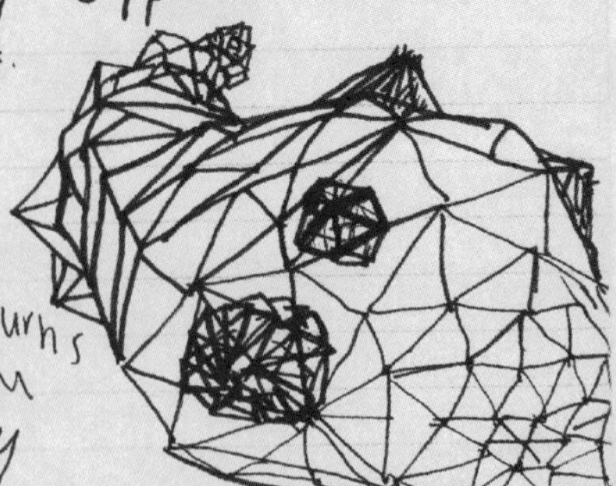

Ele é um saco

"9 Month Media Blackout" (Blecaute da Mídia por 9 Meses)

Eu te amo, minha querida
Eu não te quero em lugar algum

Eu quero que você seja minha noiva
Não, na verdade não, eu menti

Você vai me amar com toda a sua força?
Eu vou bater em você até quase morrer

Me dê um abraço apertado com suspiros de verdades
Eu gostaria que você tivesse uma doença terminal

Nossa eu me sinto confuso
Já se sentiu como se fosse usado?

Opostos bipolares se atraem
De repente minha bolsa estourou
Eu te amo pelo que eu não sou
[*à esquerda*] Primário
Trocadilho de quinta categoria garganta de safena

Use uma vez e destrua
Invasão da nossa pirataria
Placenta de uma nação
Cobertor doendo com queimaduras de cigarro
Eu esqueço como eu pareço para você
Morrer de fome sem sua chave mestra

A matter of opinion

Second RAte
third GenerAtion

Personal Preference

A Date with FUSION

RAW Power
Funhouse
the Stooges
} the Stooges

Generic Flipper - Flipper
Surfer Rosa - Pixies
Trompe le Monde - pixies
Pod - Breeders
VAselines pink EP
Aerosmith - Rocks
Gang of four - entertainment
~~Nevermind~~ the Bullocks - sex pistols
Flowers of Romance - PIL
Jamboree - Beat Happening
Superfuzz Big Muff - Mudhoney
Leadbellys lAst session - Hudie Ledbetter
LAnd shark - Fang
Millions of dead cops - MDC
Damaged - Blackflag
Scratchacid EP - scratchacid
Locust abortion Technician - butthole surfers
Rock for light - Bad Brains
Raincoats - Raincoats
Philosophy of the World - Shaggs
Combat Rock - Clash
Are we not men - Devo
B-52s
Collosal Youth - Young Marble Giants
Kleenex
Slits - Slits
Daydream Nation - Sonic Youth
man who Sold the World - David Bowie
GI - Germs

Saccharine Trust - EP
Get the knack - the knack
Atomizer - Big black
Great expectations - Jadfair
Is this Real
youth of America
} wipers
~~Lope~~ Rubbing the impossible to burst - Huggy Bear
XTC

Jackie 362 - 3610

Uma questão de opinião
Um encontro com a fusão
Preferência pessoal

Terceira geração de quinta categoria

Jackie 362-3610

Raw Power
Funhouse } The Stooges
The Stooges
Generic Flipper – Flipper
Surfer Rosa – Pixies
Trompe Le Monde – Pixies
Pod – Breeders
Vaselines – *Pink EP*
Aerosmith – *Rocks*
Gang of Four – *Entertainment*
Nevermind the Bollocks – Sex Pistols
Flowers of Romance – PIL
Jamboree – Beat Happening
Superfuzz Bigmuff – Mudhoney
Leadbelly's Last Sessions – Huddie Leadbelly
Landshark – Fang
Millions of Dead Cops – MDC
Damaged – Black Flag
Scratch Acid EP – Scratch Acid
Locust Abortion Technician – Butthole Surfers
Rock for Light – Bad Brains
Raincoats – Raincoats
Philosophy of the World – Shaggs
Combat Rock – Clash
Are We Not Men – Devo
B-52's
Colossal Youth – Young Marble Giants
Kleenex
Slits – Slits
Daydream Nation – Sonic Youth
Man Who Sold the World – David Bowie
GI – Germs

Saccharine Trust – *EP*
Get the Knack – The Knack
Atomizer – Big Black
Great Expectations – Jad Fair
Is this Real – Wipers
Youth of America
~~Wipe~~ *Rubbing the Impossible to Burst* –
Huggy Bear
XTC

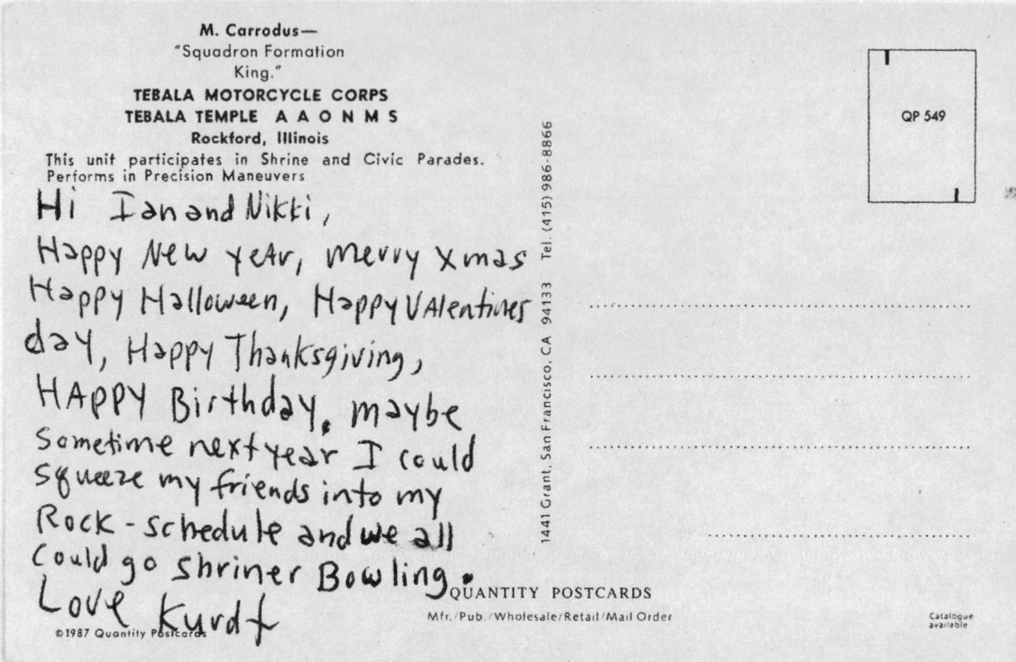

M. Carrodus—
"Squadron Formation
King."
TEBALA MOTORCYCLE CORPS
TEBALA TEMPLE A A O N M S
Rockford, Illinois
This unit participates in Shrine and Civic Parades.
Performs in Precision Maneuvers

Hi Ian and Nikki,
Happy New year, merry xmas
Happy Halloween, Happy Valentines
day, Happy Thanksgiving,
HAPPY Birthday, maybe
sometime next year I could
squeeze my friends into my
Rock-schedule and we all
could go Shriner Bowling.
Love Kurdt

©1987 Quantity Postcards

1441 Grant, San Francisco, CA 94133 Tel. (415) 986-8866

QP 549

QUANTITY POSTCARDS
Mfr./Pub./Wholesale/Retail/Mail Order

Catalogue available

M. Carrodus - "Rei da Formação do Esquadrão"
Tebala Motorcycle Corps
Tebala Temple A A O N M S[45]
Rockford, Illinois
Esta unidade participa em desfiles públicos
e da Maçonaria.
Faz manobras de precisão.

Olá, Ian e Nikki,
Feliz Ano-Novo, feliz Natal, feliz Dia das Bruxas, feliz Dia dos Namorados, feliz Dia de Ação de Graças, feliz aniversário. Talvez em algum ponto do ano que vem eu consiga encaixar meus amigos no meu cronograma do rock e nós podemos fazer boliche de Shriners.
Com amor, Kurdt

STRIKE!

45 "Antiga Ordem Árabe dos Nobres do Santuário Místico", organização ligada à Maçonaria, popularmente conhecida como Shriners. [N.T.]

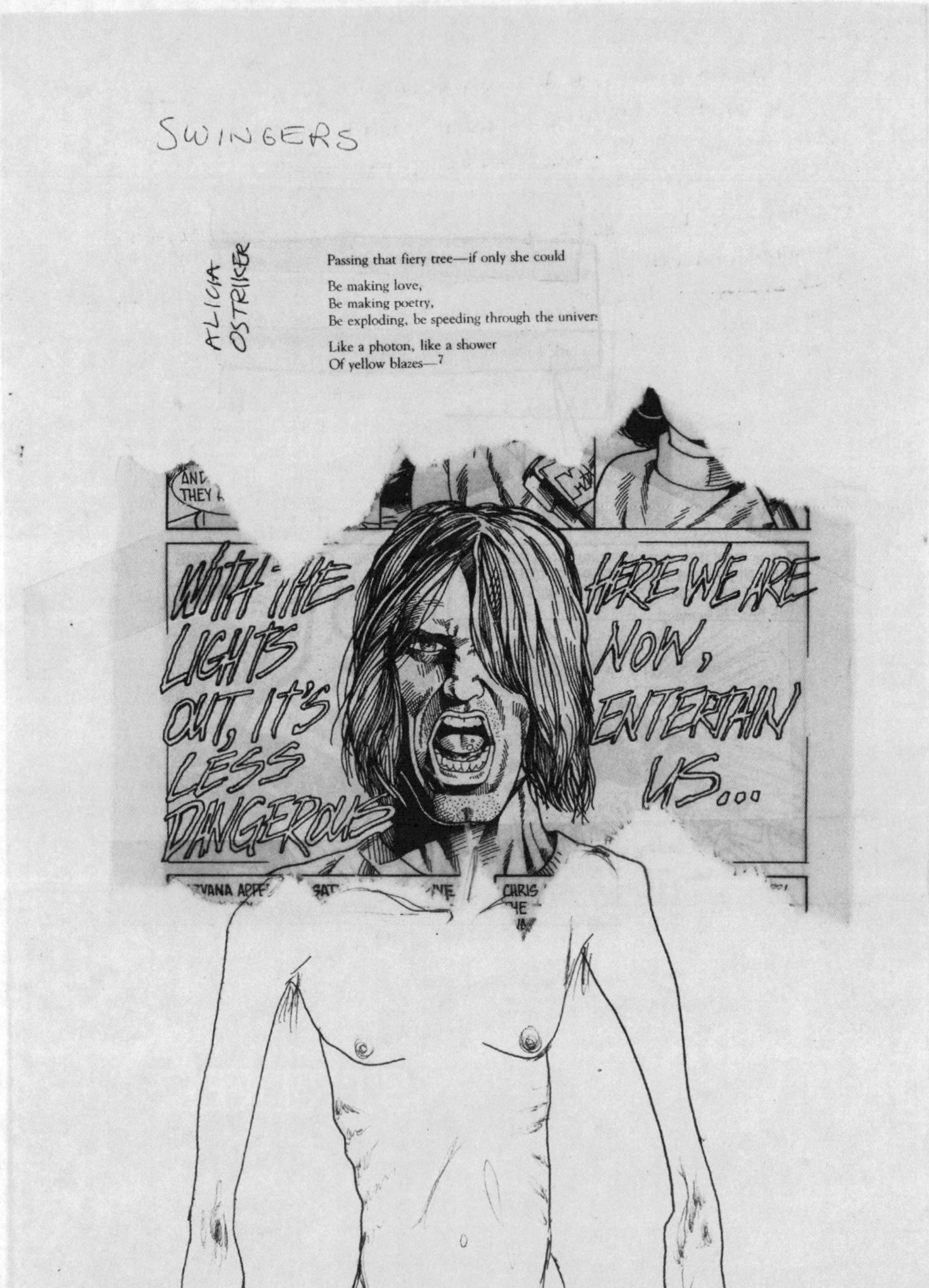
SWINGERS
ALICIA OSTRIKER
Passing that fiery tree—if only she could
Be making love,
Be making poetry,
Be exploding, be speeding through the univers
Like a photon, like a shower
Of yellow blazes—[7]
WITH THE LIGHTS OUT, IT'S LESS DANGEROUS
HERE WE ARE NOW, ENTERTAIN US...

Swingers

Alicia Ostriker

Passando aquela árvore ardente – ah se ela pudesse

Estar fazendo amor,
Estar fazendo poesia,
Estar explodindo, estar voando pelo universo

Como um fóton, como uma chuva
De labaredas amarelas

[*no quadrinho, à esquerda*] Com as luzes apagadas, é menos perigoso
[*à direita*] Aqui estamos, nos entretenha

Mead
Flipper
washed up, has been, drug addicts.
70 sheets/college ruled
11x8½in/27.9x21.6cm
notebook
06540 © 1985 The Mead Corporation, Dayton, Ohio 45463 U.S.A.
$ 3.19

Flipper

Viciados em drogas, ultrapassados, acabados.

The barium never left me
Cigarette burns in Comforters
riddled with approach
Cursed with welcome talents
Ive never been so yes

I know exactly what im doing
its All under control
I dont need any help
Id rather not
please leave me be
Control freak
I appreciate your Concern
has gratuity been added?
Set it down over there
~~efficient handler~~
handler of the gods

O bário nunca me deixou
Queimaduras de cigarro em edredons
Repletos de aproximação
Amaldiçoados ~~no~~ com talentos bem-vindos
Eu nunca fui então sim

Eu sei exatamente o que estou fazendo
Está tudo sob controle
Eu não preciso de ajuda
Eu prefiro não
Por favor me deixe em paz
Controlador
Eu valorizo sua preocupação
A gratificação foi adicionada?
Deixe ali do lado
~~Eficiente de tratar~~
Tratador dos deuses

(written by Nirvana)

Drain you (Live) from the Nevermind LP   note Kurdts
clever, little guitar fuckup
in the first half of the song.

(written by Nirvana)

School (Live) from 1989's Bleach LP
A staple grunge Anthem in the Key of E

(written by Vaselines)

Son of A Gun } two songs written by Nirvanas #1 favorite, Love Band from Scottland the Vaselines
Mollys lips } thanks to Eugene Kelly and francis McKee, the lennon & McCartney or the Boyce and Hart or the ferrante & Teicher of the underworld. Shield & Yarnell, Captain & tennile

D-7 (written by Greg Sage)

If there is a "Seattle Sound" it came from portland Oregon in the Early 80's by A three piece band named the Wipers.

Turn Around (written by Devo) this song was only available on the B-side of the whip it single

(composta pelo Nirvana)

"Drain You" (ao vivo) ~~tirada~~ do LP *Nevermind*: perceba a cagada [~~*ilegível*~~] esperta do Kurdt na guitarra ~~nos~~ na primeira metade da música.

(composta pelo Nirvana)

"School" (ao vivo) do LP *Bleach* ~~do~~ de 1989: um essencial hino grunge ~~na nota~~ em Mi

(compostas pelo the Vaselines)

"Son of a Gun" / "Molly's Lips": duas ~~covers~~ músicas compostas pela banda favorita do Nirvana vinda da Escócia, the Vaselines, graças a Eugene Kelly e Francis McKee, os Lennon & McCartney, ou os Boyce & Hart, ou os Ferrante & Teicher, Shields & Yarnell, Captain & Tennille do submundo.

(composta pelo Greg Sage)

D-7: ~~Composta por Greg Sage e the Wipers, banda punk rock de Portland, se há um som de Seattle, ele veio dos Wipers em Portland~~

Se há um "som de Seattle" ele veio de Portland, ~~Washington~~ Oregon no começo dos anos 80 de um trio chamado the Wipers.

(composta pelo Devo)

"Turn Around": esta música só ficou disponível como lado B do single *Whip It*.

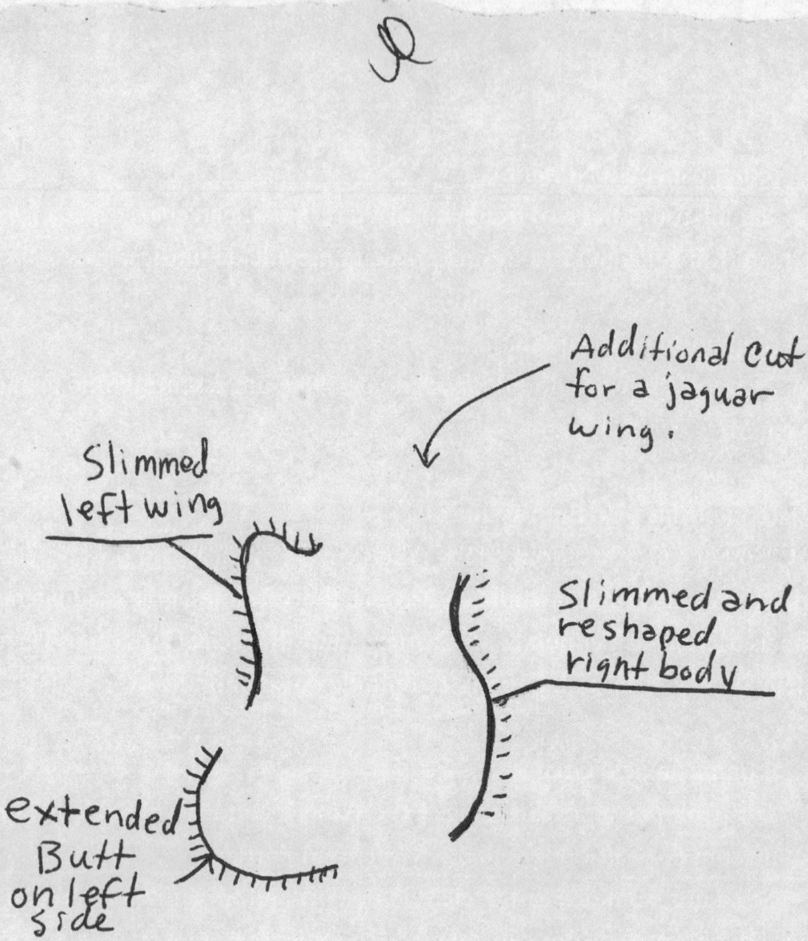

This is a mustang ~~cut~~ cut differently with a few inches added to the wing and left side of butt and the left wing and side cut thinner

[*à esquerda*]
Asa esquerda mais fina
Bunda estendida no lado esquerdo

[*à direita*]
Corte adicional para uma asa de Jaguar
Corpo direito mais fino e reformatado

Esta é uma Mustang [*ilegível*] cortada de forma diferente com algumas polegadas adicionadas à asa e ao lado esquerdo da bunda, e a asa e o lado esquerdos cortados mais finos.

mustang/Jaguar
Jagstang

Color:
Aqua blue/green

LEFT HANDED

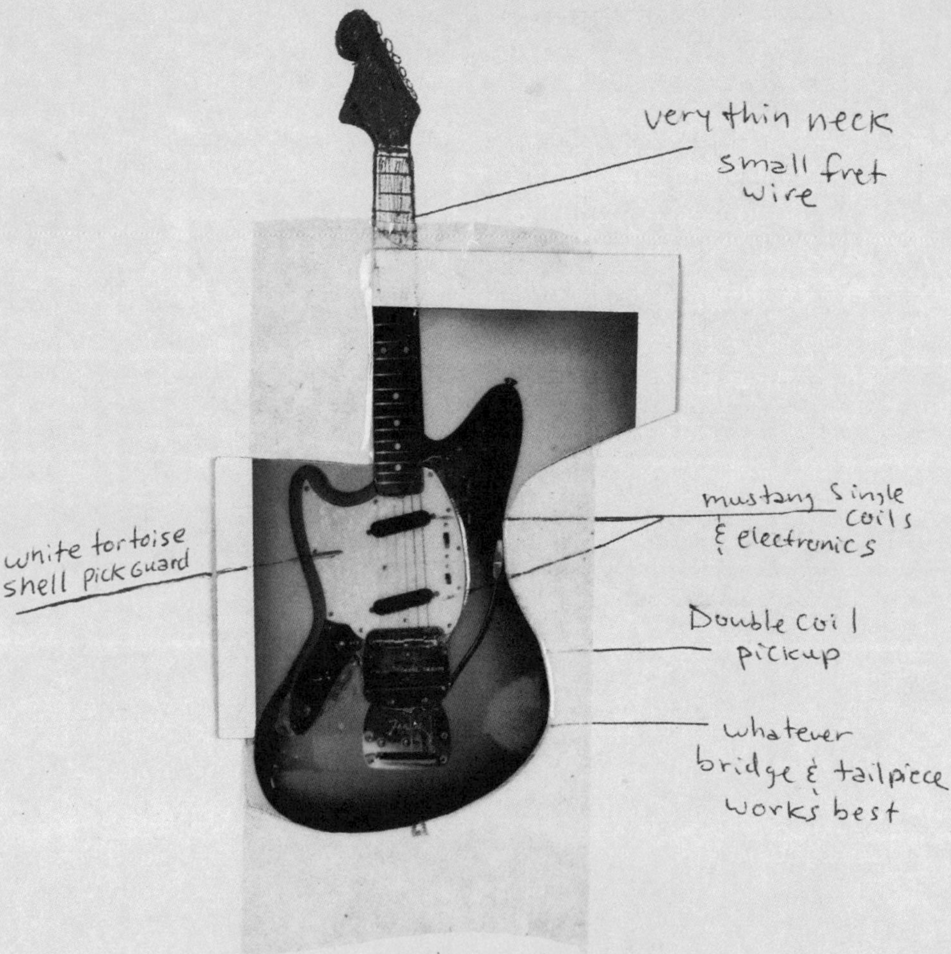

Mustang/Jaguar
Jagstang
Cor: azul-piscina/verde

CANHOTA

[*à esquerda*]
Escudo de casco de tartaruga branco

[*à direita*]
Braço bem fino
Traste pequeno

Eletrônicos e captadores simples da Mustang
Captador duplo
Ponte e tailpiece que funcionarem melhor

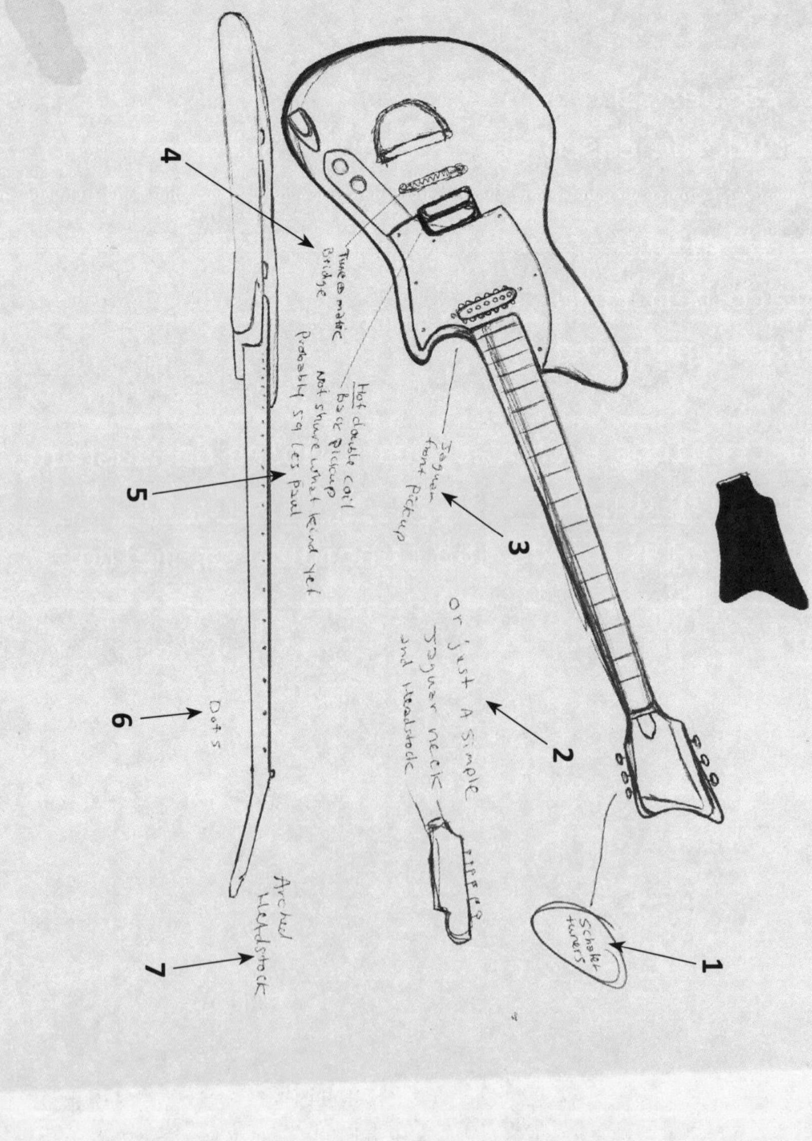

1
Schaller tuners
2
or just A simple Jaguar neck and Headstock
3
Jaguar front Pickup
4
Tune-o-matic Bridge
Hot double coil back Pickup
Not shure what kind yet
Probably 59 Les Paul
5
6
Dots
7
Arched Headstock

1. Tarrachas Schaller

2. Ou então um braço e mão simples da Jaguar

3. Captador do braço da Jaguar

4. Ponte Tune-o-matic

5. Captador da ponte duplo, quente

Ainda não sei que tipo, provavelmente Les Paul 59

6. Pontos

7. Mão arqueada

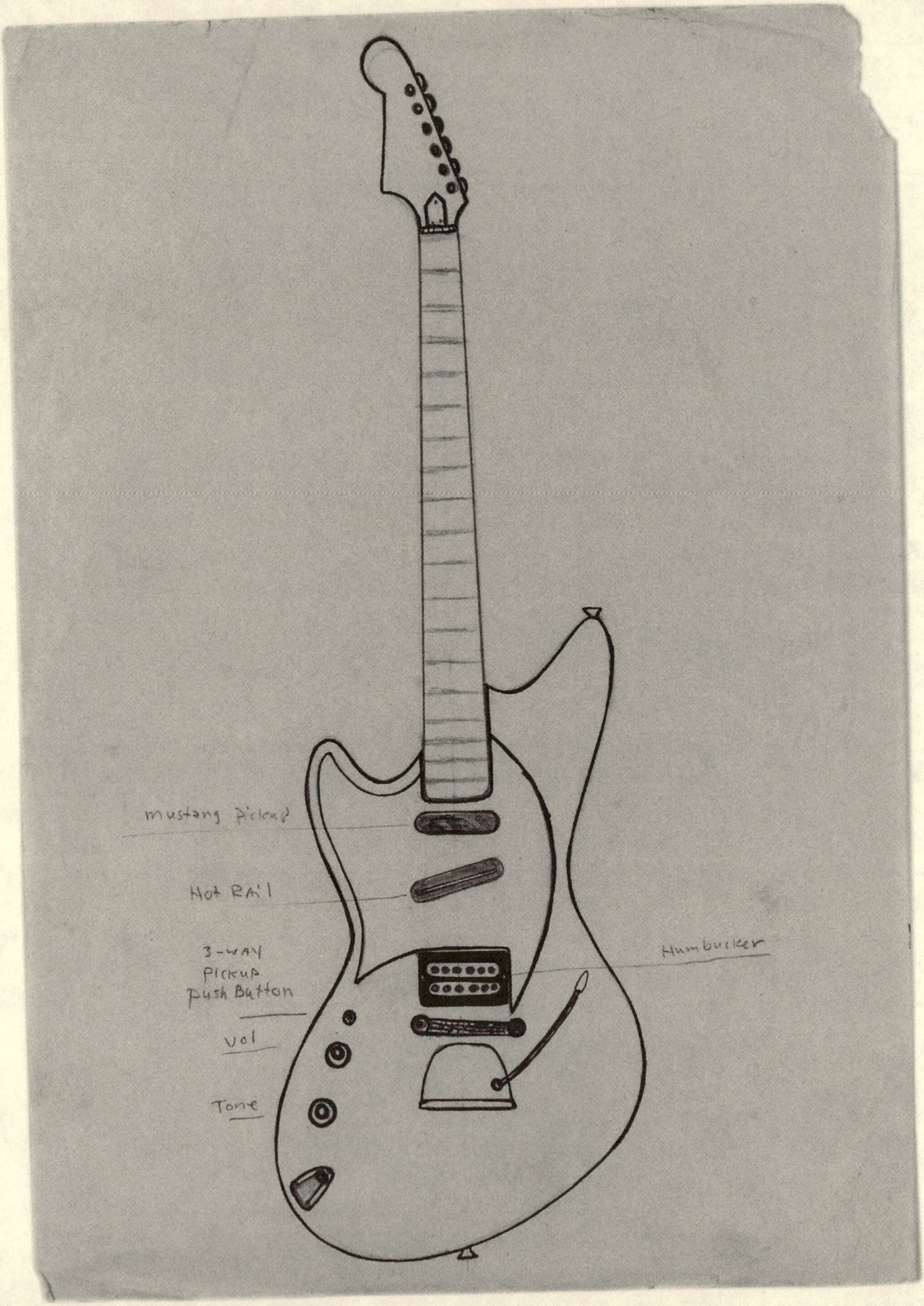
mustang pickup
Hot Rail
3-WAY
pickup
push Button
vol
Tone
Humbucker

[*à esquerda*]
Captador Mustang
Trilho quente
Chave seletora de três posições com botão
Volume
Tone

[*à direita*]
Humbucker

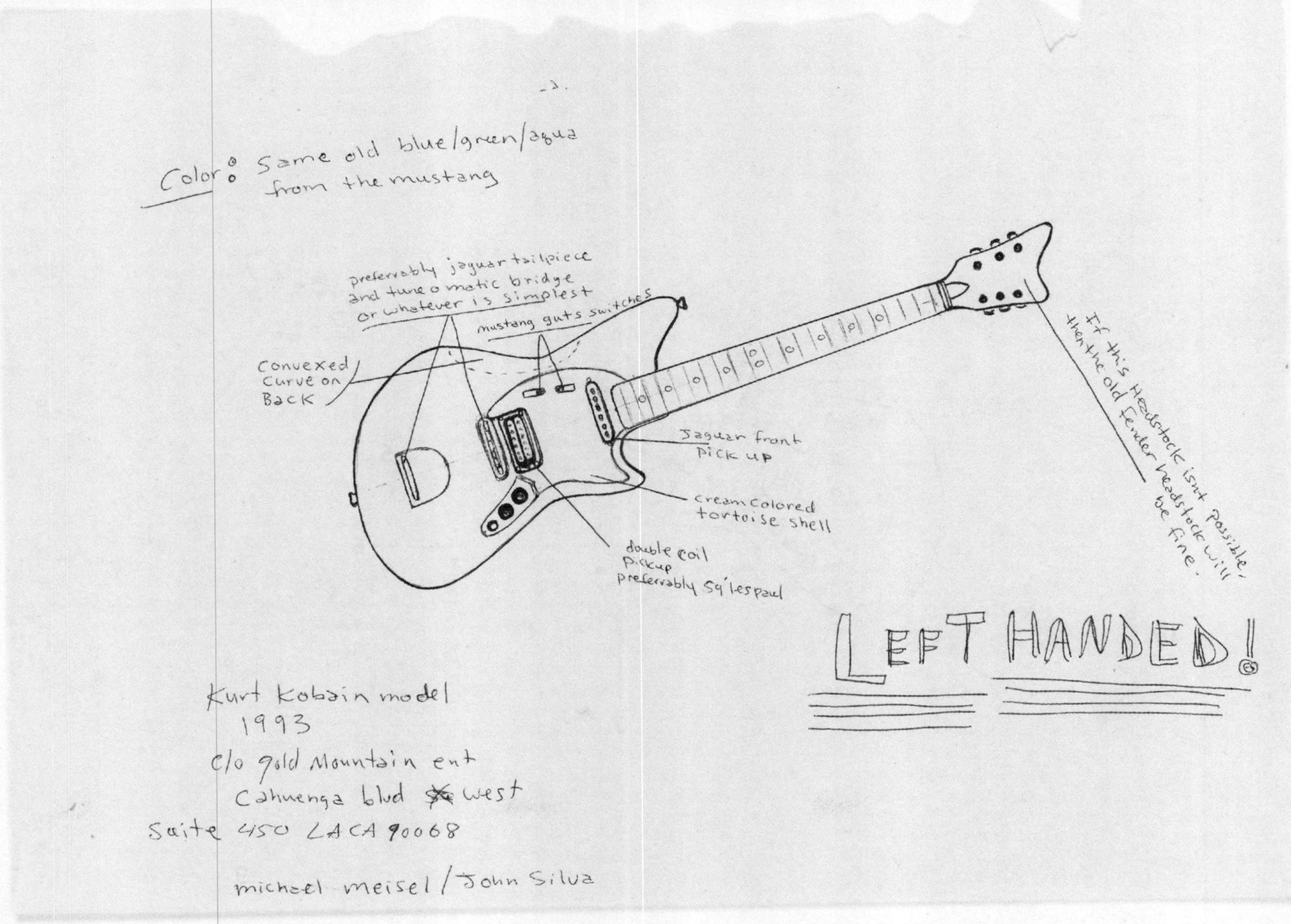
Color: Same old blue/green/aqua
from the mustang
preferrably jaguar tailpiece
and tune o matic bridge
or whatever is simplest
mustang guts switches
Convexed
Curve on
Back
Jaguar front
pick up
cream colored
tortoise shell
double coil
pickup
preferrably 59' les paul
If this Headstock isnt possible,
then the old fender headstock will
be fine.
LEFT HANDED!
Kurt Kobain model
1993
c/o gold Mountain ent
Cahuenga blvd west
Suite 450 LA CA 90068
michael meisel / John Silva

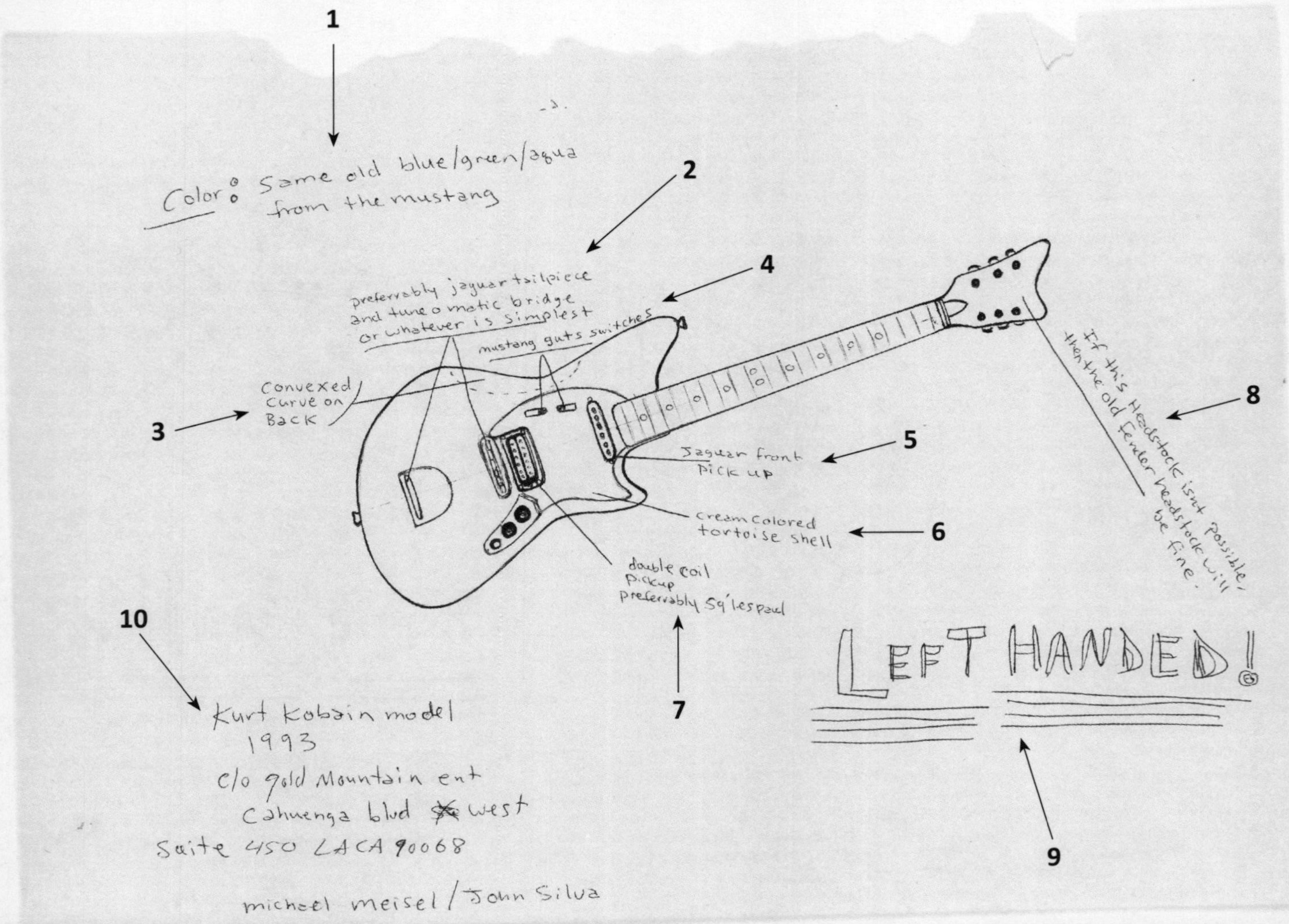
1
Color: Same old blue/green/aqua from the mustang
2
preferrably jaguar tailpiece and tune o matic bridge or whatever is simplest
4
mustang guts switches
3
Convexed Curve on Back
5
Jaguar front Pick up
6
cream colored tortoise shell
double coil Pickup preferrably Sq'les paul
7
8
If this Headstock isnt possible, then the old fender headstock will be fine.
LEFT HANDED!
9
10
Kurt Kobain model
1993
c/o gold Mountain ent
Cahuenga blvd west
Suite 450 LA CA 90068
michael meisel / John Silva

1. Cor: Aquele velho azul /verde/água da Mustang

2. Preferivelmente um tailpiece Jaguar e ponte Tune-o-matic
ou o que for mais simples

3. Curva convexa na parte traseira

4. Chaves seletoras da Mustang

5. Captador do braço da Jaguar

6. Casco de tartaruga cor creme

7. Captador duplo
preferivelmente Les Paul 59

8. Se esta mão não for possível, então a velha mão da Fender serve.

9. CANHOTA!

10. Modelo Kurt Kobain
1993
A/C Gold Mountain Ent.
Cahuenga Blvd ~~SW~~ West
Suite 450 LA CA 90068
Michael Meisel / John Silva

with the phrasing I allow myself it isnt very easy to be lyrically prolific

Boys write songs for Girls - what a simple world
how the hell do I - Know whats on inside
what else should I say? - All my words are grey
what else could I write? - Im sorry I am white

Such an easy thing - such a shiny ring
let me grow some breasts - I cheated on my test
I dont have the right - to say whats on your mind
your not allowed to sing - All Apologies

In the sun in the sun I feel as one in the sun
in the sun Im married and buried

you have every right - to want to start a fight
such an easy thing - let my sister sing
what else can I do? - Im in love with you

Com o fraseado eu me permito não é fácil ser ~~muito~~ liricamente prolífico
~~"I Like Girls" (Eu Gosto de Garotas)~~
Garotos escrevem músicas para garotas – Que mundo simples
Como diabos eu – Sei o que está dentro
O que mais eu devo dizer? – Todas as minhas palavras são cinzas
O que mais eu poderia escrever? – Sinto muito que sou branco

Uma coisa tão fácil – Um anel tão brilhante
Me deixe criar seios – Eu trapaceei na minha prova
Eu não tenho o direito – De dizer o que passa pela sua cabeça
Você não tem permissão para cantar – Só desculpas

No sol no sol eu me sinto como um no sol
No sol eu sou casado e enterrado

Você tem todo o direito – De querer começar uma briga
~~Tratado como cachorro~~
~~Já durou tempo demais – Tratado como os cachorros deles~~
~~Uma coisa tão fácil – Deixe minha irmã cantar~~
O que mais eu posso fazer? – Eu estou apaixonado por você

Seven months ago I chose to put myself in a position which requires the highest form of responsibility a person can have. A responsibility ~~which~~ that ~~cannot~~ should not be dictated ~~by thinking that I should rather want~~ to take on this responsibility. Everytime I see a television show that has dying children or seeing a testimonial by a parent who recently lost their child I can't help but cry. The thought of losing my baby haunts me every day. I'm even a bit unnerved to take her in the car in fear of getting into an accident. I swear that if I ever find myself in a similar situation than youve been in i.e. the divorce I will fight to death to keep the right to provide for my child. I'll go out of my way to remind her that I love her more than I love myself. not because it's a fathers duty but because I want to out of love. And If Courtney and I end up hating eachothers guts we both will be adult and responsible enough to be pleasant to one another when our child is around us.

I know that youve felt for years that my mother has somehow brainwashed Kim and I into hating you. I can't stress enough how totally untrue this is and I think it's a very lazy and lame excuse to use for not trying harder to provide your fatherly duties, I cant recall my mother ever talking shit about you until much later in the game, right around the last two years of High school. That was a time when I came to my own realizations without the need of my mothers input. Yet she ~~... she~~ noticed my contempt for you and your family and acted upon my feelings in accordance by taking the opportunity to vent her frustrations out on you. Every time she talked shit about you Ive let her know

[46]Sete meses atrás, eu optei por me colocar numa posição ~~de~~ que requer a forma mais alta de responsabilidade que uma pessoa pode ter. Uma responsabilidade ~~de qual não pode~~ que não deve ser ditada ~~pelo pensamento de que eu preferiria~~ aceitar essa responsabilidade. ~~Quando~~ Toda vez que eu vejo um programa na televisão que tem crianças morrendo ou vejo um depoimento de um pai que recentemente perdeu suas crianças, não consigo evitar o choro. O pensamento de perder meu bebê me assombra todo dia.

Eu até fico nervoso de colocá-la no carro, com medo de ter um acidente. Juro que se algum dia eu estiver em uma situação similar ~~que~~ à sua, com um divórcio, eu lutarei até minha morte para ter o direito de sustentar minha filha. Vou fazer mais do que o necessário para lembrá-la que eu a amo mais do que amo a mim mesmo. Não porque é o dever de um pai, mas porque eu quero, por amor. E se a Courtney e eu acabarmos nos odiando, nós seremos adultos e responsáveis o suficiente para interagir de forma agradável enquanto nossa filha estiver por perto.

Eu sei que você já acha há anos que minha mãe fez lavagem cerebral na Kim e em mim, para te odiar. ~~Isto~~ Eu não consigo enfatizar o suficiente o quanto isso não é verdade, e acho que é uma desculpa preguiçosa e esfarrapada para não tentar cumprir seus deveres paternais. Eu só lembro da minha mãe ter falado mal de você quando eu estava no fim do ensino médio. Naquela época, eu mesmo percebi como eram as coisas, sem a ajuda da minha mãe. Mesmo assim ela ~~pegou~~ percebeu meu desprezo por você e sua família e agiu de acordo com meus sentimentos, aproveitando a oportunidade para desabafar sobre as frustrações dela com você. Toda vez que ela falava mal de você eu a avisava

46 Carta para Donald Cobain, pai de Kurt.

that I don't appreciate it and how unnecessary I think it is. I've never taken sides with you or my mother because while I was growing up I had equal contempt for you both.

que eu não gostava disso, e o quão desnecessário eu achava que era. Nunca apoiei o seu lado ou o da minha mãe, porque, enquanto eu crescia, meu desprezo por vocês dois era igual.

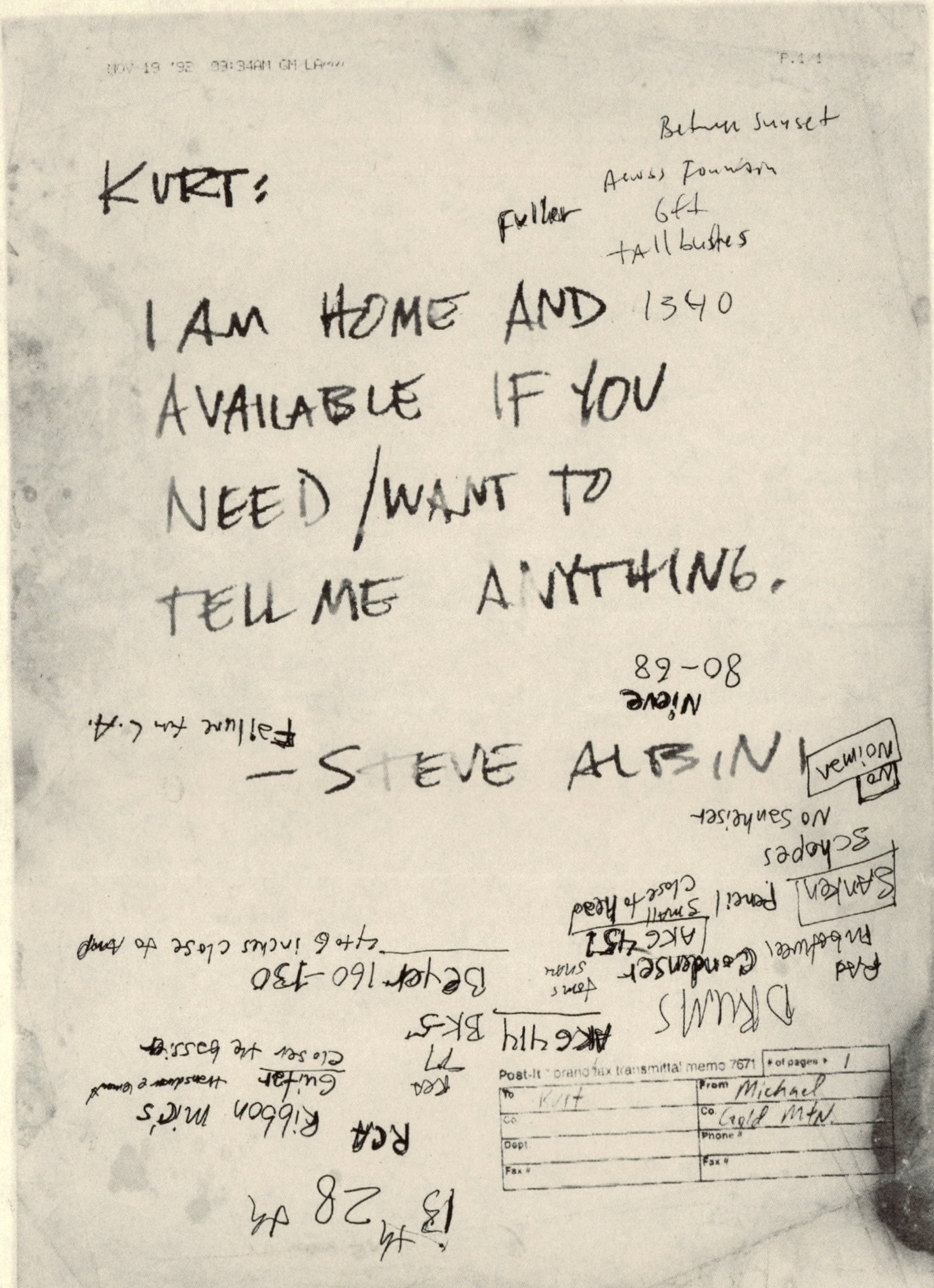
NOV-19 '92 03:34AM GM-LA P.1/1

Between Sunset
Across Fountain
6ft
Fuller tall bushes

KURT:

I AM HOME AND 1340
AVAILABLE IF YOU
NEED / WANT TO
TELL ME ANYTHING.

— STEVE ALBINI

Post-It™ brand fax transmittal memo 7671 | # of pages ▸ 1
To Kurt | From Michael
Co. | Co. Gold Mtn
Dept. | Phone #
Fax # | Fax #

[47]Kurt:
Estou em casa e disponível se você precisar/quiser me contar algo.

-Steve Albini

[48][*de ponta-cabeça*]
13º 28º
RCA
Microfones de fita
Guitarra [*ilegível*]
Perto da pele da bateria
RCA 77
AKG 414 BK-5
Beyer 160-130
4 a 6 polegadas do amplificador
Bateria
Condenser
AKG 451
Pequeno perto da pele da bateria
Peneil
Saken
Schopes
Não usar Sanheiser
Não usar Noiman
Nieve 80-68
Failure de LA

[*carimbo*]
Memorando de transmissão de fax 7671
nº de páginas
Para: Kurt
Companhia
Departamento
Fax
De: Michael
Companhia: Gold Mtn
Fone
Fax

---

47 Fax do engenheiro de gravação Steve Albini, no qual Kurt escreveu anotações sobre o equipamento a ser usado para gravar *In Utero*.
48 As anotações técnicas desta página aparecem de forma mais completa, coesa e inteligível na página seguinte. [N.T.]

UTENCILS: five 5ft x 5ft pieces of plywood. thickness depends on type of wood. preferrably 1/2 inch thick. Carpeted on one side each. Thick, dense carpet is preferred.

MR Producer

try to find oak or maple sheets to be nailed on rough plywood

Guitar: RCA ribbon mics

looking for a transducer element

Beyer 160 - 130

BK-5 ?

with Beyer 4 to 6 inches close to amp. no closer or static breakage will result.

Setting: the closer to the Cabinet the bassier with most other brands.

Amp settings: ① try mids on full. ② try Highs at lower than usual setting. ③ Lows full.

EFFects: slight compression. Roomchamber Alessis very small dimensions

carpeted plywood

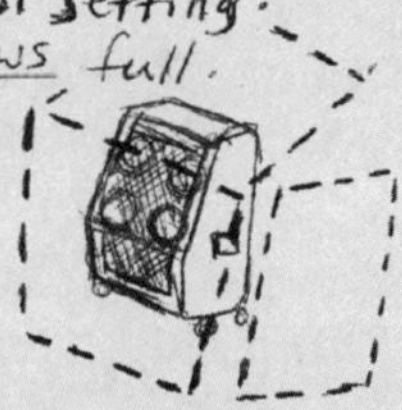

④ Use carpeted Cabinet.

⑤ build or use A large cardboard box for muffle chamber, or pieces of plywood with carpet to make an enclosure around the cabinet. allowing at least 2 feet of breathing space

DRums

mics

SAnken Cymbal

NO Noiman
NO Sanheiser

✓ Schopes overhead

AKG451 snare
AKG414 and Toms

Dont bother with Hi Hat mic

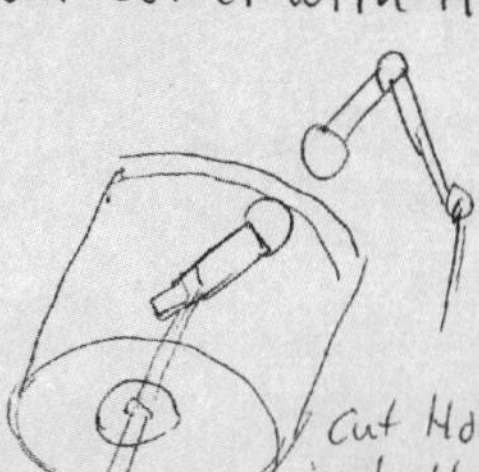

Cut Hole in bottom of TOMS

use plywood around

If youre gots the patience find a drum chamber for kick drum

[49]SR. PRODUTOR

[*retângulo*] Tente encontrar placas de carvalho ou de madeira de bordo para serem pregadas à madeira compensada rústica

[*à direita*] Utensílios: cinco pedaços de madeira compensada de 1,5 m x 1,5 m. A espessura depende do tipo de madeira. Preferivelmente 1,3 cm. Cobertas com carpete de um lado. Carpete grosso e denso é preferível.

Guitarra: microfones de fita RCA
procurando por um elemento transdutor
Beyer 160-130 [*retângulo à direita*] BK-5?
Com Beyer, posicionado de 10 a 15 centímetros do amplificador. Não colocar mais perto ou haverá quebra estática.
Configuração: Quanto mais próximo da caixa mais grave com a maioria das outras marcas.
Configurações do amplificador:

[*à esquerda*] Efeitos: leve compressão.
Câmara Alesis de dimensões bem pequenas

1. Testar os médios no máximo
2. Testar os agudos mais baixos que o normal
3. Graves no máximo
4. Usar caixa com carpete
5. Construir ou usar uma caixa grande de papelão, uma câmara para abafar o som ou peças de madeira compensada com carpete para fazer um cercado ao redor da caixa. Permitindo pelo menos 60 centímetros de espaço.

Bateria
microfones
Sanken Pratos

[*retângulo*] NÃO usar Neumann
NÃO usar Sennheiser

Schoeps acima
[*circulado*] AKG451 caixa
AKG414 e toms

[*à direita*] Usar madeira compensada ao redor

Não se dar ao trabalho de colocar microfone no chimbal
Fazer buraco no fundo dos tons

Se você tiver a paciência, ache uma câmara de bateria para o bumbo

49 Notas da gravação de *In Utero*.

New ideas
for Melvins

put mics inside Toms ?

record date with Cymbals
Heavily taped so they make
NO Noise! this will allow us
to use the room mics A lot louder
then dub cymbals crashes later.

put Three mics on the snare
One of them will be recorded
Very Very hot to the point of
distortion After about 4 dbs

And 2 more room mics
besides the little scrapes room
mics About 3 feet Away
from Kick And snare

more chorus on BASS guitar.

use very directional mics for this

Novas ideias para os Melvins

Coloquem microfones dentro dos tons

Gravem o Dale com os pratos cobertos de fita, daí eles não fazem barulho! Isto permitirá usar os microfones do ambiente bem mais alto, daí gravem os pratos depois. Coloquem três microfones na caixa, um deles será gravado bem quente ao ponto de distorcer acima de 4 dB.

E mais dois microfones ambientes além dos microfones ambientes Schoeps pequenos, a uns 90 centímetros do bumbo e da caixa. Usar microfones bem direcionais para isto.

Mais chorus no baixo.

APR 9th cauffron
MAY 3 – Spin Ads

Ian McKay

NIRVANA

I hate myself and I want to die

1. Serve the servants
2. Scentless apprentice
3. Heart shaped ~~Box~~
4. Penny royal tea
5. Frances farmer will have her revenge ON Seattle
6. ~~Eustacian tube~~ Turrets
7. * Dumb
8. Rape me
9. Very ape
10. milk it
11. Tourmonth media blackout
12. Verse chorus verse
13. * LA LA LA (alternateen anthem) ~~Dolin~~ chello on *

DGC c+p
David Geffin
Sup Pop ~~SUP POP~~

produced by
A dick in the SNOW feb 12-26
1993
Personnel:
mr pissy: Guitar/Mouth
Suavy Smooth: Bass
JackoAccidente: Polyrythms

Fã
McKay
9 de abril Canffron
3 de maio – Spin Aids

NIRVANA

I Hate Myself and I Want to Die (Eu me Odeio e Quero Morrer)

1. "Serve the Servants"
2. "Scentless Apprentice"
3. "Heart Shaped Box"
4. "Pennyroyal Tea"
5. "Frances Farmer Will Have Her Revenge on Seattle"
6. ~~"Eustacian Tubeturrents"~~
7. * "Dumb"
8. "Rape Me"
9. "Very Ape"
10. "Milk It"
11. "Four Month Media Blackout"
12. "Verse Chorus Verse"
13. * "LA LA LA (Alternateen Anthem)"

[*à direita*] DGP C&P
David Geffin
Sup Pop

Produzido por
um pinto na neve
12 a 26 de fevereiro de 1993
Créditos:
Mr. Pissy: guitarra/boca
Suavy Smooth: baixo
Jocko Accidente: polirritmia

~~Violino~~ Violoncelo em *

Hi Simon,

Thanks A load for the drawings, pictures and music. They're the best presents Ive ~~gotten~~ recieved in a really long time!

I looove the stinky puffs! and would love to hear more once you all record some more. I was wondering if you would be interested in drawing some pictures for the cover of the next NIRVANA record wich will be ready to sell once we have the artwork done. I think you draw really good and ⟶ (over)

[50]Olá, Simon,

Muito obrigado pelos desenhos, fotos e música. São os melhores presentes que ~~ganhei~~ recebi nos últimos tempos!

Eu aaamo o Stinky Puffs! e adoraria ouvir mais assim que vocês gravarem mais. Eu estava pensando se você estaria interessado em desenhar umas imagens para a capa do próximo disco do NIRVANA, que estará pronto para ser vendido quando a arte for terminada. Eu acho que você desenha muito bem e (vire)

50 Carta para Simon Timony, da banda Stinky Puffs.

It would mean a lot to me if you'd consider it. heres some ideas I had.

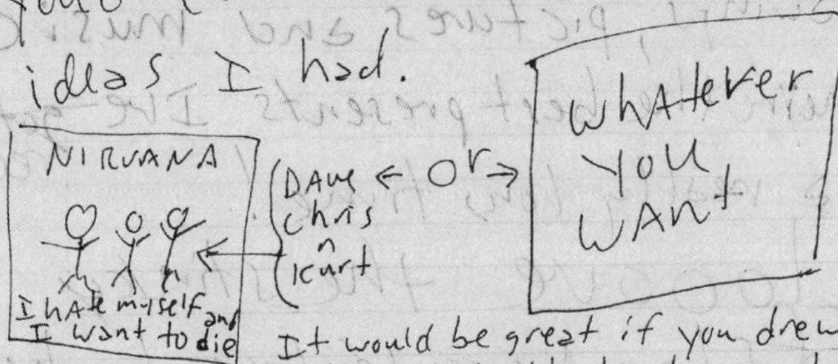

It would be great if you drew about 5 or more or less so we have plenty to choose between.

the title of the album is rather negative but kind of funny. Its called:
I hate myself and I want to die.

Heres some info that needs to be written for the back of the LP
DAVE-drums. Chris-bass. Kurt Geetar-n-mouth.
D.G.C records and Subpop. recorded by steve albini.
Cello on LALALA & dumb oh, and artwork by Simon Timony

Well, bye write back soon
Love Kurdt Hi Jad! &

significaria muito para mim se você considerasse isso. Aqui vão algumas ideias que eu tive.

NIRVANA *I Hate Myself and* *I Want to Die*	Dave Chris e Kurt	⟵ ou ⟶	O que você quiser

Seria ótimo se você desenhasse umas 5 mais ou menos para termos várias opções para a escolha.

O título do disco é um tanto negativo, mas meio engraçado. Se chama:
I Hate Myself and I Want to Die
Algumas informações que precisam estar escritas na contracapa do LP.
Dave – bateria. Chris – baixo. Kurt – guitarra-e-boca.
DGC Records e Sub Pop. Gravado por Steve Albini.
Violoncelo em "LA LA LA" e "Dumb"
Ah, e arte por Simon Timony
[*à direita*] Bem, tchau
Escreva em breve
Com amor, Kurdt
Oi, Jad!

Since my freshly found relationships with employees of the *corporate ogre ~~corporate~~ *(catch phrase © copyright Calvin Johnson of Beat Happening) I've ~~found~~ ~~realized~~ learned that there are a handful of very honorable and sincere music lovers who work in this industry who are posing as the enemy to infiltrate the mechanics of the Empire. to help destroy what we all have known for too long as shit, Rock, prefabricated, incestually politically business, oriented garbage smoke screen lack of Honesty and true talent and to keep those willing to kiss ass the no risk, using A to clog the Arteries of ~~unchallenging~~ unchallenging, and most importantly undeserving At the top of the Heap. the Heap of Dung.

~~1 Sonic Youth - Goo~~
~~2 Every good boy deserves fudge - Mudhoney~~
~~3 Bandwagonesque - Teenage fanclub~~
~~4 Trompe Le Monde - Pixies~~
~~5 Beat Happening - dreamy~~
~~x 6 Violent femmes - why do birds sing?~~
~~x 7 Bull Head - melvins~~
~~8 Strangely Beautiful EP Television personalities~~
~~9 Army of Lovers - Pretty little BAKA GUY reissue - Shonen knife~~
~~10 Hole - out of time Hole - pretty on inside~~
~~No 1 Single crucified Army of Lovers~~

The Heap starts with the Ass kissers all the way up to the top where the cherry or old school music publication sits looking down on the Baby Birds with eyes still shut, and feeding them dehydrated worms.

1 Sonic Youth - Goo - DGC
2 Mudhoney - Every good boy deserves fudge - Sub Pop
3 Pixies - Trompe le Monde - Elektra
4 Teenage fanclub - Bandwagonesque - DGC
5 Hole - pretty on the inside - Caroline
6 Beat Happening - dreamy - Sub Pop
7 Television personalities - strangely beautiful EP - Fire records
8 Shonen knife - Pretty little BAKA GUY (reissue) Zero (Japanese import)
9 Melvins - Bullhead - Boner
10 Violent femmes - why do birds sing?

PS. Urge Overkill - Supersonic storybook - Touch-n-Go
NO 1 Single: Army of Lovers - Crucified

But As I said before the small percent of deserving bands and music loving employees will keep sawing away at the Heap and if we fail we will just simply wait until the cherry rots of old Age and we will use your Historical decomposition As A reference or A sweaty bed time story As remembrance or a warning to next time, plant our seeds closer to A cleaner Asshole.

You have failed at conditioning the young ones of the underworld whom you have spawned. and you yourselves ~~are~~ ~~~~ should have been kleenex or poached fried or scrambled sperm. ~~~~ neutered-eggs.

Desde que iniciei recentemente minhas relações com empregados do *ogro corporativo [~~*ilegível*~~] (*bordão marca registrada por Calvin Johnson do Beat Happening) eu ~~achei~~ [~~*ilegível*~~] descobri que há uma porção de amantes da música, muito honráveis e sinceros, que estão fingindo ser o inimigo para se infiltrar no sistema do Império. Para ajudar a destruir o que conhecemos há muito tempo como [~~*ilegível*~~] rock merda, pré--fabricado, lixo incestuosa e politicamente focado no negócio, usando uma cortina de fumaça [~~*ilegível*~~] para entupir as artérias da honestidade e do talento real e para proteger [~~*ilegível*~~], os dispostos a puxar saco dos [~~*ilegível*~~], que não desafiam nada e, o mais importante, não têm mérito e ficam no topo do monte. O monte de merda. O monte começa com os puxa-sacos ~~até o~~ e vai até o topo, onde as cerejas do bolo ou as publicações musicais antigas ficam olhando para baixo, para os passarinhos filhotes com os olhos ainda fechados, e colocando minhocas desidratadas em suas bocas. Mas, como eu disse antes, a pequena porcentagem de bandas merecedoras e empregados amantes de música vão continuar destruindo o monte, e, se nós fracassarmos, vamos apenas esperar até a cereja apodrecer de tão velha, e vamos usar sua decomposição histórica como uma referência ou uma história de ninar assustadora, como lembrança [~~*ilegível*~~] ou aviso para, na próxima vez, plantar nossas sementes mais perto de um cu mais limpo.

Vocês fracassaram ao condicionar os jovens do underground que vocês criaram. E vocês mesmos [~~*ilegível*~~] deveriam ter sido esperma limpado com um lenço ou ovos castrados mexidos ou fritos.

1. ~~Sonic Youth – *Goo*~~
2. ~~*Every Good Boy Deserves Fudge* – Mudhoney~~
3. ~~*Bandwagonesque* – Teenage Fanclub~~
4. ~~*Trompe le Monde* – Pixies~~
5. ~~Beat Happening – *Dreamy*~~
6. ~~Violent Femmes – *Why do Birds Sing?*~~
7. ~~*Bullhead* – Melvins~~
8. ~~*Strangely Beautiful EP* – Television Personalities~~
9. ~~Army of Lovers – *Pretty Little Baka Guy* (reissue) – Shonen Knife~~
10. ~~REM – *Out of Time* Hole – *Pretty on Inside*~~

~~Single nº 1: "Crucified" – Army of Lovers~~

1. Sonic Youth – *Goo* – DGC
2. Mudhoney – *Every Good Boy Deserves Fudge* – Sub Pop
3. Pixies – *Trompe le Monde* – Elektra
4. Teenage Fanclub – *Bandwagonesque* – DGC
5. Hole – *Pretty on the Inside* – Caroline
6. Beat Happening – *Dreamy* – Sub Pop
7. Television Personalities – *Strangely Beautiful EP* – Fire Records
8. Shonen Knife – *Pretty Little Baka Guy (reissue)* – Zero (japonês, importado)
9. Melvins – *Bullhead* – Boner
10. Violent Femmes – *Why Do Birds Sing?*

Obs.: Urge Overkill – *Supersonic Storybook* – Touch-n-Go

Single nº 1: Army of Lovers – "Crucified"

Serve the Servants

initially this song was about coming of age during a time where your old enough to support yourself without the aid of your parents. A theme for the twenty somethings; if you will not. Ive always felt that a person doesnt necessarily have to force themselves to love their parents simply because of blood. If you dont like your parents or relatives; dont fake it tell them how you feel and in my own way I decided to let my father know that I dont hate him. I simply dont have anything to say and I dont need a father son relationship with a person whom I dont want to spend A Boring Christmas with. In other words; I love you. I dont hate you. I dont want to talk to you.

Scentless apprentice

"perfume" by Patrick Susskind

Heart shaped box

Camille's ~~flower/vagina theory~~ vaginal/flower theory bleeding and spreading into ~~fabric~~ the fabric that leonardo would have used to improve his hang glider but he died before he could change the course of history. shit. I Claudius I play dumb for thee! and dorothy and toto (the dog) not the band. and rusty pyles. ~~The fem~~

The male Seahorse impragnates the female seahorse, she holds them through most of the developmental stages then transferes the babies to the father who carries them through the last stages ~~then~~ and finally gives them birth. ~~They share~~ ~~transformation~~

The majority of our so called Outlaw heroes of the old west were nothing but fucked up psychopath ~~Sympathisers ex~~ Confederate soldiers. Sympathisers of the way it used to be with alcohol fuled ~~internal~~ Bipolar rage during the transformation years. killing every darkie they could find. Heroes my ass! If I only had a heart. ~~I dont~~ listen you snivelling little, opinionated, spoiled punts, HI dont hate you. I love you. Ah god it feels so good to be clean DR Bronner.

Kinda like when Axl was butt neked in that epic video of his.

"Serve the Servants" (Sirva os Empregados)

A princípio, esta música era sobre amadurecimento naquela época em que você está velho o suficiente para se sustentar sem a ajuda dos pais. Um tema para pessoas de vinte e poucos anos, como queira. Eu sempre senti que uma pessoa não tem que necessariamente se forçar a amar seus pais simplesmente por causa do sangue. Se você não gosta dos seus pais ou parentes, não finja, diga pra eles como você se sente, e da minha maneira eu decidi contar ao meu pai que eu não o odeio. Eu simplesmente não tenho nada a dizer e eu não preciso de um relacionamento entre pai e filho com uma pessoa com quem eu não quero passar um Natal chato. Em outras palavras: Eu te amo. Eu não te odeio. Eu não quero falar com você.

"Scentless Apprentice" (Aprendiz Inodoro)

~~Quer um relatório de livro?~~ ~~Leia o livro~~ *O Perfume* de Patrick Susskind ~~revisado~~

"Heart Shaped Box" (Caixa em Formato de Coração)

A ~~teoria de flor / vaginal~~ teoria vaginal / de flor de Camille sangrando e se espalhando pelo tecido que Leonardo teria usado para ~~inventar a~~ melhorar ~~a~~ sua asa-delta mas ele morreu antes de poder mudar a trajetória da história. Merda. Eu Claudius eu finjo ser burro para ti! E Dorothy e Toto (o cachorro) não a banda. E Pyles enferrujados. ~~A fêm~~ O cavalo-marinho macho engravida a fêmea, ela [~~*ilegível*~~] mantém os filhos pela maior parte do processo de desenvolvimento, daí transfere os bebês para o pai, que os carrega nos últimos estágios ~~daí~~ e finalmente dá à luz. ~~Eles compartilham a transformação~~

A maioria dos nossos supostos heróis fora da lei do velho oeste eram só ex-soldados ~~simpatizantes~~ confederados psicopatas e fodidos. Simpatizantes da forma que costumava ser, com raiva ~~interna~~ bipolar abastecida a álcool, durante os anos de transformação. Matando todos os escurinhos que eles encontravam. Heróis meu cu!

~~Ah e se você~~ Ah se eu tivesse um coração. ~~Eu não tenho~~. Escuta aqui, seu mimadinho ranhento cheio de opiniões, ELE não te odeia. Eu te amo. Meu deus é tão bom estar limpo Dr. Bronner.

Tipo quando o Axl ~~que~~ ficou nu naquele vídeo épico dele.

Rape me

How Bold ~~should the print be~~ shall ~~I make the print~~ the print be made?
~~in order to help you in the simple pleasure of Reading?~~ [illegible]

OBvious. oblivious. settle down. Calm. Calm. its ok sshh.
Hold still. sshh. Hold still.

Frances farmer will have her revenge on Seattle.

The conspirators are still alive and well in their comfortable, warm, safe home's.
gag on her ashes. jag on her gash. uh, god is A woman and she's
~~Black~~. BACK in Black

Dumb

All that pot. all that supposedly unaddictive, harmless, safe reefer that damaxed my nerves and ruined my memory and made me feel like wanting to blow up the prom. and the patience to play guitar for 5 hours every day after school. and to sleep during the day when I should have paid a bit more attention to my studies. especially in English sometimes an A+ sometimes an X on my hand or forehead and the feelins that it just wasnt ever strong enough so I climbed the ladder to the poppie. Not everyone does the latter so Ive learned one lesson, I have absolutely no right to express my opinions until I know all the answers. far out.

Very ape

I forget.

penny royal tea An ~~abortive~~ herbal abortive.
it doesnt work you hippie.

Radio friendly unit shifter

Boy this will really get the A&R mans Blood boiling.
Hell be so Pissed. heh heh, Clever.
getting into the inner-me self indulgent.
way out there- ~~dude~~.
~~[illegible]~~

"Rape Me" (Me Estupre)

O quão grande ~~deveria ser a impressão~~ deve ser a fonte impressa ~~eu devo imprimir~~?

~~Para te ajudar no simples prazer da leitura?~~

[*ilegível*]

Óbvio. Esquecido. Se acalme. Calma. Calma. Está tudo bem shh. Fique quieto. Shh. Fique quieto.

"Frances Farmer Will Have Her Revenge on Seattle" (Frances a Fazendeira se Vingará de Seattle)

Os conspiradores ainda estão vivos e passam bem em seus lares confortáveis, quentes e seguros. Se afogue com as cinzas dela. Enfie os dentes no corte dela. Nossa, Deus é uma mulher e ela ~~é negra~~ está de volta de preto.

"Dumb" (Burro)

Tanta maconha. Tantos baseados que supostamente não viciam, são inofensivos, seguros e danificaram meus nervos, arruinaram minha memória, e me deram vontade de ~~matar~~ explodir a formatura. E a paciência para tocar guitarra por 5 horas todo dia depois da escola. E para dormir durante o dia quando eu deveria ter prestado um pouco mais atenção nos estudos. Especialmente em inglês, às vezes um A+, às vezes um X na minha mão ou na testa e o sentimento de que nunca era forte o suficiente então eu subi a escada até a papoula. Nem todo mundo faz essa última parte então eu aprendi uma lição. Não tenho nenhum direito de expressar minhas opiniões até eu saber todas as respostas. Que viagem.

"Very Ape" (Muito Primitivo)

Esqueci.

"Pennyroyal Tea" (Chá de Poejo)

Um ~~abortivo~~ chá herbal abortivo.

Não funciona, seu hippie.

"Radio Friendly Unit Shifter" (Sucesso Comercial Pronto Pra Rádio)

Nossa, isso aqui vai ferver o sangue do cara do A&R[51]. Ele vai ficar tão puto. He he. Esperto. É parte do meu eu-interior autoindulgente. Bem exagerado [*ilegível*].

~~Mas é bem divertida de tocar ao vivo.~~

---

51 "A&R" se refere ao departamento "Artists and Repertoire", responsável por pesquisa e desenvolvimento dos artistas em uma gravadora. [N.T.]

Ask about Dantes Inferno movie from the 30's
to use instead of ~~ma~~king our own props
we will use the scenes of people intwined old withering oak trees

Sebadoh

Alex wages

tourrets

me. old man. ~~has made~~
have made my conclusion. but nobody will listen any more.

Birds. Birds are and always have been reincarnated old men
with tourrets syndrome ~~and every morning~~ having somehow managed
to ~~con~~ dupe the reproductive saga ~~and~~ they fuck eachother and
tend to their home repairs and children while never missing
their true mission. to scream at the top of their lungs
in horrified hellish rage every morning at day break
to warn us all of the truth they know the truth.
Screaming bloody murder all over the world in our ears
but sadly we dont speak bird.
the whales respond i~~n a similar way~~ with their message for
us in similar ways. by beaching themselves

this album is dedicated to dead relatives.
they are warm and full of happy smiles.
safe

Pergunte sobre o filme *Inferno de Dante* dos anos 30, para usar em vez de fazer nossos próprios adereços, vamos usar as cenas de pessoas envoltas por carvalhos com seus galhos murchando.

Sebadoh
Alex Wages

"Tourette's" (Síndrome de Tourette)
Eu. Homem velho. [~~*ilegível*~~]
Cheguei à minha conclusão. Mas ninguém me escuta mais.

Pássaros. Pássaros são e sempre foram a reencarnação de homens velhos com síndrome de Tourette ~~e toda manhã~~ tendo de alguma maneira [~~*ilegível*~~] ludibriado a saga reprodutiva ~~e~~ eles transam e cuidam dos reparos em suas casas e de suas crianças enquanto nunca deixam de fazer sua verdadeira missão. Gritar o máximo que podem com uma raiva horrenda e infernal todas as manhãs no raiar do sol para nos avisar da verdade eles sabem a verdade. Reclamam em nossos ouvidos até não poder mais pelo mundo todo mas tristemente não falamos a língua dos pássaros.

As baleias respondem ~~de maneira similar~~ com sua mensagem para nós de maneira similar. Atolando na praia.

Este álbum é dedicado a parentes mortos.
Eles estão seguros, quentinhos e cheios de sorrisos felizes.

All apologies

Nothing has or will
Nothing could or should
Alternateens ignoring the Budweiser sponsor banner behind the 10 yrs + Acts.
An excuse to get laid
~~Kathleen and Babes in toyland are completely~~
Jimmy Carter was ~~[illegible]~~ and still is an extremely loving and sensible man. but when I was a kid I only remember that he liked peanuts and had big lips.

milk it

If you really love me you will send medical supplies.
Oh god, he's awake again.. don't look. just ignore it. before he starts to. oh shh he fell asleep again thank God.
How do you feel? shhh be quiet.

A multitude

serve the servants

Oh lord the guilt of sucksess. ~~[illegible]~~ during the past two years I have slowly come to the conclusion that I do not want to die. ~~[illegible]~~ I am now no more of a recluse than I used to be. I lived in the (K) kingdom for a few years hiding in a little apartment. ~~[illegible]~~ And now I stand in my room without a sandbox ~~[illegible]~~ on punk Rock show attendant ratio I would say it's about the same. I am still equally annoyed and equally impressed with the same old familiar ritual of standing in a room full of people hoping to feel a vibration that runs through my back when I hear a familiar song or see an enigmatic performance from ~~[illegible]~~ A collection of people who choose to strap on pieces of wood which are electrically activated and manipulated
Ive never claimed to be a punk rocker.
I was inspired by it. as much as led zeppelin or Aerosmith

"All Apologies" (Só Desculpas)

Nada já foi ou será

Nada poderia ou deveria

Adolescentes alternativos ignoram o banner de patrocínio da Budweiser atrás das bandas leais.

Uma desculpa para transar.

~~Kurdt Loder e Tabitha Soren são completamente~~

Jimmy Carter era ~~um ext~~ e ainda é um homem extremamente carinhoso e sensato. Mas quando eu era uma criança eu só lembrava que ele gostava de amendoim e tinha lábios grandes.

"Milk It" (Tire Leite)

Se você realmente me ama, vai mandar suprimentos médicos. Meu Deus, ele está acordado de novo. Não olhe. Só ignore. Antes que ele comece a. Oh, shh, ele dormiu de novo graças a Deus. Como você está? Shh fique quieto.

Uma multitude

"Serve the Servants" *(Sirva os empregados)*

Ó Senhor, a culpa do sucesso[52]. ~~Estou~~ Nos últimos dois anos eu lentamente cheguei à conclusão que não quero morrer. Não sou mais tão recluso quanto costumava ser. Eu morei no Reino K por alguns anos, me escondendo em um pequeno apartamento. [*ilegível*] E agora estou no meu quarto sem uma caixa de areia. ~~Eu não~~ Em shows de punk rock a proporção de espectadores eu diria que é mais ou menos a mesma. Eu ainda estou igualmente irritado e impressionado com o velho ritual de ficar em um lugar cheio de pessoas esperando sentir uma vibração que passa pelas minhas costas quando escuto uma música familiar ou vejo uma performance enigmática de ~~alguns~~ um grupo de pessoas que escolheu usar pedaços de madeira ativados e manipulados eletricamente.

Eu nunca aleguei ser do punk rock.

Eu fui inspirado por ele. Tanto quanto o Led Zeppelin ou Aerosmith

52 No texto original, Kurt grafa a palavra como "sucksess", mesclando "suck" ("chupar" em tradução literal, mas aqui com conotação negativa) e "success" ("sucesso"). [N.T.]

& the beatles ~~etc~~. but oh lord never paul pleeeease!
Is it egotistical to talk about myself like this?
I guess this song is for my father who is incapable of communicating at a level of affection in which I have always expected

Nordic trAC

1-800-382 9177

Augment ensamble

verile

Kevlar

e os Beatles ~~etc~~. Mas meu deus nunca Paul pooor favor!
É egoísta falar de mim assim?
Acho que essa música é para meu pai que é incapaz de se comunicar com o afeto que eu sempre esperei.

Nordic Track
1-800-382-9177

Aumentar conjunto
Verile
Kevlar

Kevin &CO
for the Long form

1 ON Anurysm: Keep Amsterdam audio when first change happens ie. kurdt in over coat

2 TAke out Dave & Chris playin Aerosmith song

3 Put Subtitle in "Bronchitis" flashing throughout Dive

4 Video footage of us with Jason "the early years" put in subtitle = Jason everman guitar Chad channing drums Rhino Records LA 88. Song. Sifting

5 cut out the last half of dave talking about new bands

6 Start my rant just as I say Black flAg flipper + leave the rest.

sub title = 7 = Rock star lesson: for Come As U are — when your guitar is out of tune, sing out of tune along with it

8 Englands prestigious Top of the pops equivalent of US's American Bandstand.
Cut to 1st IN Bloom video we did with one camera in dresses destroying the set.

9 Replace mollys lips with Reading version with Eugene singing

Add the scene where I hand the guitar to the audience.. I think its from Reading

And the penis and flower petal face in camera performance piece kurdt does in RiO

Kevin & cia.

Para o vídeo

~~Em "Aneurysm":~~

~~Em "Aneurysm": manter o áudio do show de Amsterdã mas manter as edições as mesmas.~~

1. Em "Aneurysm": manter o áudio de Amsterdã quando a primeira mudança ocorre, por exemplo, Kurdt com sobretudo.

2. Tirar Dave e Chris tocando música do Aerosmith.

3. Colocar legendas em "Bronquite" piscando durante "Dive".

4. Vídeo de nós com Jason "nos primeiros anos" – colocar legenda = Jason Everman guitarra Chad Channing bateria Rhino Records LA 88. Música: "Sifting".

5. Tirar a segunda metade de Dave falando sobre novas bandas.

6. Começar meu discurso assim que eu falo Black Flag Flipper ~~daí terminar o resto~~ deixar o resto.

7. Lição rock star: Subtítulo = para "Come As You Are": [~~*ilegível*~~] Quando sua guitarra estiver desafinada, cante desafinado também. [~~*ilegível*~~]

8. O prestigioso Top of the Pops, o equivalente britânico do American Bandstand dos EUA.

Cortar para primeiro clipe "In Bloom" que fizemos com uma câmera, usando vestidos e destruindo o cenário.

9. Substituir "Molly's Lips" com versão de "Reading" com Eugene cantando.

Adicionar a cena em que eu dou a guitarra para a plateia. Acho que é de "Reading".

E o pênis e a pétala de flor com o rosto na câmera, a performance que o Kurdt fez no Rio.

the first Vinyl Rele

but the video's recorded Audio version will be the re-mixed one.

---

(1) release Albini version: mastered – different sequence under title: I Hate myself and want to die:
on vinyL LP, Cassette and 8-track ← Yes! Yes! Yes!
Albini producer, mixologist credits. with sticker that says: NIRVANAS
Latest studio release for 93' contains Heart shaped box, Rape me & 12 others.
Retail: Sold to small mom and pop stores or anywhere vinyl can be found.
NO-PROMOS sent out!!!

(2) one month later: after many lame reviews and reports on the curmudjeonly, uncompromising vinyl, cass, 8-track only release. we Release the Re-mixed ~~version~~ & re-recorded bass and acoustic guitar Version under the title: "verse chorus verse". on vinyL LP, cassette, and God forbid, Cd. with sticker that says: This Album is the radio-friendly, unit shifting, compromise version which, by the way, NIRVANA is extremely proud of. Contains Heart shaped box, Rape me & 10 more.

(3) Release Video of Heart shaped box at the same time of the 1st vinyL, cass, 8-track only release. but the re-mix audio version will accompany it.

[53]O primeiro vinil
mas o áudio gravado do vídeo vai ser a versão remixada.

1. Lançar versão do Albini em vinil, cassete e cartucho de 8 pistas Sim! Sim! Sim! : masterizada – ordem diferente com o título: *I Hate Myself and I Want to Die*.

Créditos de produtor e mixologista para Albini. Adesivo dizendo: O novo lançamento do NIRVANA em 93, contendo "Heart Shaped Box", "Rape Me" e outras 12.

Varejo: vendido para lojas pequenas independentes ou qualquer lugar que vende vinil. NÃO ENVIAR cópias promocionais!!!

2. Um mês depois: após muitas resenhas e relatórios ruins sobre o lançamento rabugento, sem compromisso, exclusivo em vinil, cassete e cartucho, nós lançamos uma versão remixada e regravada com baixo e violão, chamada: *Verse Chorus Verse*. Em vinil, cassete e, Deus me livre, CD. Com adesivo dizendo: Este álbum é a versão pronta pro rádio, sucesso total e comprometida, e o NIRVANA sente muito orgulho disso. Contém "Heart Shaped Box", "Rape Me" e outras 10.

3. Lançar clipe de "Heart Shaped Box" ao mesmo tempo que o primeiro lançamento – vinil, cassete e cartucho. Mas a versão remixada do áudio vai acompanhar.

53 Proposta de plano de marketing para *In Utero*.

Hi, im the moody, bohemian member of the group. blonde frontman. the sensetive artist type.

I like: pasta, turtles, girls with weird eyes, writing, reading, keeping my mouth shut, cake decorating, horseback riding, gun cleaning, Sally Struthers impersonations, pina coladas and getting caught in the rain, buttfucking, accupuncture, painting, friends, cats, goats, mo-hair sweaters, cultivating a fine army of facial blemishes, scarification, playing music with my band, my wife, my family and all of the people with whom our band works with.

I would only wear a tie died T shirt if it were made from the Blood of Gerry Garcia and the urine of Phil Collins.

Here Are Some of the Bands I like.

the vaselines, the breeders, the Stooges, the pixies, Sex pistols, raincoats, melvins, tales of terror, scratch acid, butthole surfers, young marble giants, urge overkill, marine girls, Jesus lizard, Teenage fanclub, Slits, mudhoney, Beat happening, Cramps, Shonen knife, Delta 5, sonic youth, Black flag, R.e.m, meat puppets II, witchy poo, Hole, TV personalities, Daniel Johnston, the Sonics, lead belly, the wipers, Half Japanese, Dead moon, public enemy, Big Black, the ~~knack~~, Germs, Husker Du, Dinosaur Jr, Captain America, saints, velvet underground, Lee Hazlewood, Hank williams, flipper, feederz, Lewd, Bad Brains, Patsy Cline, Devo, Clash, Fear, Army of Lovers, fugazi, Bikini Kill, Beatnik Termites, the staple Singers, Discharge, Cannanes, Bratmobile, Saccharine trust, Dirt, pavement, love child, Superchunk, Boredoms, Sebadoh, Axemen, Cows →

Shocking Blue, wire, Leonard Cohen, Pylon, B-52s, Duh, Didjits, Mazzy star, TK records, Sun city Girls, Sprinkler, Calamity Jane, Tinklers, some velvet sidewalk, Smegma, Go Team, Rites of spring, VOID, shop Assistants, NIP Drivers,

Olá, eu sou o membro boêmio e temperamental da banda. Líder loiro. O artista sensível.

Eu gosto de: macarrão, tartarugas, garotas com olhos esquisitos, escrever, ler, ficar de boca fechada, decorar bolos, andar a cavalo, limpar armas, imitações da Sally Struthers, piña coladas e pegar chuva, sexo anal, acupuntura, pintar, amigos, gatos, cabras, suéteres de mohair, cultivar um exército refinado de manchas na pele, escarificar, tocar música com minha banda, minha ~~namorada~~ esposa, ~~e~~ minha família e todas as pessoas com quem nossa banda trabalha.

Eu só usaria uma camiseta tie-dye se ela fosse feita com o sangue do Jerry Garcia e a urina do Phil Collins.

[*à esquerda*] Algumas das bandas que eu gosto:

Shocking Blue, Wire,

Leonard Cohen, Pylon, B-52's, Duh, Didjits,

Mazzy Star, TK Records, Sun City Girls, Sprinkler, Calamity Jane, Tinklers, Some Velvet Sidewalk, Go Team, Rites of Spring, VOID, Shop Assistants, Nip Drivers,

The Vaselines, the Breeders, the Stooges, the Pixies, Sex Pistols, Raincoats, Melvins, Tales of Terror, Scratch Acid, Butthole Surfers, Young Marble Giants, Urge Overkill, Marine Girls, Jesus Lizard, Teenage Fanclub, Slits, Mudhoney, Beat Happening, Cramps, Shonen Knife, Delta 5, Sonic Youth, Black Flag, R.E.M., Meat Puppets II, Witchy Poo, Hole, TV Personalities, Daniel Johnston, the Sonics, Leadbelly, the Wipers, Half Japanese, Dead Moon, Public Enemy, Big Black, the Knack, Germs, Husker Du, Dinosaur Jr., Captain America, Saints, Velvet Underground, Lee Hazlewood, Hank Williams, Flipper, Feederz, Lewd, Bad Brains, Smegma, Patsy Cline, Devo, Clash, [~~*ilegível*~~] Fear, Army of Lovers, Fugazi, ~~Babes in Toyland~~, Bikini Kill, ~~Bathtub Is Real~~, Beatnik Termites, the Staple Singers, Discharge, Cannanes, Bratmobile, Saccharine Trust, Dirt, Pavement, Love Child, Superchunk, Bordeoms, Sebadoh, Axemen, Cows

Fire records
339 sevensisters RD
London N15 6rd England

Suckdog
PoBx 1491 Dover NH, 03820

Simple machines
Po Box 10290 Arlington VA
22210-1290

independent labels ~~address~~ 90260

SST: po box 1 Lawndale CA Seminal twang

25520, Chicago IL 60625
Touch and Go Box 7154 Olympia WA 98507 K Sympathy for the record industry

Boner, matador, **Sub pop**, ecstatic peace GASATANKA Rockville

Kill rock stars, feel good all over, Homestead 4-AD

RoughTrade Caroline C/Dpresents T/K records Alternative Tentacles

out of Business 114 West 26th st NY, NY 10001 42423 Portland Oregon 97242

music publications: fact sheet five: TwinTone

CAll Thurston FANZINES: Bikini kill Alternative press Jigsaw INK Disease Your flesh

Girlgerms, flipside, MAXIMUM ROCKnroll

murder can be fun, SPin, forced exposure,

Amok Research, option, Kitten Kore, And she's not even pretty.

Gravadoras Independentes: Fire Records 339 Seven Sisters RD, Londres NIS 6rd Inglaterra, Suckdog caixa postal 1491 Dover NH, 03820

Simple Machines caixa postal 10290, Arlington VA, 22210-1290

SST caixa postal 25520, Chicago IL 60625

Seminal Twang 90260 Lawndale CA

Touch and Go, K, caixa postal 7154, Olympia WA, 98507, Sympathy for the Record Industry, Casablanca Rockville

Boner, Matador, Sub Pop, Ecstatic Peace, Kill Rock Stars, Feel Good All Over, Homestead, 4AD, Rough Trade (fechou), Caroline, 114 West 26th Street, NY, NY, 10001, C/D Presents, T/K Records 42423, Portland Oregon, 97242, Alternative Tentacles.

[*à esquerda*] Ligar pro Thurston

Publicações musicais: Factsheet Five, Twin Tone.

Fanzines: Bikini Kill, Alternative Press, Jigsaw, Ink Disease, Your Flesh, Girl Germs, Flipside, Maximum Rock'n'roll, Murder Can Be Fun, Spin, Forced Exposure, Amok Research, Option, Kitten Kore e She's Not Even Pretty.

Technicolor effect for film:

Old weathered man in hospital bed with a rubber foetus in his IV Bottle chris dave and I sitting at the foot of the bed, impatiently waiting for him to pass away. In the hospital room the curtains are drawn 90% of the way with a blinding white light shooting through the curtains. Lots of flowers in the room and Kurdt hold an old pocket watch dangling back and forth — indicating that time is running out.

4 year old aryan girl with bright blonde hair with vivid blue eyes. in a klu klux klan robe on sitting in a small shack. The walls of the shack is covered with stargazer lillies with stems cut off and the butt end of the flowers glued every where on the walls. Each flower has a bright light illuminating from behind them. another shot of the little girl holding hands with an elder. he squeezes her hand as if she could never escape. bright red blood soaks in from inside of the girls robe. Close up of red ink or blood soaking in to white fabric then a gust of wind blows her KKK hat off, the camera follows it blowing above a field of poppies, eventually the hat turns into a butterfly net and chases butterflies through out the field. then it falls into a small pool of black tar (india ink. another close up of black ink-goo soaks into the white fabric. after the hat is completely black it appears to be a black witches hat and blows away with a gust of wind.

Old interesting looking man on a cross with black crows on his arms, pecking at his face — Scarecrow/Jesus.

Animation, forest Dantes inferno from the thirties
Bodies entwined in old oak trees
maybe we can use the original footage from that movie

optical illusion

[54]Efeito tecnicolor para filme

Homem velho e desgastado em cama de hospital com um feto de borracha em sua garrafa de soro. Chris, Dave e eu nos sentamos no pé da cama, impacientemente esperando que ele morra. No quarto do hospital as cortinas estão 90% fechadas, com uma luz branca ofuscante passando pelas cortinas. Muitas flores no quarto, e Kurdt segurando um relógio de bolso, balançando-o pra frente e pra trás – indicando que o tempo está acabando.

Menina ariana de 4 anos, com cabelo loiro claro, olhos azuis vívidos. Vestindo um traje da Klu Klux Klan, sentada em um pequeno barraco.

As paredes do barraco estão cobertas de lírios orientais com os caules cortados, mas as pontas das flores coladas ~~nas~~ por todas as paredes. Cada flor tem uma luz clara iluminando ~~cada uma~~ por detrás delas. Outra imagem da menina de mãos dadas com um idoso. Ele aperta a mão dela como se ela nunca pudesse escapar.

Sangue vermelho claro encharca ~~para dentro~~ a roupa da menina de dentro.

Close-up da tinta vermelha ou sangue sendo absorvido pelo tecido branco.

Daí o vento sopra e tira o chapéu da KKK dela, a câmera o segue ~~pelo~~ voando sobre um campo de papoulas. Após algum tempo, o chapéu vira uma rede de borboletas e persegue borboletas pelo campo.

Daí ele vai em uma pequena poça de piche preto (tinta nanquim), mais um close-up da tinta preta e gosmenta sendo absorvida pelo tecido branco. ~~Daí vemos~~ Após o chapéu ficar completamente preto, parece ser um chapéu de bruxa e sai voando com o vento.

~~Homens velhos na grama~~

Homem velho e desgastado, com aparência interessante, em uma cruz com corvos pretos em seus braços, bicando seu rosto – espantalho/Jesus.

Animação. Floresta. Filme *O Inferno de Dante* dos anos 30. Corpos envoltos por galhos de carvalhos morrendo. Talvez possamos usar as filmagens originais daquele filme.

Ilusão de óptica.

54 Conceito para o clipe de "Heart-Shaped Box".

Your All absolutely one hundred percent correct. I was severely wrong when I wrote "For me Punk Rock is dead. although it is dead for me which were the key words I wrote in those oh so negative and retarded linear notes. The ~~two~~ words for was miss printed at the ~~DGC~~ printing offices when they translated my handwriting. ~~Instead~~ The word to was used instead of for which is a very common occurance when deadlines are due and people are scratching like mexican fighting cocks to get an approval for something as non important as ~~a~~ liner notes to a B- side cash cow.

Yes friends. punk rock is dead for me.

Você está cem por cento correto.

Eu estava profundamente errado quando escrevi: "Por mim, o punk rock está morto". Apesar de estar morto, por mim, e estas foram as palavras-chave que eu escrevi naquele texto de encarte tão negativo e retardado. As duas palavras A palavra por foi impressa incorretamente pela DGC empresa quando traduziram meu manuscrito. A palavra para foi usada em vez de por, o que ocorre comumente quando há prazos e as pessoas estão ciscando como galos de briga mexicanos para conseguir aprovar algo tão sem importância quanto o encarte de um lado B para ganhar dinheiro.

Sim, amigos. Por mim, o punk rock está morto.

Letter to the Editor.

I thought I would let the world know how much I Love ~~them~~ People. I thought I would ~~make art~~ try to create Something that I personally would like to listen to. because a very large portion of this worlds art sucks beyond description. ~~But~~ yet I ~~Besides~~ feel that, it's a waste of time to pass judgement. and who the fuck am I to declare myself an authority whos certified, one who has the right to critique others person. I guess in a way anyone with enough ambition to create and not take away is someone who

Carta ao editor

Eu gostaria de deixar o mundo saber o quanto eu os amo pessoas. Pensei em fazer arte tentar criar algo que eu pessoalmente gostaria de ouvir. Porque uma grande parte da arte deste mundo é tão ruim que nem tenho como descrever. Mas Além disso, Ainda assim eu sinto que é um desperdício de tempo julgar os outros. E quem sou eu para me declarar uma autoridade certificada, alguém que tem o direito de criticar. Eu acho que, de certa forma, qualquer pessoa com ambição o suficiente para criar e não subtrair é

deserves respect. There are ~~some~~ those who are better at it than others. there are some who have severely large amounts of enthusiasm who are prolific as Hell, spewing out a million products a year. Yeah products. they are ones who usually give 10% good and 90% crap. Then there are those who spend years studying other peoples works because they dont have a Chance in Hell to produce anything with a hint of talent. Yeah talent. But like I said no one should be denied the priviledse to create and some people most

merecedora de respeito. Há alguns aqueles que são melhores nisso do que outros. Há alguns que têm muito entusiasmo, que são muito prolíficos, jorrando um milhão de produtos por ano. Sim, produtos. São eles que geralmente criam 10% bom e 90% merda.

Daí há aqueles que gastam anos estudando as obras de outras pessoas porque eles não têm a mínima chance de produzir qualquer coisa com o mínimo de talento. Sim, talento. Mas, como eu disse, ninguém deve ser recusado de ter o privilégio de criar e algumas pessoas

certainly do not need the
~~fear of~~ whether their goods
are better or worse
than the Best or worse.
They can find that out for
themselves.
maybe I
On second thought ~~I thought~~
just tried to
~~I would~~ let the world
know how much I love
myself. like a hypocrite
in a hippie crypt.
I hate myself and I
want to die
Leave me alone.
Love Kurdt

certamente não precisam temer se as suas obras são melhores ou piores que as melhores ou piores. Elas podem encontrar essa arte sozinhas.

Pensando bem, eu achei que eu iria talvez eu tenha tentado contar ao mundo o quanto eu me amo. Como um hipócrita numa cripta hippie.

Eu me odeio e quero morrer.

Me deixe em paz.

Com amor,

Kurdt

Love Child – He's So sensitive
Love Child – Diane
Calamity Jane – Car
Beatnik Termites – when she's nearby
Sun City Girls – Voice of America #1
Discharge – The more I see
Jad fair – the Crow
Jad fair – take a chance
Jad fair – I like Candy
Mazzy Star – Halah
Didjits – under the Christmas fish
Bags – BAbylonian Gorgon
Bags – Survive
Bags – We will bury You
Sebadoh – Loser Core
Duh – spaghetti and red wine
TV personalities – I know where Syd Barret lives
Axemen – mourning of Youth
side 2
Daniel Johnston
Continues stories
StinkyPuffs – stinky Puffs theme
How You make A Car (HAmburger)
Baby A monster

Love Child – "He's So Sensitive"
Love Child – "Diane"
Calamity Jane – "Car"
Beatnik Termites – "When She's Nearby"
Sun City Girls – "Voice of America #1"
Discharge – "The More I See"
Jad Fair – "The Crow"
Jad Fair – "Take a Chance"
Jad Fair – "I Like Candy"
Mazzy Star – "Halah"
Didjits – "Under the Christmas Fish"
Bags – "Babylonian Gorgon"
Bags – "Survive"
Bags – "We Will Bury You"
Sebadoh – "Loser Core"
Duh – "Spaghetti and Red Wine"
TV Personalities – "I Know Where Syd Barrett Lives"
Axemen – "Mourning of Youth"
Side 2
Daniel Johnston
Continues Stories
Stinky Puffs – "Stinky Puffs Theme"
Hamburger
How You Make a Car
Baby A Monster

Courtney, when I
Say I love you I am not
ashamed, nor will anyone
ever ever come close to intimidating
persuading, etc me into thinking
otherwise. I wear you on
my sleeve. I spread you
out wide open with the wing
span of a peacock, yet
all too often with the attention
span of a bullet to the head.
I think its pathetic that the
entire world looks upon a
person with patience and a
calm demeanor as the desired
model citizen. yet theres
something to be said about
the ability to explain

Courtney, quando eu digo que te amo não tenho vergonha e ninguém vai jamais chegar perto de me intimidar, persuadir etc. a pensar de maneira diferente. Eu mostro meu afeto por você publicamente. Eu te abro com a envergadura de um pavão. Mesmo assim, frequentemente, com a brevidade de uma bala na cabeça. Eu acho que é patético que o mundo inteiro veja uma pessoa paciente e tranquila como o cidadão ideal. Mas há algo relevante na habilidade de explicar

ones self with a toned down, tune deaf tone. And I will say it: I am what they call the boy who is slow. how I metamorphosised from hyperactive to cement is for lack of a better knife to the throat uh, annoying, aggrevating, confusing as dense as cement. cement holds no other minerals. you can't even find fools gold in it. its strictly man made and youve taught me it's ok to be a man and in the classic mans world I parade you around proudly like the ring on my finger which holds no mineral.

Also

Love Kurt

uma personalidade com um tom baixo e surdo. E digo mais: eu sou o que chamam de "criança lerda". Eu fico muito confuso e irritado com a minha metamorfose, de hiperativo a um pedaço de cimento. Cimento não tem outros minerais. Não tem nem pirita no cimento. É estritamente fabricado pelo homem, e você me ensinou que não tem problema em eu ser um homem, e no clássico mundo dos homens eu te desfilo orgulhosamente, como o anel no meu dedo, que também não tem outros minerais.

Com amor,

Kurt

THE New improved revised
NIRVANA list of Albums
in which the person writing this has
been emotionally affected by. •
inspired to encapsulate what his
thoughts of a lifestyle in which he
May be immersed in for
reasons of looking cool and hip.
OH and by the way maybe to introduce
these elitist obscure, treasures to the
unabashed

Elo: Electric light orchestra. The Knack @ the Knack

Gold. John? 10CC the things we do for love.

HAll and oats. Rich Girl wild cherry play that funky music

Leo SAyer? Supertramp Breakfast in America EAgles: long Run

Pat Benatar? Journey escape. Reo speedwagen Hi infidelity

Fleetwood mack Rumours BAY city Rollers?

Seasons in the sun Terry Jacks Bugles: video Killed the radio stare Beatles meet the Beatles

A NOVA, MELHORADA E REVISADA LISTA de discos do NIRVANA que afetaram emocionalmente a pessoa que está escrevendo isto. Inspirada para englobar o que é visto como um estilo de vida em que talvez estejamos [*ilegível*] imersos, com o motivo de parecermos legais e modernos. AH, a propósito, talvez tenhamos a intenção de apresentar estes tesouros obscuros e elitistas aos descarados.

ELO: *Electric Light Orchestra*
The Knack: *Get the Knack*
Gold: *John?*
10cc: *The Things We Do for Love*
Hall & Oates: *Rich Girl*
Wild Cherry: *Play That Funky Music*
Leo Sayer?
Supertramp: *Breakfast in America*
Eagles: *Long Run*
Pat Benatar?
Journey: *Escape*
REO Speedwagon: *Hi Infidelity*
Fleetwood Mac: *Rumours*
Bay City Rollers?
Seasons in the Sun: *Terry Jacks*
Bugles: *Video Killed the Radio Star*
Beatles: *Meet the Beatles*

I Have been forced to become a reclusive Rockstar
IE: No interviews, No radio appearances, etc.
due to the legions of self appointed authorities on music
who are not musicians, who have not contributed anything
artistic to Rock and Roll besides maybe a few second rate
long winded, books on Rock and Roll and most importantly
who are the highest group of mysogynists in all
forms of expression.

I have since the beginning of my first revelation in alternative thought
through the introduction of New wave - then, Punk rock, then alternative,
soundtracks of contemporary classic Rock. Never in years of my awareness
of sexism have I seen a more radically venemous display of
sexism in my life than in the past two
years. for years Ive observed and waited like a vulture
for any hint of sexism and Ive found it in relatively small
doses compared to the present state of Rock and Roll.

From critics darlings to Samantha fox simply because one of
the members of what used to be thought of as a band with members
Has married an established, Musical success determined by
the establishment of non musical music writers. Something smells fishy.

[55]Eu fui forçado a me tornar um rock star recluso

Por exemplo: sem entrevistas, sem aparecer na rádio etc., devido à legião de autodenominadas autoridades musicais que não são músicos, que não contribuíram com nada artístico ao rock-and-roll além de talvez alguns livros prolixos de quinta categoria sobre rock-and-roll e, ainda mais importante, que são o maior grupo de misóginos em todas as formas de expressão.

Desde o início da minha revelação ao pensamento alternativo com a introdução do new wave – depois, o punk rock, daí coletâneas alternativas de rock clássico contemporâneo. Nunca, durante todos esses anos em que estou ciente do sexismo, vi demonstrações mais venenosas de sexismo do que eu tenho visto nos últimos dois anos. Por anos eu observei e esperei como um abutre, por qualquer sinal de sexismo, e eu achei que ele vinha em doses relativamente pequenas comparadas ao estado atual do rock-and-roll, desde os queridinhos da crítica até Samantha Fox, simplesmente porque um dos membros do que era visto com uma banda se casou com alguém que o estabelecimento de jornalistas de música não músicos consideram um sucesso estabelecido. Tem algo errado aí!

55 As imagens das páginas 518 a 526 estão com pouca legibilidade desde os manuscritos originais. [N.E.]

by this time. All conspiracy theories are very very real with more proof than needed to be bothered with describing. Beaurocracy exists as cancer in the simplest, most naive, grass roots businesses of pencil vendors, panhandling, fanzine distribution, home baked hippie cookie sales agents up through the yawn', medical profession, Government related protection agencies, Janitorial positions, and erm, entertainment industries. Journalists will now break their own fingers after engaging in each individuals fingerprint of display on their left breast in the form of a button. and they will bow down to let the artists critique themselves and other artists. This is a fanzine written by music fans. We know this to be true because they are musicians. Can they write as well as they play? better.

what about Genres. A Heavy metal musician cannot review A dance RnB Soul group. Its that easy.

Elitism = Punk Rock

Capitalism =

A essa altura, todas as teorias de conspiração são bem, bem reais. Com mais provas do que o necessário para descrever. A burocracia existe como câncer nas formas mais simples e ingênuas de negócios, como vendedores de lápis, mendigos, distribuidores de fanzine, vendedores de cookies caseiros, médicos, agências de proteção governamental, zeladores e, então, a indústria do entretenimento. Jornalistas quebram seus próprios dedos após se envolver em cada demonstração de impressões digitais em seus seios esquerdos na forma de um botão e eles vão se curvar para deixar os artistas criticarem a si mesmos e outros artistas. Essa é uma fanzine escrita por fãs de música. Nós sabemos que isso é verdade, porque eles são músicos. Eles conseguem escrever tão bem quanto tocam? Melhor. Que tal gêneros? Um músico de heavy metal não pode criticar um grupo de dance soul R&B. É simples assim.

Elitismo = punk rock

Capitalismo =

If you were a music fan than you would contribute to A fanzine..

You have no right to ask the question Q: do you have artistic control now that youve signed to a major - for all Journalists are at the mercy of their editors.

second rate 3rd degree burns.

Se você fosse um fã de música você contribuiria com uma fanzine.

Você não tem o direito de fazer a pergunta: "Você tem controle artístico agora que foi contratado por uma gravadora multinacional?" Já que todos os jornalistas estão à mercê de seus editores.

Queimaduras de terceiro grau de quinta categoria.

If we ever win any more awards we will have 3 impersonators come up and accept the awards 3 people who look fairly familiar to us.

VIDEO concept. milk it or scentless apprentice drunken fucked up me, man in a room full of people at a party man has gun and is stumbling around falling down threatening to shoot. man has wild glossy stare.

Play unplugged soon.

release a compilation tape of favorite punx songs with vinyl version of album

Se algum dia ganharmos mais algum prêmio, vamos mandar 3 sósias para receber o prêmio, 3 pessoas que se pareçam conosco.

Conceito de clipe.

"Milk It" ou "Scentless Apprentice"

Eu, bêbado e fodido, homem em um lugar cheio de pessoas em uma festa

Homem tem uma arma e está cambaleando, caindo, ameaçando atirar

Homem tem olhar louco e vidrado

Tocar acústico em breve.

Lançar uma coletânea em fita das músicas punk favoritas com versão em vinil do disco.

♡ Shaped box video

William and I sitting across from one another at a table (Black and white) lots of Blinding Sun from the windows behind us holding hands staring into eachothers eyes. He gropes me from behind and falls dead on top of me. medical footage of sperm flowing through penis. A ghost vApor comes out of his chest and groin area and enters me Body.

during solo. violin shots. Chris as New wAve keyboardist, and very quick edits of strobe light.

image of little 3 year old white arian, blonde girl in KKK outfit being led by the hand of a KKK parent

Same violet colors as in the New order video

Animation Doll footage. Close up of lillies lying on lighted draft Board. footage of Anatomy models from Kurts collection

Clipe de "♡ Shaped Box"

William e eu sentados frente a frente em uma mesa (preta e branca) muita luz solar ofuscante vinda das janelas atrás de nós, mãos dadas, encarando nos olhos um do outro. Ele me agarra por trás e cai morto em cima de mim.

Vídeo clínico demonstrando esperma fluindo pelo pênis. Um vapor fantasma sai do seu peito e de sua virilha e entra no meu corpo.

Durante o solo, imagens de violino. Chris como tecladista New Wave e cortes rápidos de luzes estroboscópicas.

Imagem de menina ariana de 3 anos, loira, branca, com roupa da KKK, de mãos dadas com seu pai da KKK.

Mesmas cores violetas do clipe do New Order.

Imagem de boneca animada. Close-up de lírios iluminados num painel. Imagens de modelos de anatomia da coleção do Kurt.

FIGURE 10. Examples of herpes gestationis.
ject
book
150 SHEETS
(24.1 cm. x 15.2 cm.)

Figura 10. Exemplos de herpes gestacional.

Travelin white trash couple

#1

He Bathes in Gallons of mens Cologne
Hes fillup full of testosterone
She kisses sensually into the lense
They spit their lingo to keep their egos
cleansed.

They keep a lifestyle that is comfortable
they travel far to keep their stomaches full
they have a Hair style that is out of ~~style~~ date
They seem to claim that their from out of state

He keeps his cigarettes close to his heart
she keeps her photographs close to her heart
they keep their bitterness close to their hearts

She wants to build herself a windchime house
she does her arts and crafts while staying soused
they probably own about a million cats
they dont care where their from or where their at

They Rip you off and then they leave your town
The local swap meet is their battle ground
She loves him more than he will ever know
He loves her more than ~~s~~he will ever show

"Travelin White Trash Couple" (Casal Lixo Branco Viajante)

Ele se banha com galões de colônia masculina
Ele está cheio de testosterona
Ela beija a lente sensualmente
Eles cospem seu jargão para manter seus egos limpos

Eles têm um estilo de vida que é confortável
Eles viajam longe para manter suas barrigas cheias
Eles têm um corte de cabelo ~~fora de estilo~~ antiquado
Eles parecem dizer que são de outro estado
Ele guarda seus cigarros perto de seu coração
Ela guarda as fotos dela perto de seu coração
Eles guardam sua amargura perto de seus corações

Ela quer construir uma casa de sinos de vento
Ela faz seu artesanato enquanto fica de salmoura
Eles provavelmente têm um milhão de gatos
Eles não se importam de onde vêm ou onde estão

Eles te roubam daí deixam sua cidade
A feira de itens usados é o campo de batalha deles
Ela o ama mais do que ele jamais saberá
Ele a ama mais do que ele jamais mostrará

NIRVANA TOP 50

RAW POWER

Stooges

SURFER ROSA

Pixies

POD

BREEDERS

PINK EP

Vaselines

Philosophy of the World

Shaggs

LANDSHARK

Fang

MILLIONS OF DEAD COPS

M.D.C.

1st ep

SCRATCH ACID

1st ep

SACCHARIN TRUST

Pee pee the Sailor

Butthole Surfers

MY WAR

BLACK FLAG

ROCK FOR LIGHT

BAD BRAINS

ENTERTAINMENT

GANG OF FOUR

NEVER MIND BOLLOCKS

Sex Pistols

ITS ONLY RIGHT & NATURAL

FROGS

DRY

PJ HARVEY

DAYDREAM NATION

Sonic Youth

Get the KNACK

THE KNACK

KNOW YOUR PRODUCT

THE SAINTS

ANYTHING BY:

KLEENEX

RAINCOATS LP

RAINCOATS

COLOSSAL YOUTH

YOUNG MARBLE GIANTS

ROCKS

AEROSMITH

WHAT IS THIS?

EARLY SO. CALIF. PUNK COMP.

GREEN

R.E.M.

BURNING FARM cassette

SHONEN KNIFE

TYPICAL GIRLS

SLITS

ROCK:

VOID / FAITH split ep

VOID / FAITH

Rites of Spring

Rites of Spring

Jamboree

Beat Happening

tales of terror

tales of terror

LAST SESSIONS VOL. 1

LEAD BELLY

Superfuzz BigMuff

MUDHONEY

YIP JUMP MUSIC

DANIEL JOHNSTON

Generic Flipper

FLIPPER

Meet the Beatles

Beatles

We are those who ache with amorous love

HALF JAPANESE

LOCUST ABORTION TECHNICIAN

BUTTHOLE SURFERS

[*meio*] TOP 50 DO NIRVANA

[*à esquerda*] *Raw Power* – Stooges
Surfer Rosa – Pixies
Pod – Breeders
Pink EP – Vaselines
Philosophy of the World – Shaggs
Landshark – Fang
Millions of Dead Cops – M.D.C.
1º EP – Saccharine Trust
Peepee the Sailor – Butthole Surfers
My War – Black Flag
Rock for Light – Bad Brains
Entertainment – Gang of Four

[*meio*] *Never Mind the Bollocks* – Sex Pistols
It's Only Right and Natural – Frogs
Dry – PJ Harvey
Daydream Nation – Sonic Youth
Get the Knack – The Knack
Know Your Product – The Saints
Anything by: – Kleenex
Raincoats LP – Raincoats
Colossal Youth – Young Marble Giants
Rocks – Aerosmith
What Is This? – Coletânea do começo do punk no sul da Califórnia
Green – R.E.M.
Burning Farm (cassete) – Shonen Knife
Typical Girls – Slits

[*à direita*] *Combat Rock* – Clash
Void / Faith split EP – Void / Faith
Rites of Spring – Rites of Spring
Jamboree – Beat Happening
Tales of Terror – Tales of Terror
Last Sessions Vol. 1 – Leadbelly
Superfuzz Bigmuff – Mudhoney
Yip / Jump Music – Daniel Johnston
Generic Flipper – Flipper
Meet the Beatles – Beatles
We Are They Who Ache With Amorous Love – Half Japanese
Locust Abortion Technician – Butthole Surfers

for many months I decided to take a break from reading rock magazines mainly to rest and clear my head from all the folk lore and current affair journalism that had been piling up since weve become a lot of peoples (dare I say) breakfast lunch and dinner gossip

Last month I thought Id take a peek at a few Rock mags to see whats going on and if things have cooled down.

well, to my estimation many trees have been wasted on account of ~~people~~ bored and boring people who still like to waste space with NIRVANA Dreck. Years ago I knew better than to believe that every article in a news paper reported everything we need to know. as in all the facts man. I knew that newspapers, magazines and history books left out things or embelished based on the special interests of the political and moral beliefs of the shareholders or owners of all printed matter. Do you think a History book from the South has basically the same information on the civil war as a History book printed for the northern school districts? Do you think A right wing, Christian owned news paper reports the same as mother Jones magazine? well the rock literary world is a bit more confusing. It's not as cut and dry as the above refferences. People who write for music mags are a collective bunch who are at conflict every day.

As youve heard this cliché many times before music journalists are people who are paid to find as many interesting anectdotes of a musicians personality, and if there isnt enough they must spice it up and if it isnt still spicy enough which is almost always the case then, In steps the editor. an editors job is not to correct grammatical errors. his or her job is to sell magazines and to sell magazines you need to have a cupboard full of spices. SO once again a journalist is almost always at the mercy of the editor. ironically journalists are the ones who obsessively try to prove that the musician has no control over their own creativity and ~~the record company~~ is dictated by their record company ~~[illegible]~~. and the biggest ~~cliche of~~ and most overly used cliche of the journalist although is too true to ignore is the fact that most journalists have no idea of what its like to write a song, play an instrument or know what it's like to perform on stage in front of people.

The choice to become a music journalist is usually after ones realization that they are musically retarded. but theyve worked at tower Records and own a lot of Cd's and rock biographies.

Por muitos meses eu decidi dar uma pausa na leitura de revistas de rock, principalmente para poder descansar e limpar minha mente de todo o jornalismo folclórico e atual que estava acumulando desde que viramos (ouso dizer) a fofoca de muitas pessoas durante o café da manhã, almoço e jantar.

No mês passado eu pensei em dar uma olhada em algumas revistas de rock para ver o que estava acontecendo e se as coisas se acalmaram.

Bem, minha estimativa diz que muitas árvores foram desperdiçadas por ~~pessoas~~ conta de pessoas entediadas e entediantes que ainda gostam de desperdiçar espaço com porcarias sobre o Nirvana. Anos atrás, eu sabia que era errado acreditar em todo artigo de jornal que relatava tudo o que precisávamos saber. Tipo, todos os fatos, cara. Eu sei que jornais, revistas e livros de histórias ocultam ou modificam coisas com base nos interesses especiais das crenças políticas e morais dos acionistas ou proprietários de tudo que é impresso. Você acha que um livro de história do sul do país tem as mesmas informações sobre a Guerra Civil que um livro de história impresso para as escolas do norte? Você acha que um jornal cristão, de direita, faz reportagens sobre as mesmas coisas que a revista *Mother Jones*?

Bem, o mundo do rock literário é um pouco mais confuso. Não é tão simples quanto as referências acima. As pessoas que escrevem para revistas de música são um bando que está em conflito todo dia.

Como você já ouviu este clichê muitas vezes, jornalistas musicais são pessoas que são pagas para encontrar o maior número possível de anedotas interessantes sobre a personalidade de um músico, e se não há o suficiente, eles precisam apimentar as coisas. E se ainda não está apimentado o suficiente, o que quase sempre acontece, daí entra o editor.

O trabalho de um editor não é corrigir erros gramaticais. O trabalho dele ou dela é vender revistas, e para vender revistas você precisa ter uma cozinha cheia de temperos. Então, mais uma vez, o jornalista está quase sempre à mercê do editor. Ironicamente, são os jornalistas que obsessivamente tentam provar que o músico não tem controle sobre sua própria criatividade e ~~a gravadora~~ é ditado por sua gravadora [*~~ilegível~~*].

E o maior ~~clichê~~ e mais comum clichê do jornalista, apesar de ser verdadeiro demais para ignorar, é o fato de que a maioria dos jornalistas não tem ideia do que é compor uma música, tocar um instrumento ou tocar um instrumento no palco em frente ao público.

A escolha de se tornar um jornalista musical geralmente acontece quando ele percebe que é musicalmente retardado. Mas já trabalharam na Tower Records e possuem muitos CDs e biografias do rock.

I found at an early age that the same people who share the same truth-witheld due to special interests conspiracy theory are usually the same people who are fans of politically motivated or music that leans towards elements of outspoken truths. PUNK ROCK. for the most part falls under this category. Quite a few years ago I felt that most of these people who listened to punk rock were aware of Commercial Rock mag sensationalism and knew better than to believe what was written in these magazines which have always ignored underground or punk Rock bands because Punk Rock doesnt sell magazines, until now. just like new wave. punk rock has been cristened a new name by commercial magazines "Alternative music" And just like New wAve only the most commercial bands are featured in these magazines.

The easiest way to advert from the chance of misrepresentation is to use the Question Answer format. it has been proven for years that this is a safe and effective way to report the truth as long as all of the answers are printed in their entirety. when chris said "most Heavy metal kids are dumb". that was printed. what wasnt printed was the rest of it which was, "and I was one of those dumb Heavy metal kids. Its not their fault because there are stupid Heavy metal bands carrying on the legacy of sexism and homophobia in white boy rock and roll." The most interesting thing about our supposed contradictory attitudes and statements made almost 2 years ago is that all of those interviews were conducted within a span of 2 to 3 months and anyone given the surprise of becoming instant rock stars against their will have the same thoughts running through their heads. Basically what we felt was a danger. the threat of losing contact with the very people whom we felt shared the same commercial/corporate magazine conspiracy theory as we did. But as it turns out pages and pages of letters bitching about our negative reactions (which were nothing more then precautionary) littered every fanzine this side of the world.
In conclusion those same people who we felt an honest love and mutual bond with bought the current affair hype hook line and sinker. which has left us feeling betrayed. we simply wanted to give those dumb heavy metal kids (the kids who we used to be) an introduction to A different way of thinking and some 15 years worth of emotionally and socially important music and all we got was flack, backstabbing and pearl Jam.

Quando eu era bem jovem, descobri que as mesmas pessoas que compartilham a mesma verdade e se afastam devido a interesses especiais em teorias da conspiração são geralmente as mesmas que são fãs de música politicamente motivada que tende para elementos de verdades sinceras. Punk rock, em sua maioria, está nessa categoria. Uns anos atrás eu senti que a maioria dessas pessoas que escutavam punk rock estava ciente do sensacionalismo de revistas de rock comerciais e sabia que não deveria acreditar no que é escrito nessas revistas, que sempre ignoraram bandas underground ou punk rock porque o punk rock não vendia revistas, até agora. Igual ao new wave. Punk rock foi batizado como "música alternativa", um novo nome dado por revistas comerciais, e igual ao new wave, apenas as bandas mais comerciais aparecem nessas revistas.

A forma mais fácil de evitar a chance de ser mal representado é usar o formato de pergunta e resposta. Já provou há anos que é a forma mais segura e eficiente de relatar a verdade, desde que todas as respostas sejam impressas por completo. Quando Chris disse, "a maioria dos jovens do heavy metal é burra", isso foi impresso. O que não foi impresso foi o resto, que dizia: "E eu era um desses jovens burros que curtem heavy metal. Não é culpa deles, porque há bandas estúpidas de heavy metal carregando o legado de sexismo e homofobia no rock para meninos brancos". A coisa mais interessante ~~que~~ sobre nossas atitudes e declarações supostamente controversas feitas há quase 2 anos é que todas aquelas entrevistas aconteceram dentro de 2 ou 3 meses, e qualquer pessoa que recebe a surpresa de virar um rock star instantâneo contra a própria vontade tem os mesmos pensamentos na cabeça. Basicamente, sentíamos um perigo. A ameaça de perder o contato com as pessoas que acreditavam na mesma teoria da conspiração de revistas comerciais/corporativas que nós. Mas descobrimos que páginas e mais páginas de gente reclamando de nossas reações negativas (que não eram nada mais que uma precaução) ocupavam todas as fanzines neste lado do mundo.

Em conclusão, as mesmas pessoas por quem sentíamos um amor honesto e laço mútuo foram as que morderam a isca e compraram o hype atual. E nos sentimos traídos com isso. Nós simplesmente queríamos dar a esses jovens burros do heavy metal (os jovens que costumávamos ser) uma introdução a uma forma diferente de pensar, e uns 15 anos de música emocional e socialmente [~~*ilegível*~~] importante, e tudo o que recebemos em troca foram críticas, punhaladas pelas costas e Pearl Jam.

S

...an's "When
Dubious Super
...e January issue
...rmative. How-
...o add my two
...rong, but when
...d Donna Sum-
... eponymous
...0, didn't the
...he $25 million
a mistaken
...um $15 mil-
...ports? Also,
...our albums

...n implies
...e label's
...g stars
...t big
...n.
...er
...)

Scamming isn't new. I know some evangelists that make Mötley Crüe look like pikers. The *real* problem is having to look at Vince Neil's mug for a whole month.

Joseph Fossett
Chicago, IL

TEEN SPIRIT

Nirvana's music (Jan. '92) is an explosion of excitement! Unfortunately, for me, you would never catch me at a Nirvana show standing side by side with sweaty juvenile headbangers—I would rather stand in an area infested with alligators.

I think I'll wait for MTV to swallow them up and turn them into snotty, ungrateful, monstrous assholes; then I can watch their overly exposed videos and watch their music career and personal lives become a circus for the media.

Trisha Val
Rosemont, IL

The moſt ſtrange and admirable diſcouerie of the three Wit- *ches of Warboys, arraigned, conuicted,* and executed at the laſt Aſsiſes at Hunting- ton, for the bewitching of the fiue daughters of Robert Throckmorton Eſquire, and diuers other perſons, with ſundrie Diuelliſh and grie- uous torments:

And alſo for the bewitching to death of the Lady Crumwell, the like hath not been heard of in this age.

LONDON
Printed by the Widdowe Orwin, for Thomas Man, and Iohn Winnington, and are to be ſolde in Pater noſter Rowe, at the ſigne of the Talbot. 1593.

[*recorte à esquerda*]

[...] Golpes não são novidade. Eu conheço alguns evangélicos que fazem o Mötley Crüe parecer mixaria. O *verdadeiro* problema é ter que olhar para a cara do Vince Neil por um mês inteiro

Joseph Fossett

Chicago, IL

TEEN SPIRIT

A música do Nirvana (janeiro de 1992) é uma explosão de entusiasmo! Infelizmente, para mim, você nunca me veria num show do Nirvana, ao lado de headbangers juvenis – eu preferiria ficar em uma área infestada por jacarés.

Eu acho que vou esperar a MTV engoli-los e transformá-los em babacas mimados, ingratos e monstruosos; daí eu assistirei a seus vídeos excessivamente expostos e verei suas carreiras musicais e vida pessoal virarem um circo para a mídia.

Trisha Val

Rosemont, IL

[*recorte central*]

A mais estranha e admirável descoberta das três bruxas de Warboys, chamadas perante a corte, condenadas e executadas no último Tribunal de Huntington, por enfeitiçarem as cinco filhas de Robert Throckmorton Esquire, e várias outras pessoas, com vários tormentos Diabólicos e dolorosos:

E também por enfeitiçarem até a morte a Lady Crumwell, de forma nunca vista nesta era.

Londres

Impresso por Widdowe Orwin, para Thomas Man e Iohn Winnington, a ser vendido em Paternoíter Row, sob a placa do Talbot. 1593.

Whithin the months between October 1991 thru december 92 I have had 4 four Notebooks filled with two years worth of Poetry and personal writings and ~~thoughts~~ lyrics stolen from me at seperate times. two 90 minute cassettes filled with new guitar and singing parts for new songs damaged from a plumbing accident, as well as two of my most expensive, favorite guitars. I've never been a very prolific person so when creativity flows, it flows. I find myself scribbling on little note pads and pieces of loose paper which results in a very small portion of my writings to ever show up in true form. Its my fault but the most violating thing ive felt this year is not the media exxagerations or the catty gossip, but the rape of my personal thoughts. ripped out of pages from my stay in hospitals and aeroplane rides hotel stays etc. I feel compelled to say fuck you Fuck you to those of you who have absolutely no regard for me as a person. You have raped me harder than you'll ever know. So again I say fuck you although this phrase has totally lost its meaning

FUCK YOU!

FUCK YOU.

Nos meses entre outubro de 1992 e dezembro de 92, roubaram 4 cadernos meus, repletos de dois anos de poesia, textos pessoais e ~~pensamentos~~ letras. Também tive duas fitas cassete de 90 minutos cheias de novas ideias de guitarra e vocais para músicas novas danificadas por 2 acidentes com a encanação, além de duas guitarras, entre minhas mais caras e favoritas. Eu nunca fui uma pessoa muito produtiva, então quando a criatividade vem, ela vem. Eu fico escrevendo em bloquinhos e pedaços de papel, e apenas uma pequena porção do que eu escrevo aparece na sua forma verdadeira. É minha culpa, mas a coisa que mais me violou este ano não foi o exagero da mídia ou a fofoca, mas o estupro dos meus pensamentos pessoais. Arrancados de páginas escritas em hospitais, aviões, carros, hotéis etc. Eu me sinto obrigado a dizer "vá se foder vá se foder" para aqueles que não têm respeito nenhum por mim enquanto ser humano. Vocês me estupraram mais do que imaginam. Então, novamente, eu digo vá se foder, apesar de que essa frase perdeu totalmente o seu significado.

VÁ SE FODER!
VÁ SE FODER!

opec Anwar Sadat Golda Maeir salt talks, Camp David

Sore bahrre astray the Gouna his been found dead in a
He Shouldnt A been bed!

Dead and bloated fed and bearded poet.

90% of the adult American population were not Concerned with nor had any desire to see or heard about woodstock. 90% of the woodstock Generation are not old Hippies now with children and the priledge of infusing their once young liberal ideals into the new Society in which they now are responsible for

Y..., Every one of our parents likes to hear the same old NO 1 Hits of the 60's & 70 and lead us to believe that they were active in the revolutionary methods of thinking and Idealic vibrance of naivety they just couldnt wait to open up and use once they got into power
the majority were then a product of fetal inflation produced by the fear and shock of the world war. They took the bait, stayed in their classes, remembered the scriptures of Donna Reid, graduated from High school and had children. The Hippies are the baby boomers younger Brothers and sisters and the Hippies were a very small breed of weird who never managed to teach the basics to theirs and their older brothers and sisters that of peace, love, resisnation of predjudice of any kind. I remember only one thing about my perception of Hippies when I was a child. by the way my generation is the children of the older brothers and sisters we who in order of keeping the tradition of rebellion get Republican tattoos on our asses and dont take a damn thing seriously to spite our filthy hippie parents. and these sad pathetic sensitive types who carry the tragic burden of taking everything too serious and making everyone feel uncomfortable
I remember thinking all hippies were evil baby killers like Charles Manson.
I only remember a few things about Jimmy Carter, He had big lips and liked peanuts. I know now that Jimmy Carter was and is a good man
Jimmy Carter is a good, honest, smart man.

Opec Anwar Sadat Golda Maeir Salt Talks, Camp David

Alguém perdido foi encontrado morto em uma ~~cama~~
Ele não deveria estar na cama!

Poeta morto e inchado alimentado e barbudo
~~Há um lugar para os republicanos conservadores no mundo.~~

90% da população adulta norte-americana não estava preocupada nem tinha qualquer desejo de ver ou ouvir falar sobre Woodstock. 90% da geração Woodstock não são hippies velhos agora, com seus filhos e o privilégio de injetar seus ideais outrora liberais na nova sociedade pela qual são responsáveis agora.

[*ilegível*], Um pai em cada quatro gosta de ouvir os mesmos sucessos antigos dos anos 60 e 70 e nos fazer acreditar que foram ativos nos métodos revolucionários de pensar e no ideal de acabar com a pobreza, eles mal podiam esperar para entrar no poder.

A maioria foi então [~~*ilegível*~~] um produto de inflação fetal produzida pelo medo e choque da Guerra Mundial. ~~E~~ Eles morderam a isca, ficaram em suas classes, lembraram das escrituras de Donna Reid, terminaram o ensino médio e tiveram filhos. Os hippies são os irmãos e as irmãs mais novos dos baby boomers, e os hippies eram uma raça muito pequena que nunca conseguiu ensinar as coisas básicas a seus irmãos e irmãs mais velhas, como paz, amor, acabar com qualquer tipo de preconceito. Eu lembro só de uma coisa da minha percepção de hippies de quando eu era criança. A propósito, minha geração é dos filhos de irmãos e irmãs mais ~~novos~~ velhos, nós para manter a tradição da rebelião fizemos tatuagens republicanas nas nossas bundas [~~*ilegível*~~] e não levamos nada a sério para irritar nossos pais hippies imundos. E aqueles [~~*ilegível*~~] sensíveis, tristes, patéticos que carregam o trágico peso de levar tudo muito a sério e fazer todo mundo se sentir desconfortável eu me lembro de pensar que todos os hippies eram **assassinos** de bebês malignos como o Charles Manson. Eu só me lembro de algumas coisas sobre o Jimmy Carter. Ele tinha lábios grandes e gostava de amendoim. Agora eu sei que Jimmy Carter era e é um homem bom.

Jimmy Carter é um homem bom, honesto e esperto.

Eric Clapton dusty Blues riffs

Hi, I played the snare drum in school band from grades five to nine. during this time I didnt bother learning how to read sheet music, I just waited for the geek in first chair to learn each song, then I simply copied him. I managed to do well without ever having to read music. It took me 5 years to realize how rhythmically retarded I was as a drummer, so I sold some of my fathers guns used the money to purchase my first six string electric guitar. I learned everything I needed to know from one week of lessons which resulted in the famous louie louie chords. the musical knowledge of E A B

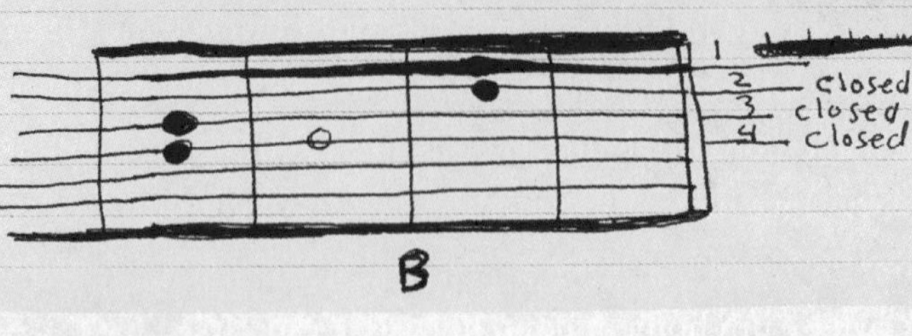

Riffs de blues empoeirados do Eric Clapton

Oi, eu tocava a caixa na bateria da escola da ~~quinta até a nona série~~ série cinco até a nove. Durante esse tempo, eu não me dei ao trabalho de aprender a ~~realmente~~ ler partituras musicais, eu só ~~esperava~~ esperava ~~assistia~~ até o geek da primeira carteira ~~tocar~~ aprender ~~a tocar~~ cada música, ~~e~~ daí eu simplesmente o copiava. Eu ~~até fui~~ consegui ir bem sem ter que ~~aprender a~~ ler música. Levei 5 anos para perceber ~~que~~ o quão ritmicamente retardado eu era como baterista, então eu vendi algumas armas do meu pai e usei o dinheiro para comprar minha primeira guitarra elétrica de seis cordas.

~~Tive uma semana de aulas.~~

Eu aprendi tudo o que precisava saber com uma semana de aulas, o que ~~é~~ resultou no famoso ~~eu aprendi~~ conhecimento musical dos acordes de "Louie Louie".

E A B
[*open* = aberto]
[*closed* = fechado]

weird Al

I noticed that I could use the finger positions from the B note anywhere on the guitar, this is known as the power chord.

And SO After figuring out songs like Louie Louie (Kingsmen), wild thing (troggs), and my best friends girl (cars.) I decided that in order to become A big famous Rock star I would need to write my very OWN songs instead of wasting my time learning other peoples because if you study other peoples music too much It may ACT AS A obstruction IN developing your very own personal style (obstruct)

Someone told me that there are Guitar institutes of technology All Across the overworld where they teach you how to be A lame un-Original jukebox heroe with stars in your eyes

Uh, Gee I guess what im trying to say is: theory is A waste of time

Dorian modes are for technically Anal Boys with BAd values

make up your own music.

Eric Clapton plays second rate dusty blues licks.

Too much practice is like too much sugar.

Weird Al Yankovic is americas modern pop-Rock Genious

Do your own thing others their own thing.

If you copy too much you'll find yourself in late night cocktail-Lounge cover band limbo.

PS: the Guitar part for Come As You Are is the same As A song called the "eighties" by Killing joke And Teen spirit has an uncanny resemblance to Godzilla by Blue Oyster cult and the cult are AC/DC

Weird Al

[*à esquerda*] obstruir

Eu percebi que

~~Daí eu você pode~~ Eu podia usar as posições do dedo da nota Si em qualquer lugar da guitarra, isso é conhecido como power chord.

~~Daí eu comecei a compor~~

Então, após aprender músicas como "Louie Louie" dos Kingsmen, "Wild Thing" dos Troggs e "My Best Friend's Girl" dos Cars, eu decidi que, para ser um rock star famoso, eu precisaria ~~começar~~ escrever minhas PRÓPRIAS músicas em vez de desperdiçar meu tempo aprendendo as músicas dos outros, porque, se você [*~~ilegível~~*] estuda as músicas dos outros por muito tempo, pode ~~impedir você~~ agir como uma restrição no desenvolvimento de seu estilo pessoal [*~~ilegível~~*].

Alguém me disse que há [*~~ilegível~~*] institutos de tecnologia de guitarra ~~pelo nosso grande país~~ por todo o mundo onde te ensinam a ser um herói de caixinha de suco, sem graça, sem originalidade, com estrelas nos [*~~ilegível~~*] olhos.

Ah, nossa, eu acho que quero dizer que: teoria é um desperdício de tempo.

Modos dóricos são para ~~bobões~~ garotos com retenção anal técnica e maus valores.

Faça sua própria música.

Eric Clapton toca licks de guitarra empoeirados, velhos, de quinta categoria.

Praticar demais é como açúcar demais.

Weird Al Yankovic é o gênio musical moderno do pop-rock americano.

Faça sua própria coisa, ~~não~~ os outros ~~coisas~~ são donos das coisas deles.

[*à esquerda*] Se você copiar demais, você entrará pro limbo de bandas covers que tocam no final da noite no lounge do bar.

Obs.: A guitarra em "Come as You Are" é a mesma de uma música chamada "Eighties" do Killing Joke, e "Teen Spirit" tem uma enorme semelhança com "Godzilla" do Blue Oyster Cult e the Cult e AC/DC.

The Guitar has twelve notes
The Guitar is based on mathematics
Guitar oriented Rock and Roll has been Around
for over 30 years when workin
within the structures of A standard 4/4 Rock time signature rhythm
the limitations Are So consider this music
book As something just to
own like A bottle cap collection
or Baseball cards or A family photo album
or an example of just exactly how
not to brighten your musical capabilities
Happy motoring
love, kurt

A guitarra tem 12 notas.

A guitarra é baseada em matemática.

[~~*ilegível*~~] Rock-and-roll baseado na guitarra já existe há mais de 30 anos ~~e.~~ Quando ~~você~~ se trabalha com a estrutura de um tempo padrão para o rock, 4/4, há limitações. Então ~~pegue~~ considere este livro musical como algo para se ter, como uma coleção de tampinhas de garrafa, ou cartas de baseball, ou um álbum de fotos da família, ou um exemplo de como não melhorar suas capacidades musicais.

Dirija com cuidado

Com amor,

Kurt

~~(Terretorial pissings)~~

95747
Jaguar Serial

At the end of your Rope At the end of the rAinbow

BlACK sheep BlACK mailed

the second coming came in lAST
And out of the closet

revolutionary debris litters the floor of WAll street

pregnant with shame

Sue is sue HAPPY
wisdom was pulled from her teeth

I was so High that I bloodied myself from scratching so much.

DR KAINS thats the price you have to pAY for not working

KIRK CANNING cello on something in the WAY

INVASION of our PirACY

out of the Blue
Dennis Hopper

8th St TACOMA 98405

phone Accout no.
0992 F 67025 304.16

GAS 890 343

$ 38,83

For live show

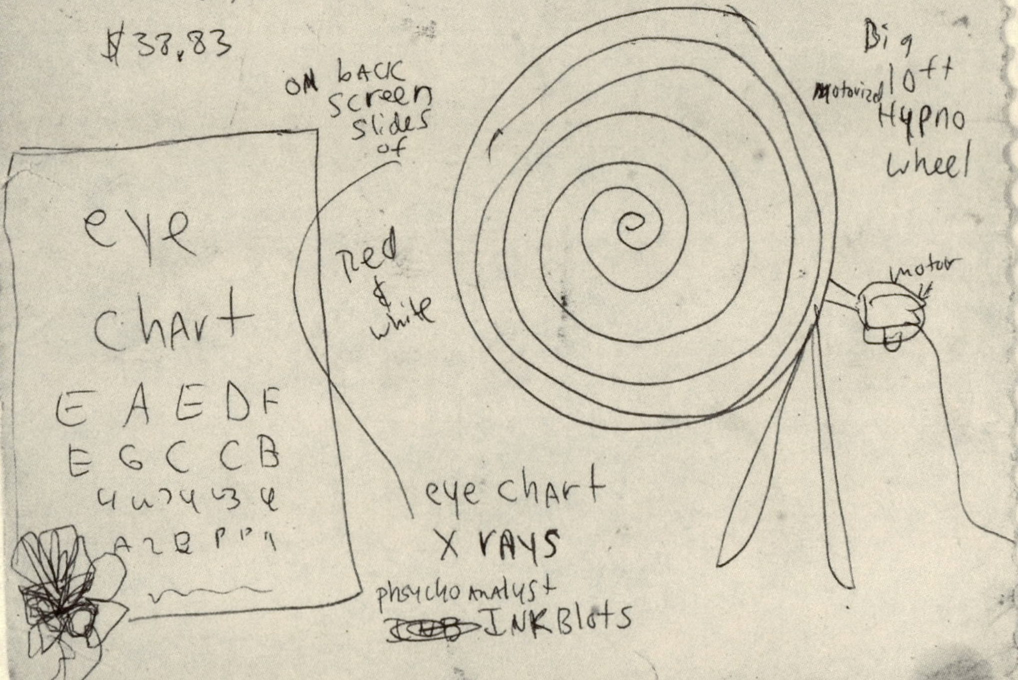

[~~*ilegível*~~] (~~*Territorial Pissings*~~)

95747
Serial da Jaguar

No fim da sua corda no fim do arco-íris
Ovelha negra chantageada
A segunda vinda veio por último
E saiu do armário
Detritos revolucionários forram o chão de Wall Street
Grávida com vergonha
Eu estava tão chapado que eu me ensanguentei de tanto me coçar
Dr. Karns é esse o preço que você paga por não trabalhar
~~Por não ter dinheiro~~

Sue é Sue feliz
O siso foi extraído dos dentes dela

Kirk Canning violoncelo em Something In the Way

Tracks [*ilegível*]
8th St. Tacoma 98405

Invasão da nossa pirataria

Anos de
Rebeldia
Dennis Hopper

Número da conta do telefone
0992F67025 $304.16

Para o show ao vivo
Roda hipnotizadora motorizada
Grande 3 metros

Gasolina 890343
$38,83

Na tela ao fundo
slides de

Tabela
oftalmológica

Vermelha e
branca

Motor

tabela oftalmológica
raios X
manchas de tinta de
psicoanalista

Hope I die before I turn into pete Townshend.

At this point in our uh, career, before hair loss treatment and bad credit. Ive decided that I have no desire to do an interview with Rolling stone. We couldnt benefit from it because the Average Rolling Stone reader is a middle aged ex hippie - turned hippiecrite who embraces the past as "the glory days," and has a kinder, gentler, more adult approach towards liberal conservatism. The average Rolling Stone reader has always Denied the underworlds musical options unless it becomes an obviously safe commodity.

Ive always felt it was kind of necessary to help out the "now Generation" internally destroy the enemy by posing as or using the enemy. but the now generation doesnt read Rolling Stone, so weil jest sit around and wait until the Old school starves like dinosaurs while the diaper school begins to litter the floors of wAll Street with "ReAL love" - -revolutionary debris. smells like thirty something.

I would only wear a tie dyed T shirt if it were dyed with the urine of phil Collins and the blood of Gerry Garcia.

Espero morrer antes de virar o Pete Townshend.

Neste ponto de nossa, é, carreira, antes do tratamento ~~com Rogaine~~ para queda de cabelo ~~e Jackson Browne~~ e crédito ruim. ~~Nós~~ Eu decidi que [~~*ilegível*~~] não tenho nenhuma vontade de dar uma entrevista à *Rolling Stone*.

Não teríamos nenhum benefício com isso, porque o leitor médio da *Rolling Stone* é um ex-hippie de meia-idade – que virou um hippieócrata que abraça o passado como "os bons tempos" ~~e diz que~~ e acolhe o conservadorismo liberal de forma mais gentil e adulta. O leitor médio da *Rolling Stone* ~~é um homem de meia-idade~~ sempre ~~esteve ciente de~~ negou as opções musicais do submundo ~~e negou isso~~ a não ser que virasse uma comodidade obviamente [~~*ilegível*~~] segura.

Eu sempre achei que era meio necessário ajudar a "Geração do Agora", destruir internamente o inimigo fingindo ser ou usando o inimigo. Mas a geração do agora não lê a *Rolling Stone*. Então vamos ficar por aqui e esperar até a velha guarda morrer de fome como os dinossauros enquanto a escola da fralda começa a forrar os pisos de Wall Street com "Amor Real" – detritos revolucionários. Cheiro de trinta e poucos anos.

Eu só usaria uma camiseta tie-dye se ela fosse ~~feita com~~ tingida com a urina do Phil Collins e o sangue do Jerry Garcia.

Ideas:

Buy a really powerful Ham radio system connected to A sattelite dish in order to listen to any college rock station in da country. note House for sale with weeping willow has one in its attic. check into it! per Joan of Landmark realty

Ideias:

Comprar um rádio amador bem poderoso conectado a uma antena parabólica para ouvir qualquer estação de rock universitária no país. Nota Casa à venda com salgueiro-chorão tem um desses rádios em seu sótão. Dê uma olhada! Informação da Joan da Landmark Realty.

TOP 50 by NIRVANA

Raw power
Stooges

Surfer Rosa
pixies

PoD
Breeders

Pink EP
VAselines

Philosophy of the World
Shaggs

Land shark
Fang

millions of Dead Cops
M.D.C

1st EP
scratch acid

1st EP
saccharin Trust

Pee pee the Sailor
Butthole Surfers

my wAr
Black flag

Rock for light
Bad Brains

Entertainment
Gang of four

Nevermind the Bollocks
sex pistols

Its only Right and natural
Frogs

Dry
P.J. Harvey

Daydream Nation
sonic youth

Get the knack
the knack

Know your product
the Saints

anything by :
Kleenex
Raincoats LP
Raincoats

Colossal youth
young marble Giants

Rocks
Aerosmith

what is this?
Punk comp California

Green
R.E.M

Burning farm cassette
Shonen knife

typical Girls
slits

Combat Rock
Clash

Void/Faith EP
Void/Faith

Rites of spring
Rites of Spring

Jamboree
Beat Happening

tales of terror
tales of terror

last sessions Vol 1
Leadbelly

Superfuzz Bigmuff
mudhoney

Yip jump music
Daniel Johnston

Generic Flipper
Flipper

meet the Beatles
Beatles

we are those who ache with amorous love
Half Japanese

always Locust abortion technician
Butthole Surfers

Damaged
Black Flag

the Record
Fear

Flowers of Romance
PIL

Takes a nation of millions
Public Enemy

Beach Party
marine Girls

the man who sold the world
David Bowie

Is this real?
Wipers

Youth of America
wipers

Over the edge
wipers

mazzy star
mazzy star

Raping a slave
swans

TOP 50 por NIRVANA

[*à esquerda*] *Raw Power* – Stooges
Surfer Rosa – Pixies
Pod – Breeders
Pink EP – Vaselines
Philosophy of the World – Shaggs
Landshark – Fang
Millions of Dead Cops – M.D.C.
1º EP – Scratch Acid
1º EP – Saccharin Trust
Pee Pee the Sailor – Butthole Surfers
My War – Black Flag
Rock for Light – Bad Brains
Entertainment – Gang of Four
Nevermind the Bollocks – Sex Pistols
It's Only Right and Natural – Frogs
Dry – PJ Harvey
Daydream Nation – Sonic Youth
Get the Knack – the Knack
Know Your Product – the Saints
Anything by: – Kleenex
Raincoats – Raincoats

[*centro*] *Colossal Youth* – Young Marble Giants
Rocks – Aerosmith
What Is This? – Coletânea de punk da Califórnia
Green – R.E.M.
Burning Farm (cassete) – Shonen Knife
Typical Girls – Slit
Combat Rock – Clash
Void / Faith EP – Void / Faith
Rites of Spring – Rites of Spring
Jamboree – Beat Happening
Tales of Terror – Tales of Terror
Last Sessions Vol. 1 – Leadbelly
Superfuzz Bigmuff – Mudhoney
Yip / Jump Music – Daniel Johnston
Generic Flipper – Flipper
Meet the Beatles – Beatles
We Are They Who Ache With Amorous Love – Half Japanese
Locust Abortion Technician – Butthole Surfers
Damaged – Black Flag
The Record – Fear

[*à direita*] *Flowers of Romance* – PIL
Takes a Nation of Millions – Public Enemy
Beach Party – Marine Girls
The Man Who Sold the World – David Bowie
Is This Real? – Wipers
Youth of America – Wipers
Over the Edge – Wipers
Mazzy Star – Mazzy Star
Raping a Slave – Swans

the MAle
Seahorse
Carries the
Children
and
gives
them
Birth.

O cavalo-marinho
macho carrega
seus filhos
e dá à luz.

when I think of Right wing I think of Ronald Reagan Clones as mayor in every state of the US.

When I hear the term Rightwing I think of Hitler and Satan and Civil war. when I think of Right wingers I think of terrorists who plot to kill and terrorize the lives of planned parenthood practionists. The reality of actually getting an abortion in this country is very scarce right now due to Randell Terry and his prolife gestapo who gather in Churches dressed in the best camouflage possible (lower-middle-class cameleon polyester from the warehouses of the home shopping network. IN the house of god, Operation Rescue, (Ter pet nonprofit organization) plot to unveil yet another helpful house hold hint to helping their duty as god fearing common folk. They either break into or enter during business hours posing as patients at abortion clinics and set off bombs which release a gas that will absorb into every inch of the clinic ruining every single instrument within that clinic. They put nails in the driveways of clinic staff and doctors. they make never ending threatening and violently abusive phone calls. They stand outside abortion clinics every day all day with pickets and loud, violent and threatening words of wisdom from GOD. to anyone within miles often physically stopping patients from entering. yes these people have criminal records, they have marksman and terrorist skills. They are way ahead of the game than their enemy. They steal fetuses from abortion clinic dumpsters and disposal receptacles and pass sometimes, hundreds of mutilated fetuses between households to be stored in boxes or zip loc baggies in freezers and in the family garage. The rotting deteriorating fetuses are then thrown at senators congressmen or just about anyone involved in government who is a Democrat. These people who are terrorists are also people who have basically the same beliefs as white supremists who also claim to act and embrace their ideals on the grounds of GAWD.

They post names addresses and phone numbers of patients scheduled to have abortions and the doctors to be performing the operation. They have a computer network of information available everywhere in the united states. Right wing is the foulest, dirtiest, insult a person could be called. These people hate minorities of all color, they will perform mass extermination of everything that is not white, god fearing and Right wing R is for Republican.

Right now in the state of florida there are no available abortion doctors or clinics to be serviced by. Ethnic Cleansing is going on right now in the inner citys of the united states. Blacks, hispanicks and others are being exterminated before they can reach the fifth grade. The Right wing republicans Are responsible for releasing, crack and Aids in our inner citys. Their logic is better kill living breathing, free thinking humans rather than unknowing unstimulated, growing cells, encased in A lukewarm chamber.

Quando eu penso na direita, penso em clones do Ronald Regan como prefeitos em cada estado dos EUA.

Quando escuto o termo "direita" eu penso em Hitler e Satã e Guerra Civil. Quando penso em apoiadores da direita, eu penso em terroristas ~~e~~ que planejam matar e aterrorizar os praticantes da Paternidade Planejada.

A realidade de conseguir um aborto neste país é bem escassa agora, graças a Randall Terry e sua Gestapo pró-vida, que se juntam em igrejas vestidos com a melhor camuflagem [~~*ilegível*~~] possível (~~média~~ protestantes camaleões de classe média-baixa da [*ilegível*] do canal de compras). Na casa de Deus, a Operação Resgate (a organização sem fins lucrativos do Terry) planeja revelar mais uma dica doméstica para auxiliar no dever do povo temente a Deus.

Eles arrombam ou entram nas clínicas de aborto durante o horário comercial fingindo ser pacientes e armam bombas que lançam um gás que é absorvido por toda a clínica, destruindo todos os instrumentos lá. Eles colocam pregos na entrada da garagem dos funcionários e médicos da clínica. Eles fazem ligações intermináveis, ameaçadoras e violentamente abusivas ~~para os funcionários e médicos~~. Eles ficam do lado de fora das clínicas de aborto o dia todo todos os dias com placas e palavras de sabedoria ameaçadoras vindas de DEUS para qualquer um ouvir. Frequentemente impedem pacientes de entrar. Sim, essas pessoas têm fichas criminais. Eles têm habilidades de atiradores e ~~habilidades~~ terroristas. Eles estão muito à frente do jogo em relação ao seu inimigo. Eles roubam fetos de lixeiras de clínicas de aborto e passam, às vezes, centenas de [~~*ilegível*~~] fetos mutilados de casa em casa para serem guardados em caixas ou sacos plásticos em freezers e na garagem da família. Os fetos apodrecidos e deteriorados são então arremessados em senadores e deputados ou em qualquer pessoa do governo que seja Democrata. Essas pessoas que são terroristas também são pessoas que têm basicamente as mesmas crenças de supremacistas brancos, que também dizem agir e acolher ideais baseadas em DEUX.

Eles postam nomes, endereços e telefones de pacientes que marcaram uma consulta para fazer um aborto, bem como os médicos que farão a operação. Eles têm uma rede de computadores com informação disponível em qualquer lugar nos Estados Unidos. Ser da direita é o insulto mais sujo e nojento que uma pessoa pode receber. Essas pessoas odeiam as minorias de todas as cores. Eles farão extermínio em massa de tudo que não for branco, ~~de direita~~ temente a Deus e de direita. R é de Republicano.

Agora, no estado da Flórida, não há clínicas ou médicos de aborto para servir as pessoas. Limpeza étnica está acontecendo agora no interior dos Estados Unidos. Negros, hispânicos e outros estão sendo exterminados antes de poder chegar à quinta série. Os republicanos de direita ~~foram~~ são responsáveis por colocar o crack e a aids nas nossas cidades do interior. Pela lógica deles é preferível matar humanos vivos, respirando e com pensamento livre do que matar células inconscientes, sem estímulo, envoltas por uma câmara morna.

CArtoons, Saxophones and Jazz Drumming
do not mix with rock and roll

Cermudgeon

pissy, little
self appointed
judge-curmudgeon

oh the Guilt!
the Guilt!
the autographs
the fame
the lights
the flash
the Glitter
the Guilt
the Guilt

I cant sing
or
play
or
rhyme,
I think that's
just fine

individual
T shirts

Desenhos animados, saxofones e bateria jazz não se misturam com o rock-and-roll

Juiz autodeclarado, rabugento, irritado
Ah, a culpa!
A culpa!
Os autógrafos
A fama
As luzes
O flash
O glitter
A culpa
A culpa
Não consigo cantar
Nem tocar
Nem rimar
Acho que não tem problema

[*à direita*] Rabugento

[*à esquerda*] Camisetas individuais

[*desenho*] Kurt Don Cobain
Cabelo: tanto faz
Olhos: fechados
Altura: mais baixo que o Chris
Peso: quase anoréxico

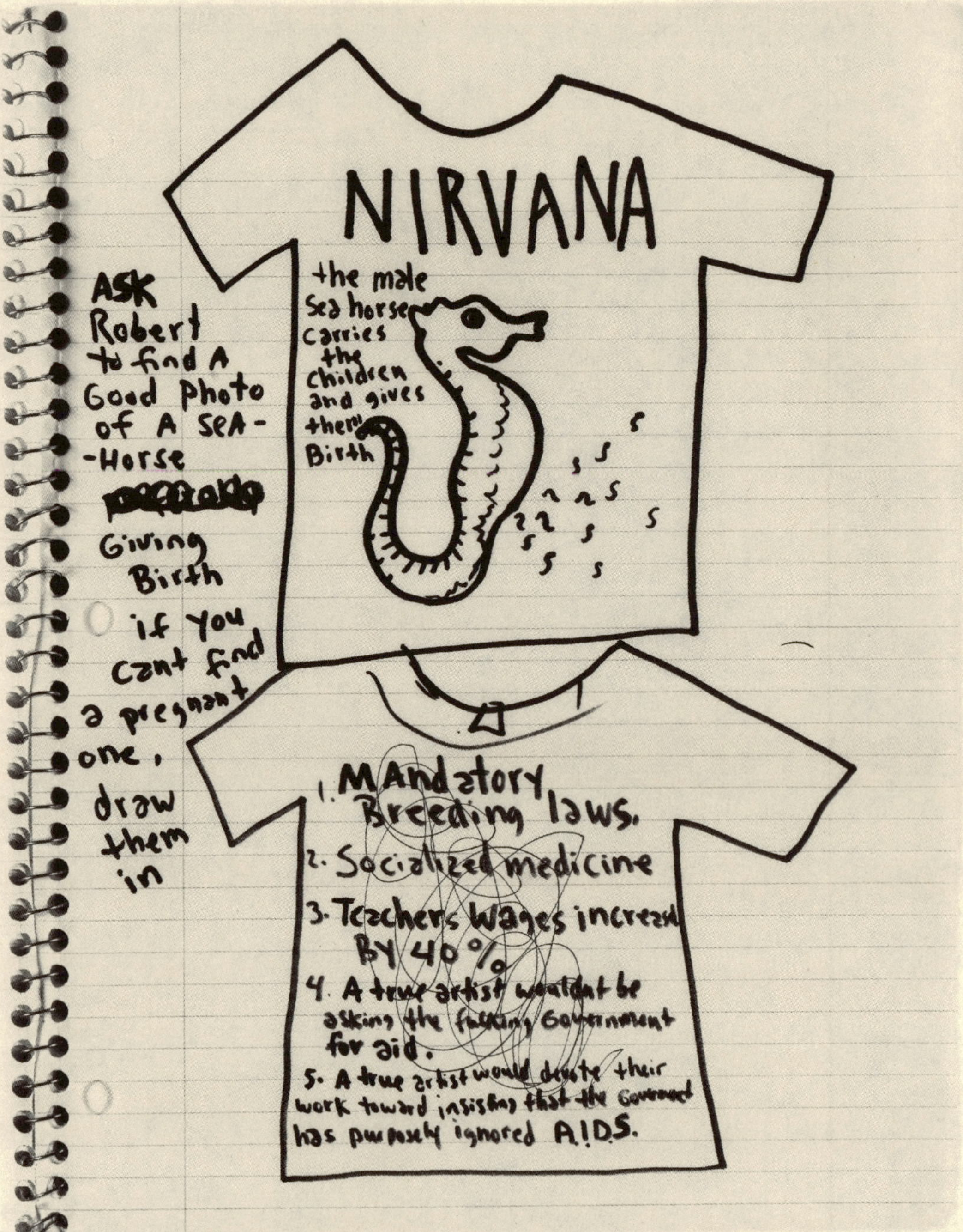

NIRVANA
the male sea horse carries the children and gives them Birth
ASK Robert to find A Good Photo of A SEA-Horse
Giving Birth
if You cant find a pregnant one, draw them in
1. MAndatory Breeding laws.
2. Socialized medicine
3. Teachers wages increas By 40%
4. A true artist wouldnt be asking the fucking Government for aid.
5. A true artist would devote their work toward insisting that the Government has purposely ignored A.I.D.S.

[*à esquerda*] Peça ao Robert para encontrar uma foto boa de um cavalo-marinho [*~~ilegível~~*] dando à luz
Se você não conseguir achar um grávido, desenhe

[*primeiro desenho*]
NIRVANA
O cavalo-marinho macho carrega os filhos e dá à luz

[*segundo desenho*]
1. Leis de Procriação Obrigatórias
2. Saúde pública universal
3. Aumento salarial de 40% para professores
4. Um artista verdadeiro não estaria pedindo ajuda para a porra do Governo.
5. Um artista verdadeiro dedicaria seu trabalho a insistir que o Governo ignorou a aids de propósito.

for Boys

Step one:

remember that your older brothers cousins, uncles, and your fathers are not your role models. this means you do not do what they do , you do not do what they say. They come from a time when their role models told their sons to be mean to girls, to think of yourself as better and stronger and smarter than them. They also taught things like; You will grow up strong if you Act tough and fight the boys who are known as nerds or Geeks,

Para Meninos

Passo nº um: ~~não seja maldoso com meninas~~

Lembre-se de que seus irmãos mais velhos, primos, tios e pais não são exemplos para você. Isso significa que você não deve fazer o que eles fazem, você não deve fazer o que eles dizem. Eles vêm de uma época em que os exemplos deles diziam a seus filhos para serem maldosos com meninas, para pensarem que são melhores, mais fortes e mais inteligentes que elas. Eles também os ensinaram coisas como: você crescerá e será forte se agir como um machão e brigar com os meninos que são chamados de nerds ou geeks, ~~ou bater nos meninos sujos que vêm de famílias que não têm dinheiro o suficiente, ou nos outros meninos que são espertos e tiram notas boas porque seus pais devem ser maricas se eles deixam seus meninos agir de forma tão esperta~~.

71

~~The early 80's saw an acceptance of the counterculture~~

The early 80's saw the white-male-corporate oppressors acceptance of A new musical counterculture stemmed from the birth of Punk Rock. Well, the clash, the sex pistols and even the melodic accessability of the Ramones didnt break through into the mainstream.

~~Its fourteen years later~~

The result of the major labels involvement ended with ex-punk bands compromising to such extremes that the only true successes were, gasp! Billy Idol or KAGA 900-900-

Its fourteen years later and theyre at it again. So called "Alternative" bands are being signed left and right and the ones with more of an edge towards compromise or mainstream are the ones who will be successful.

NIRVANA will put out a couple of more brilliant albums on their own terms and then become frustrated with being so close to general public acceptance and so financially in debt, that they will eventually result in releasing spineless dance music like Gang of four.

~~O começo dos anos 80 viu uma aceitação da contracultura do~~

O começo dos anos 80 viu os opressores brancos machos corporativos aceitando ~~do~~ uma nova contracultura musical ~~com~~ advinda do nascimento do punk rock. Bem, o Clash, os Sex Pistols e até a acessibilidade melódica dos Ramones não entraram no mainstream.

~~Catorze anos depois~~

O resultado do envolvimento das gravadoras multinacionais acabou com bandas ex-punk cedendo [~~*ilegível*~~] de forma tão extrema que os únicos sucessos verdadeiros foram, nossa!, Billy Idol ou Kajagoogoo.

Catorze anos depois e estão tentando de novo. As supostas bandas "alternativas" estão conseguindo contratos a torto e a direito, e as que têm mais tendência a ceder ou fazer um som mais mainstream são as que terão sucesso.

O NIRVANA vai lançar mais uns dois álbuns brilhantes do seu próprio jeito e depois ficará frustrado por estar tão perto do acolhimento do público em geral e tão ~~endividado~~ financeiramente endividado que vai, alguma hora, lançar música dançante covarde como o Gang of Four.

Rape me
treatment

Black & white film

Hi steve

IN the simplest terms, here it is: . . .

Go to one or more penitentiarys and shoot movie film portraits of the most ugly, hardened criminals available. preferrably bald, big, hairy and tatooed. film at least 20 or more of these fine young bucks sitting in their cells and at the visiting booths and tables. from the skinny chest up. we need at least 5 to 10 male Bitches with thick eyeshadow and their denim jail shirts sleeves rolled up to the bottom half of their shirt tied up exposing thir stomachs

during the lines "my favorite inside source ill kiss your open sores appreciate your concern you gonna stink and burn!" we need footage of a Chaotic press scene with lots of reporters with movie cameras and photo flashes outside on the steps of a court house. then a inside the courtroom a fellow

[56]Tratamento para "Rape Me"

[*circulado*] Filme preto e branco

Oi, Steve

Nos termos mais simples possíveis, vamos lá:

Ir a uma ou mais penitenciárias e gravar ~~filme~~ retratos em filme dos criminosos mais feios e durões disponíveis. Preferivelmente carecas, grandes, peludos e tatuados. Filmar pelo menos 20 ou mais destes belos jovens sentados em suas celas e nas cabines e mesas de visita. Do peito magro para cima. Precisamos de pelo menos 5 a 10 homens, ditos "mulherzinhas"[57], com sombra nos olhos [~~*ilegível*~~], mangas enroladas e suas camisas jeans de presidiário amarradas para mostrar suas barrigas.

Durante os versos "Minha fonte interna favorita / Eu vou beijar suas feridas abertas / Aprecio sua preocupação / Você vai feder e queimar", precisamos de vídeo de uma cena de imprensa caótica com muitos repórteres com câmeras cinematográficas e flashes de foto [~~*ilegível*~~] no exterior de um tribunal. Daí dentro do tribunal alguns

56 Conceitos para o clipe de "Rape Me", que nunca foi feito.

57 No texto original, o termo igualmente pejorativo "male bitches" é utilizado para se referir a pessoas que são usadas como prostitutas em penitenciárias para homens. [N.T.]

Rape me treatment Kurdt

Black and White Portrait-footage of the men who did the crime and are now doing time. Big, Bald, sweaty, tattooed love boys cast from the waist up in their cold, concrete tanks. lounging on their bunks. striped and branded with the shadows of prison bars across their chest, face and walls. We need about ten to fifteen different characters. all 200lbs plus and also about 5 to 8 more of whom we call the bitches: skinny, feminine, tight pants wearin, rolled up prison shirts showing their soft, vulnerable ~~frames~~. stomaches. 150lbs and less. There are many "Behind prison Walls," books for reffference. whites, blacks, Italians.

Close ups of female hands lathering up soap. violent scrubbing hands, soap ~~y~~ wash cloth, begging to be clean. Starting in Black & white fading to color as the hands get cleaner. Close ups of:

Stock footage of flowers blooming in time lapsed motion. } Color Prefferably lillies, orchids. ya know vaginal flowers. and now they wither and shrink up.

Sea horses footage carousing about. floating slowly. loving life and one another. } Color michael Meisel has found some of this footage already.

A man lying in a gynecological chair with legs up in sturrops.

Pierre Cardin

Tratamento para "Rape Me" Kurdt

Retratos em filme preto e branco dos homens que cometeram o crime e agora estão cumprindo uma pena.

Garotos amáveis, grandes, carecas, suados, tatuados filmados da cintura para cima em seus tanques frios de concreto. Passando o tempo nos seus beliches. Listrados e marcados com as sombras das barras da prisão sobre seus peitos, rostos e paredes. Precisamos de dez a quinze personagens diferentes. Todos com 90 kg ou mais, e também de 5 a 8 outros que chamaremos de "mulherzinhas": magros, femininos, com calças justas, camisas de prisioneiro amarradas mostrando ~~seus corpos~~ suas barrigas macias e vulneráveis. 70 kg ou menos. Há muitos livros do tipo *Behind Prison Walls*[58] para referência. Brancos, negros, italianos.

Close-ups de mãos femininas fazendo espuma com sabonete. Esfregando as mãos violentamente. Pano de limpeza implorando para ser limpo. Começando em preto e branco, cores entrando aos poucos conforme as mãos ficam mais limpas.

Close-ups de: imagens de arquivo de flores florescendo em ~~slow~~ lapso temporal.} Cor

Preferivelmente lírios, orquídeas. Você sabe, flores vaginais. E daí elas murcham e encolhem.

Vídeos de cavalos-marinhos curtindo por aí. Flutuando devagar. Amando a vida e uns aos outros.} Cor Michael Meisel já encontrou alguns vídeos assim.

Um homem sentado em uma cadeira ginecológica com as pernas erguidas por estribos.

58 Por Trás das Paredes da Prisão, em tradução livre. [N.T.]

Hi fellow Advocatees,

1993 Came and went without notice.

Besides finishing a record in which we are quite proud of, yet getting shit from people claiming "commercial suicide" before it's release. I must say yes, 1993 has been a most fruitful year. Frances is a sprouting, cherubic joy and has helped in more ways than she will ever know.

She has helped us become more relaxed and less concerned with those wacky Right wing terrorists failed attempts at

Scott

Olá, colegas defensores,

1993 veio e foi embora sem avisar.

Além de terminar um disco do qual estamos muito orgulhosos, ainda aguentando reclamações de pessoas dizendo que é "suicídio comercial" antes de seu lançamento. Eu devo dizer que sim, 1993 foi um ano frutífero. Frances é uma alegria angelical, ela está crescendo e me ajudou de mais maneiras que ela pode imaginar.

Ela nos ajudou a ficar mais relaxados e menos preocupados com aqueles terroristas [*~~ilegível~~*] malucos de direita e suas tentativas fracassadas de

Scott

I made about 5 million dollars last year.
and I'm not giving a red cent to that elitist little fuck Calvin Johnson. NO WAY!
I've collaborated with one of my only Idols William Burroughs and I couldn't feel cooler.
I moved away to L.A for a year and came back to find that 3 of my best friends have become full blown heroine addicts. I've learned to hate Riot Grrrl. a movement in which I was a witness to its very initial inception because I fucked the girl who put out the first Grrl style fanzine and now she is exploiting the fact that she fucked me. not in a huge way but enough to feel exploited. but thats ok because I chose to let corporate white men exploit me a few years ago and I love it. it feels good. and I'm not gonna donate a single dollar to the fucking needy indie fascist regime. they can starve, let them eat vinyl. every crumb for himself. I'll be able to sell my untalented, very un-genius ass for years based on my cult status.

Eu ganhei cerca de 5 milhões de dólares no ano passado.

E não vou dar um centavo sequer para aquele elitista de merda chamado Calvin Johnson. NEM A PAU!

Eu colaborei com um dos meus únicos ídolos, William S. Burroughs, e não poderia me sentir melhor.

Eu me mudei para Los Angeles por um ano e voltei para descobrir que 3 dos meus melhores amigos ficaram totalmente viciados em heroína. Eu aprendi a odiar Riot Grrrl, um movimento do qual pude presenciar sua origem, porque eu transava com a garota que lançou a primeira fanzine no estilo Grrrl e agora ela está explorando o fato de que ela transou comigo. Não muito, mas o suficiente para me sentir explorado. Mas tudo bem porque eu escolhi deixar homens brancos corporativos me explorarem alguns anos atrás e eu amo isso. É tão bom. E eu não vou doar um dólar sequer para a merda do regime indie fascista carente. Eles podem morrer de fome, que comam vinil. Cada migalha por si. Eu poderei vender minha bunda sem talento por anos, com base no meu status de cult.

1993 came and went without realizing it.

Besides recording a record in which we are quite proud of and getting shit from people who haven't heard it I must say, yes it was a fruitful year. frances is a sprouting cherubic joy and has helped in more ways then she'll ever know baby helping us become more relaxed and less concerned with the failed attempts by the right wing conspirators and terrorists to cut off our right ful supply of fame fortune and the american way God bless this mess and thank god for the right to choose USA today and uh, kill a queer for God bumper stickers. (thanks william, for the last remark.) yeah I got to meet and do a record with one of the only people I admire. that was a plus. and equally so was the pleasure of doing the Advocate interview. of all the gut spilling Ive done Ive never felt so relaxed than with ___________

He was very encouraging and sympathetic. what can I say? thank you Ill always be an Advocate for you fags. I love you. and appreciate the gracious compliments.

Hey you should interview Bruce la Bruce from Canada he's made some fantastic films. Hope noone felt Ive been too patronizing

Love kurdt. stay Gay all the way and wipe your Ass with USA today.

Kevin Allman

Scott

1993 veio e foi embora sem perceber. ~~aconteceu~~

Além de terminar um disco do qual estamos muito orgulhosos, ainda aguentando reclamações de pessoas [~~*ilegível*~~] que não o ouviram. Eu devo dizer que, sim, 1993 foi um ano frutífero. Frances é uma alegria angelical, ela está crescendo e me ajudou de mais maneiras que ela pode sequer imaginar, nos ajudando a ficar mais relaxados e menos preocupados com aqueles terroristas conspiratórios de direita e suas tentativas fracassadas de cortar nossa devida fonte de fama, fortuna e do estilo americano. Deus abençoe essa bagunça e graças a Deus pelo direito de escolher o jornal *USA Today* [~~*ilegível*~~] e, ah, adesivos de para-choque com a frase "Mate um bicha por Deus". (Obrigado, William, por essa última parte). Sim, eu tive a chance de conhecer e gravar um disco com uma das únicas pessoas que eu admiro. Isso foi legal. E foi igualmente legal o prazer de fazer a entrevista com a Advocate. De todas as entrevistas que já fiz, nunca me senti tão relaxado quanto com ____________________.

Ele foi muito encorajador e teve compaixão. O que mais posso dizer? Obrigado. Eu sempre serei um defensor de vocês gays. Eu amo vocês e aprecio os elogios graciosos. [~~*ilegível*~~]

Ei, vocês deveriam entrevistar o Bruce LaBruce do Canadá, ele fez uns filmes fantásticos. Espero que eu não tenha agido de forma arrogante com ninguém.

Com amor,

Kurdt

Continuem 100% gays e [~~*ilegível*~~] limpem a bunda com o *USA Today*.

Kevin Ollman

Scott

In movies the filmmaker tries to depict true life instances. the most interesting occurances during the subjects time frame are picked out of a span of time. Time is much longer than a movie can show and a viewer will have the patience for. therefore we dont realize how time plays such a gigantic part in the leading up to events. two people may have dinner for 2 hours but only 30 seconds of the most interesting parts of the conversation will be used. I feel time and a persons ability to understand time is very important its the only way I can relate to you the very real way a person becomes addicted to substances If we realize and remember things happen over a period of time. then we may understand how ~~one becomes a drug addict~~ almost everyone who tries hard drugs ie: heroine and cocaine will eventually become literally a slave to these substances.

I remember someone saying If you try heroine once youll become hooked. of course I laughed and scoffed at the idea but I now believe this to be very true. not literally. I mean If you do dope once you dont instantly become addicted it usually takes about one month of every day use to physically become addicted. but after the first time your mind say ahh that was very pleasant as long as I dont do it every day I wont have a problem. the problem is it happens over time. lets start with January 1st lets do dope for the first time. concisusly you wont do it again for maybe a month. february youll do it twice. march 3 days in a row. february, 3 days in a row and once more at the end of the month. march. maybe not at all. april 5 days in a row skip 3 once more. may 10 days in a row. during those ten days its very easy to love track of time it may seem like 3 days but two weeks can go by. The effects are still as pleasant and you can still chouse

Hotel Villa Magna
Madrid

Em filmes, o cineasta tenta demonstrar situações da vida real; os eventos mais interessantes durante um período de tempo do sujeito são escolhidos. O tempo é muito maior do que um filme pode demonstrar, e o espectador terá paciência. Portanto, não percebemos como o tempo tem um papel tão gigantesco na antecipação de eventos. Duas pessoas podem ter um jantar que dura 2 horas, mas apenas 30 segundos das partes mais interessantes da conversa serão usados. Acho que o tempo e a habilidade de uma pessoa entender o tempo são muito importantes. É a única maneira que consigo te relatar a forma muito real pela qual uma pessoa fica viciada em substâncias. Se percebermos e nos lembrarmos de coisas por um período, então talvez possamos entender como quase todo mundo que experimenta drogas pesadas como heroína e cocaína será um escravo, literalmente, dessas substâncias.

Eu me lembro de alguém dizendo que, se experimentar heroína uma vez, você fica viciado. É claro que eu li e ridicularizei a ideia, mas agora acredito que é verdade. Não literalmente, quero dizer, se você experimentar heroína uma vez você não fica instantaneamente viciado, geralmente é necessário um mês de uso diário para ficar fisicamente viciado. Mas após a primeira vez, sua mente diz: "Ahh, isso foi muito agradável, contanto que eu não faça isso todo dia, não terei um problema". O problema é que acontece com o passar do tempo. Vamos começar com 1º de janeiro, vamos usar heroína pela primeira vez. Conscientemente você não vai usar de novo por talvez um mês. Em fevereiro você vai usar 2 vezes. Em março, 3 dias seguidos. Fevereiro, 3 dias seguidos e mais uma vez no fim do mês. Março, talvez nada. Abril, 5 dias seguidos. Pula 3 de novo. Em maio, 10 dias seguidos. Durante esses 10 dias é bem fácil perder a noção do tempo. Pode parecer 3 dias, mas 2 semanas podem ter passado. Os efeitos ainda são agradáveis e você ainda pode escolher

what days you do it so naturally there must not be a problem. with everyone sometime at least once a year some sort of crisis happens to everyone, the loss of a friend or mate or relative this is when the drug tells you to say fuck it.

every drug addict has said fuck it more times than they can count. This example has only taken one page but within a year of casual heroine use the person has had more days off dope than on. It can slowly and gradually consume you because there are 24 hrs in a day and no one wants to be hooked. It doesn't happen as fast as it does in a movie because a movie quickly has to show all the juicy stuff within 2 hrs. 2 hrs out of a years worth of casual drug use is nothing. by the time youve said fuck it the long process of trying to stay off begins.

The first kick is usually easy if you have pills. you basically sleep. which is bad in my opinion because you think if its that easy I could get hooked and kick for the rest of my life.

by the second and third time it becomes very different. It takes sometimes 5 times longer. the psychological factors have set in and are as damaging as the physical effects.

every time you kick as time goes by it gets more uncomfortable. even the most needle phobic person can crave the relief of putting a syringe in their arm. people have been known to shoot water, booze, mouthwash etc...

drug use is escapism whether you want to admit it or not.

a person may have spent months, years trying to get help. but the amount of time one spends trying to get help and the years it takes to become completely drug free is nothing in comparison. every junkie ive ever met has fought with it at least 5 years and most end up fighting for about 15 25 years. until finally they have to resort to becoming a slave to another drug the 12 step program which is in itself another drug / religion. If it works for you do it. If your ego is too big start at square one and go the psychological rehabilitation way. either way youve got at least 5 to 10 years of battle ahead of you.

em que dias usar, então naturalmente não deve haver nenhum problema. Com todo mundo, durante algum tempo, pelo menos uma vez por ano uma crise acontece com todo mundo. A perda de um amigo ou colega ou parente, é aí que a droga te manda ligar o foda-se. Todo viciado em drogas já ligou o foda-se mais vezes do que pode contar. Esse exemplo só levou uma página, mas dentro de um ano de uso casual de heroína, a pessoa já passou mais dias com heroína do que sem. Ela pode lenta e gradualmente te consumir, porque há 24 horas em um dia e ninguém quer ficar viciado. Não acontece tão rapidamente quanto em um filme, porque um filme tem que mostrar rapidamente tudo o que interessa dentro de 2 horas. 2 horas em um ano de uso casual de drogas não é nada. Até você dizer foda-se, o longo processo de tentar ficar sem heroína começa. A primeira vez que você se livra do vício é fácil se você tem remédios. Você basicamente dorme. E isso é ruim, na minha opinião, porque você pensa que se é tão fácil assim, eu posso adquirir e perder o vício várias vezes pelo resto da minha vida. Na segunda e na terceira vez fica bem diferente. Pode levar 5 vezes mais tempo. Os fatores psicológicos já estão instalados e são tão prejudiciais quanto os efeitos físicos. Toda vez que você se livra do vício, conforme o tempo passa, fica mais desconfortável. Até a pessoa com a maior fobia de agulhas pode sentir o desejo de se aliviar com uma seringa no braço. Há pessoas que já injetaram água, bebida, enxaguante bucal etc. O uso de drogas é escapismo, queira você admitir ou não. Uma pessoa pode passar meses, anos buscando ajuda, mas a quantidade de tempo que alguém passa tentando conseguir ajuda e os anos que são necessários para ficar completamente livre de drogas não são nada em comparação. Todo viciado que eu já conheci lutou com isso por pelo menos 5 anos, e a maioria acaba lutando por 15 a 25 anos, até que finalmente a única alternativa é virar escravo de outra droga – o programa de 12 passos, que é uma outra droga/religião. Se funcionar pra você, vá em frente. Se seu ego é grande demais, comece da estaca zero e opte pelo tratamento psicológico reabilitativo. De qualquer forma, você tem pelo menos de 5 a 10 anos de batalha pela frente.

HOTEL EXCELSIOR

Roma

He said, yes Larry as in Larry King when we were shooting the film we found the indigenous people of ALASKA to be some of the most warm friendly, blah blah blah etc.. Another retarded action Adventure side of beef longing to portray himself as a distinguished actor. His P.R man transcribed a basic English 101 course on A piece of paper and Jean Clod Clod Goddamnne actor man must have studied the Answers to the hallowing questions that Larry will be asking for at least a week. Now thats Entertainment: watching Sylvester Stallone fumble his way through An interview with that yo duh

Hotel Excelsior
Roma

Ele disse "sim, Larry, o Larry King, quando estávamos gravando o filme nós descobrimos que as pessoas indígenas do ALASCA estavam entre as mais calorosas e agradáveis, blá-blá-blá etc.". Outro pedaço de carne retardado de filmes de ação tentando se mostrar como um ator distinto. O seu agente de RP transcreveu um curso básico de inglês num pedaço de papel e o Jean Clod Vanmerda de ator deve ter passado uma semana estudando as respostas para as perguntas louvadas que o Larry King vai perguntar. Isto sim é Entretenimento: assistir ao Sylvester Stallone se atrapalhar todo durante uma entrevista com aquele sotaque de

Fred Flintstone accent while spewing out sentences that maybe uh A really smart guy might say ya know a lot of as well as 'pertaining to. etc. blah.
The indigenous people of Alaska?
what are you fucking talking about?
the Eskimos? or the drunken Redneck settlers who never see sunshine who are up to their ball sacks with raw dead fish guts on A boat for 9 months out of the year.

Fred Flintstone enquanto fala frases que, então, um cara muito esperto pode dizer, tá ligado, com muitos tal como, pertinentes etc. blá. As pessoas indígenas do ALASCA? Do que você está falando? Os esquimós? Ou os caipiras colonizadores bêbados que nunca veem o sol e estão atolados até o saco com tripas de peixe em um barco durante nove meses todo ano.

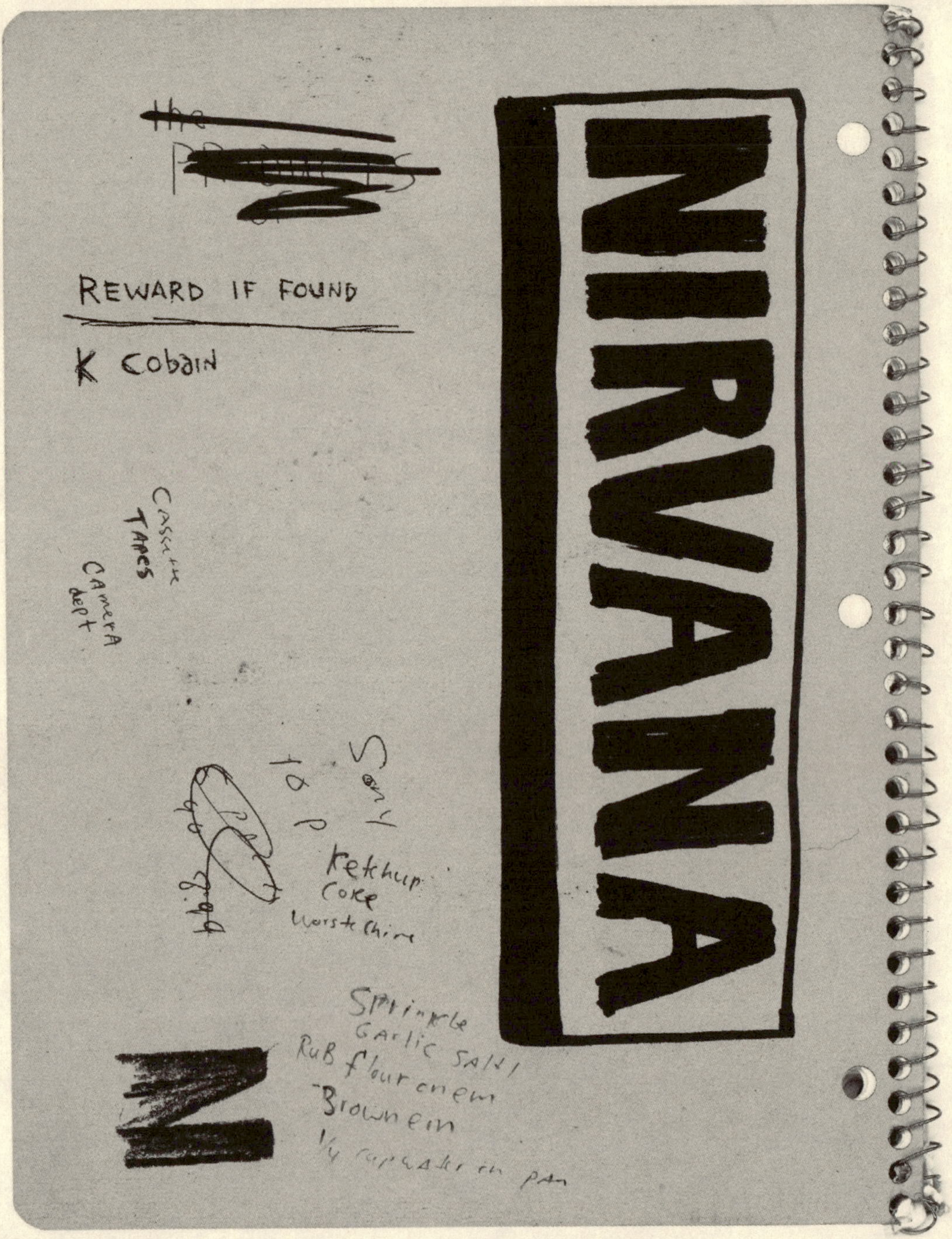
NIRVANA
REWARD IF FOUND
K Cobain
Cassette
Tapes
Camera
dept
Ketchup
Coke
Worstechire
Sprinkle
Garlic Salt
Rub flour on em
Brown em

RECOMPENSA CASO ENCONTRADO

K Cobain

Fitas cassete

Departamento de câmera

Sony

10p

Ketchup

Coca

Molho inglês

Salpicar

Sal de alho

Esfregar farinha nelas

Tostar elas

1/4 de xícara de água na panela

Agradecimentos à EMI e à The End of Music, LLC por fornecer os direitos para reproduzir as letras das seguintes músicas:
"DOWNER", por Kurt Cobain © 1989 EMI VIRGIN SONGS, INC. e THE END OF MUSIC, LLC. Todos os direitos controlados e administrados por EMI VIRGIN SONGS, INC. (BMI). Todos os direitos reservados. Direitos autorais internacionais garantidos. Uso com permissão.
"BLEW", por Kurt Cobain © 1989 EMI VIRGIN SONGS, INC. e THE END OF MUSIC, LLC. Todos os direitos controlados e administrados por EMI VIRGIN SONGS, INC. (BMI). Todos os direitos reservados. Direitos autorais internacionais garantidos. Uso com permissão.
"MR. MOUSTACHE", por Kurt Cobain © 1989 EMI VIRGIN SONGS, INC. e THE END OF MUSIC, LLC. Todos os direitos controlados e administrados por EMI VIRGIN SONGS, INC. (BMI). Todos os direitos reservados. Direitos autorais internacionais garantidos. Uso com permissão.
"FLOYD THE BARBER", por Kurt Cobain © 1989 EMI VIRGIN SONGS, INC. e THE END OF MUSIC, LLC. Todos os direitos controlados e administrados por EMI VIRGIN SONGS, INC. (BMI). Todos os direitos reservados. Direitos autorais internacionais garantidos. Uso com permissão.
"PAPER CUTS", por Kurt Cobain © 1989 EMI VIRGIN SONGS, INC. e THE END OF MUSIC, LLC. Todos os direitos controlados e administrados por EMI VIRGIN SONGS, INC. (BMI). Todos os direitos reservados. Direitos autorais internacionais garantidos. Uso com permissão.
"HAIRSPRAY QUEEN", por Kurt Cobain e Chris Novoselic © 1989 EMI VIRGIN SONGS, INC., THE END OF MUSIC, LLC, e MURKY SLOUGH MUSIC. Todos os direitos controlados e administrados por EMI VIRGIN SONGS, INC. (BMI). Todos os direitos reservados. Direitos autorais internacionais garantidos. Uso com permissão.
"MEXICAN SEAFOOD", por Kurt Cobain © 1989 EMI VIRGIN SONGS, INC. e THE END OF MUSIC, LLC. Todos os direitos controlados e administrados por EMI VIRGIN SONGS, INC. (BMI). Todos os direitos reservados. Direitos autorais internacionais garantidos. Uso com permissão.
"DOWNER", por Kurt Cobain © 1989 EMI VIRGIN SONGS, INC. e THE END OF MUSIC, LLC. Todos os direitos controlados e administrados por EMI VIRGIN SONGS, INC. (BMI). Todos os direitos reservados. Direitos autorais internacionais garantidos. Uso com permissão.
"AERO ZEPPELIN", por Kurt Cobain © 1989 EMI VIRGIN SONGS, INC. e THE END OF MUSIC, LLC. Todos os direitos controlados e administrados por EMI VIRGIN SONGS, INC. (BMI). Todos os direitos reservados. Direitos autorais internacionais garantidos. Uso com permissão.
"DIVE", por Kurt Cobain e Chris Novoselic © 1989 EMI VIRGIN SONGS, INC., THE END OF MUSIC, LLC e MURKY SLOUGH MUSIC. Todos os direitos controlados e administrados por EMI VIRGIN SONGS, INC. (BMI). Todos os direitos reservados. Direitos autorais internacionais garantidos. Uso com permissão.
"ANEURYSM", por Kurt Cobain, Chris Novoselic e David Grohl © 1991 EMI VIRGIN SONGS, INC., THE END OF MUSIC, LLC, M.J. TWELVE MUSIC e MURKY SLOUGH MUSIC. Todos os direitos controlados e administrados por EMI VIRGIN SONGS, INC.

2021 - 1 reimpressão
Este livro foi composto em Minion Pro e impresso em pólen soft 80 g pela gráfica Viena, em janeiro de 2024.

ed on it a mechanic
tall
fuckin guy, the first
, a bold and brave
r Sanfrancisco riding Gea
n I had ever imagined
with more energy than
uld provide, this
e. for AH punk ROCK
Bored and ~~LOST~~
ns, Play some
hated those fucks more
the promise land
nd my special purpose
he next day I

as an honorary punk rou
Gunka music slut. Nor
the cute, innocent and
offer either. but I have
of this Calvin/Simplistic st
rendition, which is actuall
on doing for years. So it
A ~~[illegible]~~ borrowed influen
because I dont think you'll
it anyhow just to fill up
have much new music
" How the Hell ARE you doing
Send me boom box stuf
many people will think you
the legworshipping whores
Chris and I were wa
saturday evening, and
playing. Inside we fou
an bad psychedellic blu-